도서출판
십자가사랑의 길

1. 십자가사랑의 책

도서출판 십자가사랑의 책을 통하여 예수 그리스도의
십자가사랑이 전파되며, 진실된 복음이 전 세계 만방에 펼쳐지길
원합니다.

2. 십자가사랑의 재정

도서출판 십자가사랑의 재정은 선교와 구제와 교회를 세우고
복음을 전하는데 사용되어지길 원합니다.

3. 십자가사랑의 사역

도서출판 십자가사랑은 하나님의 마음으로 정직하며
불의를 행하지 않는 기독교 기업으로 성장하길 원합니다.

하나님의 음성듣기와
분별

하나님의 사람들 시리즈 13

하나님의 음성듣기와 분별

에스더권 지음

말씀하시는 하나님

Hearing and Discerning the Voice of God

십자가사랑

"내가 달려갈 길과 주 예수께 받은 사명 곧 하나님의 은혜의 복음을
증언하는 일을 마치려 함에는 나의 생명조차 조금도 귀한 것으로
여기지 아니하노라" (행 20:24)

이 책의 모든 수익금은
오직 하나님 나라의 확장을 위해서만
사용될 것임을 하나님 앞에 서원합니다.
이 서원의 증인은 하나님이십니다.
모든 영광 홀로 받으소서.
예수님의 이름으로 기도 드립니다.
아멘!

차 례
C·O·N·T·E·N·T

프롤로그

지금도 가끔 꿈을 꿉니다.

꿈에서 외칩니다.

"제발! 제발! 죽지 마! 제발! 나 혼자 남겨놓고 가지 마!!"

땀이 흠뻑 젖은 채로 꿈을 깹니다.

어릴 적, 아버지는 집 옥상에서 목을 매고 자살했습니다. 아버지의 시신을 본 순간, 공포와 두려움이 세포 하나하나에 스며들었습니다. 그 순간부터 어둑어둑해지면 밖에 다닐 수가 없었습니다.

아버지가 자살한 지 2년 후, 둘째 오빠는 관악산에서 운동화 끈에 목을 매고 자살했습니다. 더 이상 관악산을 갈 수 없었습니다.

둘째 오빠가 자살한 지 5년 후, 큰오빠는 한강대교에서 신발만 남겨놓고 뛰어내렸습니다. 그 순간부터 벗겨져 있는 신발만 보아도 심장이 두근거렸습니다. 숨이 쉬어지지 않았습니다.

불과 7년 사이에 가족들은 '미안하다'는 말 한마디 없이 홀연히 떠나갔습니다. '사랑한다'는 유언도 남겨놓지 않고 사라져 버렸습니다. 아픈 추억만 남겨놓고 바람과 함께 흩어져 버렸습니다. 심장에 비수를 꽂아놓은 채 그렇게 멀어져 갔습니다.

살기 위해 몸부림 쳐봤지만 살아지지가 않았습니다. 죽기 위해 몸부림 쳐봤지만 죽어지지도 않았습니다. 사망의 구렁텅이에서 도저히 빠져나올 수 없을 것만 같았습니다. 살아야 할 어떠한 이유도 찾을 수가 없었습니다. 어느덧 내 곁에는 죽음의 그림자가 드리워져 있었습니다.

어느 날, 어둠이 말을 걸어왔습니다. 눈을 떠도 눈을 감아도 그 음성은 사라지지 않았습니다. 내 삶에 더욱 깊이 파고 들어왔습니다. 참으로 기괴한 음성이었습니다.

"이번엔 네 차례다! 다음 죽을 사람은 너다!!"

나는 소스라치게 놀라며 정신을 놓아 버렸습니다. 그 음성은 더욱더 커져만 갔습니다.

"죽어! 죽어!! 죽으면 편해! 죽으면 아무것도 없어!!"

귀를 틀어막고 소리를 질러댔습니다.

"죽기 싫어! 나는 절대 죽지 않을 거야!!"

어느새 나는 그 음성에 타협하고 있었습니다.

"맞아, 이번엔 내 차례야…"

"아버지도, 큰오빠도, 둘째 오빠도 이렇게 죽어갔구나."

죽음의 방법을 찾기 시작했습니다. 이미 손에는 밧줄이 들려져 있었습니다. 수면제를 움켜쥐고 있었습니다. 자살 충동에 휩싸인 어느 날, 자살을 결단했습니다. 순식간에 죽음의 기운에 휘감겼습니다. 숨이 끊어지지 않은 상태로 지옥의 문턱에 뚝 떨어졌습니다. 그 순간 어디선가 한 음성이 희미하게 들려왔습니다.

"사랑하는 내 딸아, 죽지 마라! 죽지 마라!"

그 음성이 어디서 들려오는지 알 수 없었습니다. 두리번거리며 그 음성을 찾았습니다. 세미하지만 강력한 그 음성이 온 세포를 휘감는 듯했습니다. 너무나도 따스하고 평안한 음성이었습니다. 그 음성을 다시 듣기 위해 귀를 기울였습니다. 그 순간 하나님의 임재가 온몸을 휘감았습니다.

"사랑하는 딸아, 내가 너를 포기하지 않을진대 왜 너는 너를 포기하려 하느냐, 강하고 담대하라, 두려워 마라, 내가 너를 도우리라."

하나님의 음성을 붙잡는 순간 숨이 쉬어졌습니다. 나는 살기 위해 기도했습니다. 기도가 멈춰지면 죽음의 소리가 다시 들려왔습니다. 죽음의 음성에서 벗어나기 위해 부르짖고 또 부르짖었습니다. 목에서 피가 솟구쳐 올라왔습니다.

나에게 있어 하나님의 음성은 그 어떤 것보다 더 중요했습니다. 하나님의 음성이 얼마나 따스한지, 얼마나 놀라운지, 얼마나 아름다운지 맛보았기에 아버지의 음성을 찾고 또 찾았습니다.

"하나님! 고아처럼 홀로 내버려 두지 마세요. 하나님밖에 없다는 것을 하나님이 더 잘 아시잖아요. 살아가야 할 목적도, 숨 쉬어야 할 이유도 이제 하나님 때문입니다."

사망의 갈림길에서 나는 하나님을 인격적으로 만났습니다. 하나님의 손을 잡았습니다. 죽어야 하는 이유를 찾았던 내게 하나님은 살아야 할 목적을 가르쳐 주었습니다. 하나님의 은혜를 갚을 길 없어 종의 삶을 선택했습니다. 멕시코 선교사의 삶을 시작했습니다.

얼마 전, 성령님께서 세미한 음성으로 이렇게 말씀하셨습니다.
"내 종아, 내 양은 내 음성을 듣고 따른단다. 하나님의 음성을 들으며 동행하는 것이 이 세상에서 받을 수 있는 가장 큰 축복이란다. 내 사랑하는 자녀들이 아버지의 음성을 듣고 더욱 행복해졌으면 좋겠구나."

나는 3명의 가족을 자살로 잃고 만신창이가 되었지만 이렇게 숨 쉬고 있습니다. 살아 있을 뿐만 아니라 그 누구보다도 행복합니다. 하나님의 음성을 붙잡은 그 순간부터 다시 희망의 불씨가 지펴졌습니다. 새로운 피조물이 되었습니다. 하나님의 음성은 죽어가는 영혼을 살릴 수 있습니다. 하나님의 음성은 참으로 놀랍습니다. 경이롭습니다.

혹시 하나님의 음성듣기를 갈망하고 계십니까?
이 책을 통해 하나님의 음성이 삶의 구석구석에 투영되어 하나님과 동행하는 삶이 시작될 수 있기를 두 손 모아 간절히 기도드립니다.

이 책이 출간될 수 있도록 이끌어 주시고 지도 편달해 주신 성령 하나님께 깊은 감사를 드립니다. 모든 영광과 감사와 존귀와 찬양을 오직 하나님께 올려 드립니다.

2023년 6월
행복한 선교사, 에스더 권

말씀하시는 하나님

"하나님은 한 번 말씀하시고 다시 말씀하시되"(욥 33:14)

말씀하시는 하나님

하나님의 음성듣기! 과연 가능할까?

"나는 그동안 한 번도 하나님의 음성을 들어보지 못했습니다."

하나님의 음성을 들어봤다는 사람보다 들어보지 못했다고 말하는 사람들이 훨씬 더 많습니다.

'하나님의 음성은 누구나 다 들을 수 있습니다. 들을 귀가 열린다면 경험할 수 있습니다.'

이러한 설명에 '저는 하나님의 음성을 한 번도 들어 본 적이 없는데요. 어떻게 누구나 다 들을 수 있다고 말씀하시는 거죠?'라고 하며 반문하기도 합니다. 대부분의 사람들이 하나님의 음성을 들었다고 말하는 사람을 이상한 시선으로 바라봅니다.

예수님께서는 분명하게 말씀하셨습니다.

"내 양은 내 음성을 들으며 나는 그들을 알며 그들은 나를 따르느니라"(요 10:27)

예수님은 우리의 목자 되시며, 우리는 주님의 양입니다. 우리는 목자 되신 주님의 음성을 들을 수 있습니다.

그런데 왜 주변에 하나님의 음성을 듣지 못했다는 사람들이 그토록 많은 것일까요? 여러 가지 이유가 있을 수 있겠습니다. 분명한 것은 하나님께서 어떠한 방법으로 말씀하시는지를 잘 알지 못하고 있다는 것입니다. 어쩌면 폭풍처럼 뇌리를 강타하는 초자연적인 음성을 듣는 것으로 생각하고 있을지도 모릅니다. 이러한 선입견이 일상에서 접하게 되는 다양한 하나님의 음성을 놓치게 합니다.

하나님의 음성듣기는 양과 목자와의 비유를 통해 설명할 수 있습니다.

실제로 양은 시력이 상당히 나쁜 동물로 알려져 있습니다. 초원에서 이동하고 있는 양 떼를 보면 일렬로 줄지어 가는 것을 볼 수 있는데 시력이 나쁜 탓에 바로 앞의 양만 보고 따라가기 때문입니다. 그런 연유로 양은 주로 청각을 통해 음성을 구별하며 따릅니다. 만약 목자와 양이 가까운 지척에 있다면 언제든지 목자가 부를 때 양은 목자의 음성을 들을 수 있습니다.

그런데 양이 멀리 떨어져 있다면 아무리 목자가 소리친다 해도 그 소리를 들을 수 없게 됩니다. 결국 양은 목자를 잃고 길을 헤매게 될 것입니다.

그렇다면 목자는 이런 양을 버리고 떠나갈까요? 그렇지 않습니다. 비록 자신의 음성이 들리지 않을 만큼 양이 멀리 떨어져 있다 할지라도 양이 그 소리를 들을 수 있도록 다양한 방법으로 신호를 보냅니다. 막대기와 지팡이를 부딪쳐 소리를 내기도 합니다(시

23:4). 휘파람으로 양에게 위치를 알립니다. 양치기 개를 보내서라도 종국에는 그 양을 찾아낼 것입니다.

만약 양이 목소리만을 음성이라고 단정한 채 다른 통로를 통해 들려주는 목자의 음성에 주목하지 않는다면 길을 잃고 말 것입니다. 맹수의 밥이 될 수도 있습니다. 하지만 양치기 개나 휘파람 소리를 목자의 음성으로 인식하며 따라간다면 다시 목자의 시선 안으로 들어와 목자를 만나게 될 것입니다.

이렇듯 목자가 여러 가지 방법을 사용하듯, 하나님께서도 다양한 방법으로 말씀하시고 계신다는 것을 이해해야 합니다. 하나님께서는 성령님을 통해 내면의 음성을 듣는 것을 가장 기뻐하십니다. 성령님은 말씀하시고 또 말씀하시는 하나님의 영이기 때문입니다. 친히 동행하시기 위해 내주하신 보혜사 하나님이시기 때문입니다. 그런데 만약 들을 귀가 열리지 않았다면 다른 다양한 방법을 통해 말씀하십니다. 목자가 멀리 떨어져 있는 양에게 다양한 방법을 사용하듯 말입니다.

하나님께서 어떻게 말씀하시는지는 부모와 자녀와의 관계를 대비해 설명할 수 있습니다. 부모와 자녀와의 대화는 임신했을 때부터 시작됩니다.

"사랑하는 내 아가, 엄마 아빠의 소원은 그저 네가 건강한 아이로 태어나는 것이란다."

뱃속에서 조금씩 자라나고 있는 아이가 사랑스러워 배를 쓰다듬으며 말을 건넵니다. 태중의 아이가 듣든지 듣지 못하든지, 이해하든지 이해하지 못하든지 마치 대화를 하듯 관심을 쏟습니다.

그런데 태중의 아이는 부모의 이 음성을 알아들을 수 있을까요? 당연히 들을 수 있습니다. 태중의 아이에게도 들을 귀가 있기 때문입니다(눅 1:41-44). 그뿐만 아니라 부모는 여러 가지 다양한 방법으로 사랑의 음성을 전합니다. 뱃속에 있는 자녀에게 축복의 말을 건네기도 합니다. 평상시 듣지 않았던 클래식도 행여 태교에 좋을까봐 지극정성으로 들려줍니다. 태중의 아이가 태어나 젖을 먹고 기저귀를 찰 때도 연신 눈을 마주치며 말을 건넵니다. 어느덧 아장아장 걷던 아이가 말문이 터지면서 대화가 될 때까지 쉬지 않고 자녀와의 소통을 멈추지 않는다는 것입니다.

하나님도 이와 마찬가지입니다. 들을 귀가 열릴 때까지 하나님 아버지는 인내하십니다. 기다리십니다. 부모가 자녀에게 말을 건네는 것처럼 하나님께서도 다양한 방법을 통해 말을 붙이십니다. 한시도 눈을 떼지 않고 눈동자처럼 바라보고 계십니다. 아직 영적으로 미숙하여 하나님의 음성을 듣지 못하는 상황일 때에도 자녀의 눈높이에 맞춰 말씀하시고 또 말씀하십니다(욥 33:14-17). 단지 우리가 깨닫지 못하고 있는 것이지요.

하나님께서는 지금도 여전히 자녀와의 소통을 위해 말을 붙이고 계십니다.

"내 양은 내 음성을 들으며 나는 그들을 알며 그들은 나를 따르느니라."(요 10:27)

하나님께 마음을 여십시오. 마음의 빗장을 활짝 연다면 하나님의 음성이 우리의 삶 가운데 울려 퍼지게 될 것입니다. 만약 우리에게 하나님의 음성을 분별할 수 있는 '들을 귀'가 열린다면, 말씀하시는 하나님을 경험하는 놀라운 일들이 펼쳐지게 될 것입니다.

"하나님의 음성 곧 그의 입에서 나오는 소리를 똑똑히 들으라"(욥 37:2)

하나님이 말씀하셔도 못 듣는 이유[1]

하나님께서 얼마나 다양한 방법으로 말씀하셨는지 성경에 상세히 기록되어 있습니다. 모세와는 마치 친구 간에 친밀한 대화를 나누는 것처럼 얼굴을 마주하며 말씀하셨습니다.

"모세야! 모세야!"(출 3:4)

"내가 여기 있나이다."(출 3:4)

"이리로 가까이 오지 말라. 네가 선 곳은 거룩한 땅이니 네 발에서 신을 벗으라."(출 3:5)

대부분의 사람들은 모세와 대화하는 장면을 보며 하나님께서 이러한 방식으로만 말씀하실 것이라고 생각할지도 모릅니다. 물론 모세와 같은 영성을 소유하고 있다면 우리와도 그렇게 대화하실 것입니다. 그런데 문제는 우리가 모세의 영성에 미치지 못한다는 것입니다.

---

1 하나님의 음성을 잘 듣지 못하는 몇 가지 이유
   1) 하나님의 음성에 대한 잘못된 선입견 때문
   2) 하나님의 음성을 듣는 것에 대한 두려움 때문
   3) 하나님의 음성에 대한 무관심 때문
   4) 하나님께서 어떠한 방법으로 말씀하시는지에 대한 인식의 부족 때문

하나님의 선민이었던 이스라엘 백성도 하나님의 음성을 잘 듣지 못했습니다. 하나님의 음성인지 아닌지도 분별하지 못했습니다. 하나님은 자신의 음성을 듣지 못하는 이들을 바라보시며 안타까워하셨습니다. 애통해하셨습니다.

하나님께서는 선지자들을 통해 대언하도록 하셨습니다. 하나님의 영에 감동시킨 종들을 통해 하나님의 음성을 전했습니다. 이사야, 예레미야, 느헤미야, 에스겔, 호세아, 아모스와 같은 많은 선지자들이 하나님의 음성을 듣고 대신 전했습니다. 하지만 이스라엘 백성들은 오히려 선지자들을 핍박하고 정죄했습니다. 귀를 막고 하나님의 음성을 들으려 하지 않았습니다. 그런데도 하나님은 말씀하시는 것을 멈추지 않으셨습니다. 오히려 더욱 더 많이 말씀하시고 말씀하셨습니다. 하나님의 음성을 거부하고 듣지 않으려는 이스라엘 백성들에게 또 다른 다양한 방법을 통해 음성을 전하셨습니다.

하나님께서는 우상숭배의 죄를 짓고 있는 이스라엘 백성에게 어떠한 방법으로 말씀하셨을까요?

바로 기근과 지진이었습니다. 홍수였습니다. 이스라엘 백성들이 '들을 귀'를 막아 버렸으므로 환경을 통해 '하나님께 돌아오라'는 음성을 계속적으로 전한 것입니다. 만물의 창조주이신 하나님께서 전염병을 통해, 환경을 통해, 적군의 침략을 통해 '회개하고 돌아오라'는 음성을 전한 것입니다. 피조물을 통해 경고의 음성을 전하셨던 것입니다.

하나님께서는 만물과 환경을 통해 경고의 음성도 주셨지만, 사랑의 음성도 전하셨습니다. 이스라엘 백성들이 광야에서 배고픔과 갈증을 호소할 때 환경을 통해 그 음성에 답해 주셨습니다. 배고파하는 자녀들을 만나로 먹이셨습니다. 반석에서 샘물이 나게 하므로 갈증을 해소해 주셨습니다. 고기를 달라고 울부짖던 이스라엘 백성에게 메추라기를 보내주심으로 응답해 주셨습니다. 다양한 환경을 통해 하나님의 사랑을 전하셨던 것입니다.

그렇다면 불신자나 하나님을 모르는 사람에게는 하나님께서 말씀하시지 않는 것일까요?

신앙이 없는 불신자들은 하나님의 실존을 인정하지 않기 때문에 다양한 방법으로 말씀하신다 할지라도 그 음성을 하나님의 음성으로 인정하지 않습니다. 그러나 하나님께서는 믿는 사람들뿐만 아니라 불신자들에게도 동일하게 말씀하십니다.

때로는 고난을 통해, 환경을 통해, 주변 사람들을 통해, 그리스도인들을 통해 계속해서 '하나님께 돌아오라'는 하나님의 음성을 전하십니다. 하지만 불신자들은 그 음성이 하나님으로부터 온 음성인지를 인식하지 못한다는 것입니다. 마음의 문을 굳게 닫고 있기 때문에 아무리 안타까움으로 말씀하고 계신다고 할지라도 깨닫지 못한다는 것입니다.

하나님의 음성이 어떠한 방법으로 들려오는가는 별로 문제가 되지 않습니다. 그보다 하나님의 음성을 들으려고 하는 자세가 더 중요합니다. 하나님의 음성을 경험하고 그 음성에 순종하는 삶을 살아가는 사람이라면 일상에서 하나님의 음성을 듣는 것이 어쩌면 자연스럽고 평범한 일일지도 모릅니다. 자신의 영성이나 영적인 상태에 따라 하나님의 음성을 들을 수 있는 방법은 천차만별일 것입니다. 만약 우리의 눈높이에 맞춰 말씀하신다는 것을 믿고 귀를 열기 시작한다면 하나님의 놀라운 음성을 경험하게 될 것입니다. 반대로 귀를 막아 버린다면 하나님의 음성은 잘 들리지 않습니다.

누구든지 '들을 귀'가 열려 있다면 하나님의 음성은 다 들을 수 있습니다. 예수님께서 '내 양은 내 음성을 듣는다'라고 말씀하셨기 때문입니다(요 10:27). 성령님께서 보혜사로 임하시어 지금도 여전히 말씀하고 계시기 때문입니다.

만물이 하나님의 손에서 움직이고 있기에 얼마든지 흐르는 물이나 볼을 스치는 바람, 지저귀는 새, 터지는 화산 심지어 민족의 흥망성쇠를 통해 말씀하고자 하시는 하나님의 음성을 받을 수 있습니다. 하나님께서 자신의 기쁘신 뜻과 목적에 따라 천지를 창조하셨기 때문입니다.

온 세상을 향해 들을 귀를 열어 놓은 다윗은 아름다운 고백을 남겼습니다. 그 신앙고백이 시편이 되었습니다.

"언어도 없고 말씀도 없으며 들리는 소리도 없으나 그의 소리가 온 땅에 통하고 그의 말씀이 세상 끝까지 이르도다 하나님이 해를 위하여 하늘에 장막을 베푸셨도다" (시 19:3-4)

자유의지! 약일까? 독일까?

많은 분들이 하나님께서 음성을 들려주신다면 기꺼이 순종할 것이라고 말합니다. 하나님의 음성을 듣지 못했기에 순종할 수 없는 것이라고 말합니다. 그런데 과연 그럴까요?

하나님께서는 아담과 하와에게 에덴동산을 맡기시면서 분명하게 말씀하셨습니다.

"동산 각종 나무의 열매는 네가 임의로 먹되 선악을 알게 하는 나무의 열매는 먹지 말라 네가 먹는 날에는 반드시 죽으리라!"(창 2:16-17)

아담은 하나님의 음성을 직접 들었습니다. 하와도 아담으로부터 전해 들었습니다. 그렇다면 이들이 하나님의 말씀에 순종했을까요? 아니요, 그렇지 않습니다. 오히려 사탄의 말을 듣고 선악과를 따먹었습니다. 그들은 자유의지를 통해 하나님의 음성이 아니라 자기가 옳다고 생각한 음성을 선택했습니다.

하와는 선악과를 따먹으라고 유혹하고 있는 뱀에게 이렇게 말했습니다.

"우리는 동산 안에 있는 나무의 열매를 먹을 수 있어. 하지만 하나님께서는 '동산 한가운데 있는 나무의 열매는 먹지도 말고 만지지도 마라. 그렇지 않으면 너희가 죽을지도 모른다'라고 말씀하셨어."(창 3:2-3, 쉬운)

여기서 하와가 뱀에게 건넨 말을 주목할 필요가 있습니다. 분명히 하나님께서 '네가 먹는 날에는 반드시 죽으리라'고 말씀하셨습니다(창 2:17). 그런데 하와는 하나님의 말씀을 '죽을지도 모른다'라는 말로 바꿔 버렸다는 것입니다. 하와는 자신의 자유의지(선택과 판단)에 따라 하나님의 말씀을 재해석하고 변질시킨 것입니다. 자신의 생각을 투영하여 말씀의 권위를 격하시킨 것입니다.

그러자 하와의 빈틈을 눈치챈 사탄은 바로 하와의 생각의 통로를 공격해 들어온 것입니다.

"너희가 결코 죽지 아니하리라! 너희가 그것을 먹는 날에는 너희 눈이 밝아져 하나님과 같이 되어 선악을 알 줄 하나님이 아심이니라!"(창 3:4-5)

결국 아담과 하와는 뱀의 말에 따랐습니다. 이들은 하나님의 음성을 직접적으로 들었음에도 불구하고 자신이 옳다고 판단한 것을 선택한 것입니다. 자유의지를 통해 사탄의 음성을 선택한 것입니다.

자유의지의 사전적 의미는 '자발적으로 생각과 행동을 결정할 수 있는 능력'이라고 정의할 수 있습니다. 기독교적 의미로는 '선과 악을 판단할 수 있는 능력, 혹은 선과 악을 선택하여 행할 수 있는 의지'라고 설명할 수 있겠습니다.

하나님께서는 사람을 로봇처럼 창조하지 않으셨습니다. 하나님의 사랑의 대상으로 선과 악을 선택하며 살아가는 존재로 창조하셨습니다. 자유의지를 통해 하나님을 사랑하며, 하나님을 진정한 통치자로 선택하기를 원하신 것입니다.

무엇보다도 자유의지는 하나님과의 관계에서 아버지와 자녀로서의 완전한 회복을 완성해 가는 열쇠입니다. 자유의지는 하나님의 놀라운 선물입니다. 큰 축복입니다. 문제는 자유의지를 통해 무엇을 선택하느냐에 따라 하나님의 음성을 들을 수도 있지만, 제한하고 왜곡시킬 수도 있다는 것입니다. 자신이 선택한 일에 대해서는 스스로가 책임을 져야 한다는 것입니다. 하나님께서 자유의지로 선택한 일에 대해서 공의롭게 재판하시기 때문입니다(시 50:6).

하나님의 음성은 지금도 다양한 통로를 통해 투영되고 있습니다. 만약 거부한다면 그 음성들은 더 이상 들려지지 않게 됩니다. 이것이 자유의지의 강력한 힘입니다. 내가 어떠한 것을 선택하느냐에 따라 하나님의 음성이 제대로 들려질 수도 무시될 수도 있다는 것입니다.

지금 이 순간, 자유의지를 통해 하나님의 말씀을 선택하십시오.

설령 하나님의 음성이라는 확신이 들지 않는다 할지라도 선한 일이라고 판단된다면 자유의지로 선택하십시오. 순종하십시오.

하나님은 인격적인 분입니다. 강제적으로 끌고 가지 않으십니다. 걸어 놓았던 마음의 빗장을 열고 '하나님의 음성을 들을 수 있다'는 마음으로 귀를 기울일 때 하나님의 음성은 더 크게 다가올 것입니다. 더욱 다양한 통로로 하나님의 음성을 경험하게 될 것입니다.

"하나님은 놀라운 음성을 내시며 우리가 헤아릴 수 없는 큰 일을 행하시느니라" (욥 37:5)

아~ 이래서 하나님의 음성을 못 들은 거구나!

신기하게도 어떤 사람들은 하나님의 음성을 참 잘 듣습니다. 다양한 통로로 말씀하시는 하나님을 경험하고 있기에 모든 만물과 환경이 하나님의 음성이 투영되는 통로라고 고백하기도 합니다. 일상 가운데 말씀하시는 하나님을 경험하고 있기에 그들의 삶 가운데

'들을 귀'를 활짝 열어 놓았습니다.

이와 반대로 하나님께서 말씀하신다는 말에 거부반응을 보이는 사람도 많습니다. 하나님의 음성을 듣는다는 것 자체를 인정하지 않는 사람도 의외로 많습니다.

그들은 불신자일까요? 물론 그럴 수도 있겠습니다. 불신자들은 하나님의 음성 자체를 경험하지 못하고 있기에 당연히 하나님께서 말씀하신다는 것을 인정하지 않을 것입니다. 설령 다른 사람을 통해 말씀을 전하신다 할지라도 하나님의 음성으로 받아들이지 않을 것입니다. 비단 불신자만 이러한 일이 일어나는 것이 아닙니다. 성도 가운데에도 자신의 자유의지로 무엇을 선택하며 판단하느냐에 따라 하나님의 음성을 인지하지 못할 수도 있다는 것입니다.

어떤 선교사님의 간증이 떠오릅니다. 중학교 시절, 생전 처음으로 친구 따라 교회에 출석했답니다. 그 교회는 전통적인 보수주의 교회로 찬양할 때 손뼉을 치는 것은 물론이거니와 통성기도도 허용하지 않았다고 했습니다. 은사는 이미 사도행전 시대 종료된 일로 전혀 인정하지 않았다고 했습니다. 어느덧 그러한 교회 분위기에 익숙해졌고 다른 교회도 마찬가지일 것이라고 생각했다고 합니다.

그런데 대학입시를 앞두고 기도하고 싶은 마음이 들어 다른 교회의 철야 기도회에 참석하게 되었다고 했습니다. 다른 교회의 기도회에서 박수치며 통성으로 기도하는 것을 보고 너무나 놀랐다고 했습니다. 그뿐만 아니라 방언으로 기도하는 것도 생전 처음 보았다고 했습니다. 워낙 거룩한 예배 스타일에 적응이 되다 보니 그 교회에서 너무나 큰 영적인 충격을 받았다고 했습니다.

"하나님이 귀가 먹은 것도 아닐 텐데 꼭 저렇게 울며불며 시끄럽게 기도해야 하나? 무슨 시장통도 아니고 정신이 하나도 없네."

거부감이 들었지만 강력한 이끄심이 있어 3주 정도를 그 교회의 금요 철야예배에 참석하게 되었다고 했습니다. 밤을 꼬박 새워 철야 기도를 했는데 대부분의 사람들이 방언으로 기도했답니다. 다른 사람들이 방언으로 기도하는 것을 보면서 사모하는 마음이 불현듯 들었답니다. 그 순간 갑자기 '랄랄랄라~'하며 방언이 터져 나왔다고 했습니다. 하나님의 임재와 강력한 성령세례를 체험하면서 하나님의 음성을 선명히 듣게 되었다고 했습니다.

그동안 이 선교사님은 은사 중지론을 지지하는 교회에서 양육을 받았기 때문에 방언도, 은사도 전혀 인정하지 않았다고 했습니다. 이러한 양육을 받고 있었기 때문에 자신이 섬겼던 교회의 성도 중에 방언을 말하는 사람이 거의 없었다고 했습니다.

이 계기를 통해 자신이 어떠한 신학적인 관점을 가지고 있느냐에 따라 하나님의 일들이 확장될 수도 있으며 제한될 수 있음을 깨닫게 되었다고 했습니다. 지금 이 선교사님은 하나님의 음성과 인도를 받으며 영혼들을 섬기고 있습니다.

때로는 이성적인 판단과 신학적인 관점이 하나님의 음성을 제한하기도 합니다. 만약 어떤 목회자가 하나님의 음성을 듣는 것을 신비주의로 치부해 버리고 그 관점으로 양육한다면 그 목회자에게 양육을 받은 성도들 역시도 제한받고 때로는 무시될 수도 있습니다.

"하나님은 이제 더 이상 음성으로 말씀하시지 않아. 하나님의 말씀은 이미 성경에 기록되어 있잖아. 성경으로 기록해 놓으셨는데 왜 굳이 또 다른 음성으로 인도한단 말이야?"

이러한 관점을 가지고 있다면 하나님의 음성이 투영되는 것이 쉽지 않을 것입니다. 하나님께서 말씀하신다 할지라도 쉽사리 받아들이지 않을 것입니다. 이성적인 판단과 신학적인 관점이 다양한 통로로 투영되는 하나님의 음성을 가로막는 장벽이 되기 때문입니다. 설령 하나님이 말씀하시더라도 들을 수 있는 귀를 막고, 눈을 감아 버리기 때문에 하나님의 음성을 들을 수 없게 되는 것입니다.

또한 신앙생활을 하면서 '어떠한 태도와 행동을 가지느냐'에 따라 하나님의 음성을 제한하기도 하며 차단하기도 합니다.

하나님께서는 '너는 내게 부르짖으라, 내가 네게 응답하겠다'고 말씀하셨습니다(렘 33:3). 부르짖을 때 크고 은밀한 일들을 보일 것이라고 말씀하셨습니다.

만약 부르짖고 찾으라 말씀하셨음에도 순종하지 않는다면 어떻게 될까요? 하나님께서 응답하실 수 없을 것입니다. 우리의 불순종이 하나님의 응답과 말씀하실 통로를 차단할 수 있습니다. 하나님의 음성을 듣는 것을 제한할 수도 있다는 것입니다.

하나님의 음성은 언제나 자기 마음에 좋은 것으로만 들려지지 않습니다. '내 생각은 너희 생각과 다르며 내 길은 너희 길과 다르다'라고 말씀하셨기 때문입니다(사 55:8). 때로는 하나님께서 희생과 헌신을 요구하기도 하십니다. 자신이 가장 소중히 여기는 것을 내려놓으라고도 말씀하십니다. 만약 자신에게 도움이 되는 말씀만을 취사선택하는 태도가 있다면 하나님의 음성의 통로가 점진적으로 막히게 됩니다. '아멘!' 하며 순종할 때 하나님의 일들을 행하시며 더욱 분명한 음성으로 말씀하시기 때문입니다.

> "성령이 이르신 바와 같이 오늘 너희가 그의 음성을 듣거든" (히 3:7)

하나님과 주파수를 제대로 맞추는 방법

눈빛만 봐도 생각이 읽히는 그 누군가가 있으신가요?

눈빛으로 나의 마음을 읽어주는 그 누군가가 존재한다는 것은 큰 축복입니다. 아마도 눈빛만으로 마음을 읽는 친밀한 관계가 되기까지 그간 많은 우여곡절이 있었을 것입니다. 함께 울고 웃었던 수많은 시간이 있었을 것입니다.

갓 결혼한 신혼부부는 눈빛만으로는 배우자의 생각을 잘 알 수 없습니다. 5년, 10년, 그 이상을 살아봐야 눈빛만 봐도 생각이 읽혀지는 부부의 관계로 도약할 수 있습니다.

누군가와 친밀한 사이가 되기 위해서는 서로 소통하며 마음을 나누는 시간이 필요합니다. 친밀함의 관계는 그 사람과 함께 얼마만큼의 시간을 보내느냐와 절대 무관하지 않습니다. 설령 부모와 자녀 사이일지라도 서로 말 한마디 나누지 않고 교제하지 않는다면 친밀한 관계로 도약하기는 어려울 것입니다. 무늬만 부모와 자녀 사이가 되는 것입니다.

하나님과의 관계도 이와 마찬가지입니다. 우리는 하나님의 자녀입니다. 하나님의 자녀라는 신분이 우리의 영적인 정체성입니다. 영적인 정체성을 찾는 믿음의 길로 접어든 사람은 가장 큰 축복을 받은 사람입니다. 하나님의 자녀로서의 영적인 정체성은 모든 정체성의 문제를 해결해 주기 때문입니다.

로마서 8장 14절과 16절에 이렇게 기록되어 있습니다.

"무릇 하나님의 영으로 인도함을 받는 사람은 곧 하나님의 아들이라 너희는 다시 무서워하는 종의 영을 받지 아니하고 양자의 영을 받았으므로 우리가 아빠 아버지라고 부르짖느니라 성령이 친히 우리의 영과 더불어 우리가 하나님의 자녀인 것을 증언하시나니"
(롬 8:14-16)

어떻게 하나님께서 아버지의 음성을 듣지 못하도록 그대로 방치해 두시겠습니까? 하나님께서는 자녀에게 아버지의 음성을 계속 투영시키고 계십니다. 자녀가 영적으로 성장하여 알아들을 때까지 말씀하시고 또 말씀하십니다. 자녀에게 말씀하시는 것을 결코 멈추지 않는다는 것입니다(욥 33:14). 그런데도 하나님과의 관계가 그저 무늬만 부모와 자녀 사이라면 하나님의 음성은 잘 들리지 않습니다.

그렇다면 어떻게 할 때 하나님의 음성을 잘 듣고 분별할 수 있을까요? 어떠한 순종을 할 때 하나님의 음성을 경험할 수 있을까요?

하나님의 음성을 듣는 것은 마치 오래된 라디오의 주파수를 맞추는 것에 비유할 수 있습니다. 라디오의 주파수를 제대로 맞춰놓지 않으면 그 소리가 명확하게 들리지 않습니다. 선명한 소리를 듣기 위해 계속적으로 주파수를 맞추는 작업을 해야 합니다.

하나님의 음성을 듣는 것도 이와 마찬가지입니다. 하나님께서는 계속 말씀하시고 계시지만 주파수가 제대로 맞춰져 있지 않다면 그저 세상의 잡음만 들릴 뿐 선명히 들리지 않습니다. 계속적으로 영의 귀를 열고 주파수를 맞추는 수고를 해야 합니다. 주파수를 맞추는 수고가 말씀을 읽는 것일 수도 있겠습니다. 기도와 예배의 자리로 나아가는 수고일 수도 있습니다. 순종일 수도 있겠습니다. 때로는 내가 원하지 않지만, 하나님께서 기뻐하시므로 사명을 감당하는 것일 수도 있습니다. 하나님만을 바라보며 시선을 고정하는 훈련을 하다 보면 어느 순간 하나님과 주파수가 맞게 될 때가 있다는 것입니다. 영적인 주파수를 제대로 찾기만 한다면 그때부터 하나님의 마음이 우리 안에 투영되는 것이 쉬워집니다. 그 순간부터 우리의 영이 활성화되면서 가속도가 붙어 성장하기 시작합니다. 영적으로 더욱 민감해지게 됩니다.

이러한 단계를 거치면서 하나님을 아는 지식의 상태에 머무는 게 아니라 하나님이 어떤 분인지 실상에서 경험하게 됩니다. 그만큼 하나님과의 관계가 친밀해진 것입니다. 하나님의 음성을 인식하는 열쇠는 바로 하나님과의 친밀함에 있다는 것입니다. 눈빛만 봐도 생각이 읽히는 사이처럼 하나님과의 관계가 친밀해진다면 그때부터 본격적으로 우리를 통치해 가시며 인도해 나가십니다. 하나님의 마음에 합한 자로서 하나님과의 행복한 동행의 삶이 시작되는 것입니다.

예수님께서 '내 양은 내 음성을 듣는다'라고 분명히 말씀하셨습니다(요 10:27). 친숙한 목자의 음성을 듣는 것은 어쩌면 당연한 이치이며 정상적인 경험입니다. 하나님의 음성을 듣고자 하는 들을 귀와 열린 마음이 있다면 누구든지 하나님의 음성을 경험할 수 있다는 것입니다.

또한 하나님께서는 각자에게 맞는 맞춤형 음성을 들려주실 수 있습니다. 각자의 영적인 수준과 하나님과의 친밀도에 따라 하나님의 음성을 듣는 방법도 천차만별로 다르다는 것입니다.

그런데 문제는 외부적인 환경과 방법을 통해 하나님의 음성을 듣는 것에는 한계가 있다는 것입니다. 사실 하나님의 음성은 그리 멀리 있지 않습니다. 성령께서 우리의 영안에 내주하신다면 하나님의 음성을 우리 안에서 경험할 수 있게 됩니다. 성령께서 내주하시게 될 때야 비로소 내면의 귀가 열려 성령님의 세미한 음성을 들을 수 있게 됩니다. 내부적인 성령님의 음성을 듣고 살아가는 것이 바로 하나님과의 동행하는 삶의 시작입니다. 만약 성령님으로 말미암아 우리의 영이 활성화되기 시작한다면 하나님의 음성을 듣는 방법 역시도 변화되게 됩니다. 우리의 영안에 계신 성령께서 더욱 다양한 방법으로 하나님의 음성을 투영해 주십니다.

성령님의 음성을 듣는 단계로 도약하기 위해서는 반드시 훈련이 필요합니다. 분별이 필요합니다. 훈련되고 분별 될수록 더 깊은 영역에서 울려 퍼지는 하나님의 음성을 경험하게 될 것입니다.

잠시 잠깐 분주한 삶을 내려놓고 영적인 안테나를 길게 뽑아 하나님께 주파수를 맞춰보십시오. 이제 성령님의 음성에 귀 기울일 때 내 안에서 울려 퍼지는 하나님의 음성을 듣게 될 것입니다.

"내 양은 내 음성을 들으며 나는 그들을 알며 그들은 나를 따르느니라" (요 10:27)

하나님의 음성을 듣기 위한 마음가짐

예수님을 진실로 구세주로 믿고 있다면 누구든지 성령님의 음성을 들을 수 있습니다. 예수님을 믿는 그 믿음을 통해 성령께서 내주하시어 이제 '내 안에서 말씀하시는 성령님의 음성'을 들을 수 있게 되었습니다. 사도행전 2장에 기록된 오순절 마가 다락방에서의 성령 강림의 사건 이후에 바야흐로 성령의 시대로 접어들었습니다. 성령께서 임마누엘 하나님으로 동행하시며 친히 인도하시는 시대가 열린 것입니다.

그러나 성령께서 내주하셨다 할지라도 자신의 영적인 상태나 수준에 따라 성령님의 음성을 듣는 방법에 차이가 있을 수 있습니다. 어떤 이들은 꿈과 환상으로 혹은 계시로 성령님의 음성을 들을 수 있습니다. 성경을 통해 말씀으로 조명을 받을 수도 있습니다. 개인마다 성령님의 음성을 듣는 방법이 다양하다는 것입니다.

이러한 원리를 이해하지 못하므로 음성을 듣는다고 하면 하나님의 육성을 듣는 것으로 생각하기도 합니다. 물론 회심 전 사도 바울처럼 다메섹 도상에서 예수님의 직접적인 음성을 들었던 사례도 있지만 이러한 경우는 흔치 않습니다(행 9:4-6). 대부분의 경우 육의 귀가 아니라 영의 귀를 통해 하나님의 음성을 경험하게 됩니다.

오래전의 일입니다. '믿는 자들은 반드시 하나님의 음성을 들을 수 있다'는 설교를 듣는데 강한 도전을 받았습니다. 설교를 들은 직후 하나님의 음성을 듣기 위해 기도하기 시작했습니다. 기도하는 내내 귀를 쫑긋 세우고 외부의 소리에만 모든 정신을 집중했습니다. 하루, 이틀, 일주일 이상을 기도하며 하나님의 음성을 기다렸습니다. 서서히 지쳐갔습니다.

"하나님! 도대체 언제까지 기다려야 합니까? 왜 저에게는 말씀하지 않으십니까?"

전심으로 기도했습니다. 하나님의 우레와 같은 음성은 듣지 못했습니다. 하지만 어떠한 계기를 통해 성령께서 자신의 영적인 상태에 따라 말씀하시는 방법이 다를 수 있다는 것을 깨닫게 되었고 성령님의 내면의 음성에 귀 기울이기 시작했습니다. 신기한 것은 마음의 귀를 열기 시작했을 때부터 우레와 같은 음성보다 더 큰 음성이 내면에서 울려 퍼지는 것을 경험하게 되었습니다.

하나님의 음성을 육신의 귀로 들을 것이라는 고정관념은 하나님의 음성듣기를 방해합니다. 하나님은 영으로 존재하십니다. 영이신 하나님께서 우리의 영 안에 내주하고 계십니다. 그분이 바로 성령하나님이십니다. 이제는 성령의 시대이므로 우리의 영 안에 내주하신 성령의 음성을 영의 귀로 듣는 것입니다. 그렇기 때문에 때로는 들리는 것 같지만 들리지 않고, 음성이 아닌 것 같은데 성령님의 음성인 경우가 많다는 것입니다. 육신의 귀로 듣는 것이라면 더 명확히 들을 수 있겠지만 영의 귀로 들어야 하므로 때때로 혼돈이 일어날 수 있다는 것입니다. 분명한 것은 거룩해지면 질수록 우리의 영의 통로를 통해 울려 퍼지는 성령님의 음성도 더욱 선명해진다는 것입니다.

무엇보다도 자신의 영적인 상태와 수준, 혹은 고정관념이 성령님의 음성을 듣는 통로를 제한할 수 있다는 것을 기억해야 합니다. 만약 성령님의 음성을 직접적으로 들을 수 없는 영적인 상태임에도 불구하고 그 음성만을 들으려 한다면 하나님의 음성을 놓칠 수도 있다는 것입니다. 마치 목자와 멀리 떨어져 있는 양이 오로지 목자의 목소리만을 듣겠다고 고집을 부리는 것과 같습니다. 오히려 목자가 다른 방법으로 자신을 부를 때 그 소리에 반응할 수 있도록 항상 귀를 열어 두어야 합니다.

이러한 원리는 하나님의 음성을 들을 때도 동일하게 적용됩니다. 목자가 양의 위치와 상태에 따라 다양한 방법으로 자신의 음성을 전하는 것처럼 하나님께서도 우리의 영적인 상태와 수준에 맞게 다양한 방법으로 말씀하신다는 것입니다.

또한 하나님의 음성을 들을 때 가장 중요한 것은 관계입니다. 하나님과 얼마나 친밀한 관계인가에 따라 하나님의 음성을 선명히 들을 수도 듣지 못할 수도 있다는 것입니다. 하나님과 친밀함 속에서 교제하고 있다면 하나님의 음성을 더욱 다양하게 접하며 경험할 것입니다.

그렇다면 우리가 일상의 삶 속에서 하나님의 음성을 듣기 위해 준비되어야 할 마음가짐은 어떤 것이 있을까요?

첫째, 하나님의 말씀과 음성을 듣고자 하는 사모함이 있어야 합니다. 지금도 여전히 하나님께서 말씀하시고 계신다는 믿음으로 받을 때 하나님의 음성을 경험할 수 있습니다. 하나님의 음성을 사모할 때 더 충만히 부어주시며 들려주십니다.

둘째, 열린 마음입니다. '하나님은 더 이상 말씀하시지 않는다'는 고정관념은 음성듣기를 훼방합니다. '들을 귀'를 막아버린다면 하나님의 말씀이 잘 들리지 않습니다. 열린 마음으로 바라볼 때 이 세상의 모든 것들이 하나님의 음성을 투영하는 통로가 됩니다.

셋째, 긍정적인 마음입니다. 감사하는 마음입니다. 항상 기뻐하는 마음입니다. 희락과 긍정의 마음가짐은 하나님께서 음성을 투영하시기에 참으로 좋은 땅입니다. 하나님께서 베풀어 주신 은혜에 감사를 올려 드릴 때 더 강하게 투영될 수 있다는 것입니다.

넷째, 인내하며 기다리는 마음입니다. 하나님의 음성을 듣고자 기다릴 때 생각을 통해 하나님의 음성을 투영하십니다. 때로는 세상과 구별된 자리에서 잠잠히 기다릴 때 선명하고 확실한 하나님의 음성을 들려주시기도 하십니다. 세상의 소음 속에서는 하나님의 음성이 잘 들리지 않습니다. 세상의 소음이 잦아들 때 거룩하신 하나님의 음성이 들리기 시작합니다. '나의 영혼이 잠잠히 하나님만 바라보나이다'(시 62:1)라고 고백하며 기다릴 때 다양한 방법으로 음성을 들려주시는 것입니다.

다섯째, 순종하는 마음이 있어야 합니다. 하나님께서 음성을 들려주실 때는 때때로 우리의 결단을 촉구하기도 하십니다. 희생과 헌신을 요구하실 때도 있으십니다. 내려놓으라는 음성을 주기도 하십니다. 만약 이러한 하나님의 음성을 들었다면 순종해야 합니다. 성경 66권은 하나님의 음성에 순종했던 사람들의 거룩한 행보가 기록된 하나님의 자서전입니다. 그들이 하나님께 쓰임 받을 수 있었던 것은 하나님의 말씀과 음성에 순종했기 때문입니다. 하나님의 음성을 듣고 순종하면 할수록 하나님의 음성은 더 선명하고 확실하게 들립니다. 순종하는 자녀들에게 음성을 더 쏟아부어 주시는 것입니다.

마지막으로, 오로지 성령님을 의지해야 합니다. 하나님의 음성을 듣도록 인도하시는 분은 바로 성령님이십니다. 성령님의 조명하심 없이는 하나님의 음성을 들을 수도, 깨달을 수도 없습니다. 인간의 제한된 지혜와 지식으로는 하나님을 볼 수도, 음성을 들을 수도 없습니다. 오로지 성령님의 도움으로 하나님을 알 수 있으며 음성을 분별할 수 있다는 것입니다. 성령님의 도우심을 간절히 사모하며 간구할 때 성령님을 통해 하나님의 음성을 경험할 수 있을 것입니다.

지금도 여전히 하나님께서 말씀하시고 계십니다. 사랑하는 자녀와 사랑의 대화를 나누기를 기다리시며 기대하십니다. 마치 어린 사무엘을 부르신 것처럼 지금 우리를 부르고 계십니다. 간절함으로 '말씀하옵소서, 듣겠나이다'라는 기도를 올릴 때 세미한 음성이 우리의 영혼을 흔들며 깨어나게 할 것입니다.

> "여호와께서 임하여 서서 전과 같이 사무엘아 사무엘아 부르시는지라 사무엘이 이르되 말씀하옵소서 주의 종이 듣겠나이다 하니 여호와께서 사무엘에게 이르시되 보라 내가 이스라엘 중에 한 일을 행하리니 그것을 듣는 자마다 두 귀가 울리리라" (삼상 3:10-11)

생각의 3가지 종류, 어디로부터 기인된 것일까?

불현듯 떠오르는 생각, 혹은 선명하게 각인되어 좀처럼 지워지지 않는 생각들을 감동이라고 흔히 표현하고 있습니다. 실상 많은 성도들이 감동으로 신앙생활을 유지하고 있다고 해도 과언은 아닐 것입니다. 문제는 그 감동이 모두 다 하나님으로부터 기인된 것은 아니라는 것입니다.

보편적으로 감동은 생각을 통해 투영됩니다. 그렇기 때문에 '생각의 통로가 어디를 향해 열려 있느냐'에 따라 하나님의 음성일 수도 아닐 수도 있다는 것입니다. 자신의 생각과 사탄이 주입한 생각도 마치 하나님의 음성으로 오인될 수도 있다는 것입니다.

생각하면 먼저 자신의 생각을 떠올리지만, 생각의 종류에는 3가지가 있습니다. 내 생각, 사탄으로부터 투영된 생각, 하나님으로부터 기인된 생각과 감동이 있습니다. 문제는 우리의 생각뿐만 아니라 다른 통로를 통해 생각이 들어올 수 있다는 것입니다. 어떤 종류의 생각을 선택하느냐에 따라 하나님께 통로를 열기도 하며 사탄에게 열어 주기도 합니다.

사탄에게 통로를 열어줄 때는 불평, 불만, 교만, 시기, 거짓, 간음, 우울 등의 악하고 더러운 생각들이 들어옵니다. 악한 영은 이러한 생각을 주입시켜 우리의 영혼육을 점진적으로 파괴시켜 나갑니다. 하나님과의 관계도 단절시킵니다. 그 목적으로 지금도 여전히 사탄은 더러운 생각들을 뿌려대고 있습니다.

반면 하나님의 통로가 되는 생각은 사랑, 희락, 화평, 오래 참음, 자비, 양성, 충성, 온유, 절제 등 우리의 영혼에 생기와 생명을 불어넣습니다(갈 5:22-23). 만약 하나님의 통로로부터 생각을 받게 된다면 하나님의 언어가 흘러나올 것입니다.[2] 반대로 사탄의 생각을 받아들인다면 더럽고 추한 사탄의 생각들이 흘러나올 것입니다(마 16:23).[3]

과연 나는 어떠한 통로로부터 생각을 주입받고 있는가를 분별해 보아야 합니다. 분별하는 방법은 생각보다 쉽습니다. 지금 뱉고 있는 말들을 점검해 보시면 됩니다. 혀의 권세가 나에게 있는지 없는

---

2 하나님께서 생각을 주실 때 쉽게 거부해 버리는 몇 가지 이유
  1) 하나님으로부터 온 생각은 비상식적으로 느껴지기 때문
  2) 우리의 본성과 죄성에 상반되는 말씀을 하시기 때문
  3) 하나님의 생각에 순종하면 손해를 볼 것 같기 때문
  4) 하나님이 주신 생각은 영으로 들어야 하는 영의 소리이기 때문
3 악한 영이 뿌려놓은 생각에 쉽게 흡수되는 몇 가지 이유
  1) 인간의 상식에 딱 맞는 생각을 투영하기 때문
  2) 인간의 본성과 본능의 죄성을 자극하기 때문
  3) 악한 영의 생각을 받으면 유익이 될 것 같기 때문
  4) 악한 영의 생각은 혼과 육으로 반응하기 때문

지 분별해 보시면 됩니다.[4] 하나님의 통로로부터 생각을 주입받고 있다면 선한 말을 할 것이고, 사탄에게 통로를 열어주고 있다면 악한 말들이 나올 것이기 때문입니다.

> "마귀가 벌써 시몬의 아들 가룟 유다의 마음에 예수를 팔려
> 는 생각을 넣었더라"(요 13:2)

성경에도 사탄의 생각을 받아들여 행동함으로써 파멸에 이르렀던 사람들이 곳곳에 등장합니다. 그 대표적 인물이 바로 가룟 유다입니다. 마귀는 가룟 유다에게 생각을 넣어 주었습니다. 생각의 통로를 통해 예수님을 팔 생각을 주입 받은 것입니다. 예수님을 죽이고자 하는 마귀의 도구로 사용하기 위해 마귀가 생각을 넣어준 것입니다. 만약 사탄이 주입하는 생각을 받아들이지 않았다면 그는 자살로 생을 비참하게 마감하지는 않았을 것입니다.

초대교회 성도였던 아나니아와 삽비라도 마찬가지입니다. 그들 역시 사탄이 넣어준 생각을 받아들여 마음에 품고 행동으로 옮긴

---

4 혀의 권세: 혀에는 권세가 있습니다. 우리의 입술에서 나오는 말로 인해 사람을 죽이기도 살리기도 합니다(잠 18:21). 하나님께 생각을 받는다면 살리는 말이 나올 것입니다. 하나님의 생각이 흘러나온다면 그 말은 하나님의 권세가 있는 능력 있는 말이 됩니다. 하나님께로부터 생각을 받아 말한다면 성령의 사람, 하나님의 사람이 되는 것입니다. 반대로 사탄에게 생각을 주입받고 있다면 죽이는 말이 나올 것입니다. 내 영혼은 물론이거니와 다른 사람의 영혼까지도 파괴시키는 말들이 쏟아져 나올 것입니다.

결과 죽음에 이르게 되었습니다(행 5:1-11).

베드로도 사탄이 넣어주는 생각에서 자유롭지 못했습니다. 그 결과 예수님께 '사탄아. 내 뒤로 물러가라. 너는 나를 넘어지게 하는 자로다. 네가 하나님의 일을 생각하지 아니하고 도리어 사람의 일을 생각하는도다' 하며 심하게 책망받았습니다(마 16:23).

사울 왕도 그러했습니다. 사울 왕은 하나님의 기름 부음을 받고 이스라엘의 왕이 되었습니다. 하지만 교만과 불순종의 영이 그를 사로잡는 순간 여호와의 영이 떠나고 악령이 들어오게 되었습니다(삼상 16:14). 이렇게 된 근원적인 발단은 바로 사울의 생각이었습니다.

"사울이 죽인 적은 천천이요, 다윗이 죽인 적은 만만이라"(삼상 29:5)

백성들의 말을 생각으로 품고 계속 묵상하고 있었던 것입니다. 시기 질투의 생각으로 가득 찬 사울의 입에서 나온 말은 온통 저주와 죽이는 말뿐이었습니다. 악령이 지배하고 그의 입술을 주장했기 때문입니다. 단지 말로만 그치는 것이 아니라 사탄의 생각을 받아들이게 된다면 서서히 행동으로 나오게 되는 것입니다. 결국 사울 왕은 다윗을 죽이기 위한 사탄의 악한 도구로 사용되었습니다(삼상 18:11). 사탄이 주입한 생각을 받아들이고 행동으로 옮긴 사울 왕의 최후도 결국 자살이었습니다.

"너희가 어찌 이같이 어리석으냐? 성령으로 시작하였다가 육체로 마치겠느냐?"(갈 3:3)

우리는 이 말씀을 심령에 깊이 각인시켜 놓아야 합니다. 비록 의도하지 않았을지라도 성령으로 시작해 육체, 즉 악령으로 마칠 수도 있기 때문입니다.

지금, 이 시대에도 성령으로 충만하였으나 악령으로 마치는 사람들이 참으로 많습니다. 성령으로 시작했다가 악령으로 마치는 사람들 대부분이 어느 순간 마귀에게 생각의 통로를 열어 주었기 때문입니다. 하나님의 생각을 받다가 교만과 자기 자랑의 생각을 받아들였기 때문입니다. 사탄에게 생각의 통로를 열어 주었기 때문입니다.

인간의 생각은 너무나 연약합니다. 생각을 어디로부터 주입 받느냐에 따라 성령의 사람, 혹은 마귀의 도구가 될 수도 있다는 것을 기억해야 합니다. 생각의 주파수를 어디에 맞추며 행동하느냐에 따라 극명히 다른 삶의 모습이 나타날 수 있습니다.

우리는 하나님께 속한 하나님의 사람들입니다. 하나님의 자녀입니다. 하나님의 선한 생각을 선택하여 이 세상을 기경해 나가야 하는 하나님의 동역자입니다. 어떠한 통로로 생각을 받을 것인가를 깊이 묵상하고 선택하는 삶을 살아야 합니다.

무엇보다도 하나님의 선한 생각으로 채워져 하나님의 자녀의 삶

을 살 수 있도록 생각을 바꾸는 훈련을 해야 합니다. 생각을 다스리고 차단하는 훈련을 해야 합니다.[5]

하나님께서는 사탄이 뿌려놓은 생각들로 채워지지 않도록 무릇 지킬 것 가운데 마음을 지키라고 말씀하셨습니다(잠 4:23). 마귀의 생각을 대적하고 쫓아내라고 명령하셨습니다. 우리는 생각을 지켜야 합니다. 악한 생각을 주는 어둠을 향해 명령해야 합니다. 대적해야 합니다.

"내가 나사렛 예수의 이름으로 명하오니 내 안에 쌓여있던 모든 더러운 생각들은 사라질지어다! 나에게 죄 된 생각을 넣어주는 악한 영들은 떠나갈지어다!"

지금, 이 순간 더욱 간절함으로 간구해야 합니다.

"하나님 아버지여, 제 안에 선한 생각으로 채워 주소서. 오직 하나님의 통로로만 생각을 받게 하소서. 사탄으로 투영 받은 악한 생각들을 성령의 불로 태우시고 제 안에서 완전히 사라지게 하소서."

---

5 생각을 다스리고 차단하는 구체적인 7가지 훈련
   1) 보고 만지고 느끼는 영역을 제한하는 훈련(눅 6:45)
   2) 마음을 지키는 훈련(잠 4:23)
   3) 혀를 다스리는 훈련(약 3:8)
   4) 방언으로 기도하는 훈련 (고전 14:2)
   5) 생각을 투영하고 있는 어둠을 대적하는 훈련(약 4:7)
   6) 혈과 육을 복종시키는 훈련(엡 6:12, 히 12:4)
   7) 거룩과 경건의 삶을 사는 훈련(벧전 1:16)

"선한 사람은 마음에 쌓은 선에서 선을 내고 악한 자는 그 쌓은 악에서 악을 내나니 이는 마음에 가득한 것을 입으로 말함이니라" (눅 6:45)

하나님의 음성 같은데 당장 순종해야 할까?

하나님께서는 어떠한 사건과 환경을 통해서도 하나님의 음성을 투영할 수 있습니다. 우연히 스쳐 가는 사람들과의 대화를 통해서도 말씀하실 수 있습니다. 성도들에게는 더 다양한 통로로 말씀하십니다.

성경을 읽다가 하나님의 음성이 섬광처럼 스쳐 갈 수 있습니다. 힘든 고난의 시간을 지나면서 자신을 향한 하나님의 뜻이 무엇인지 깨달을 수 있습니다. 금식하면서 하나님이 주시는 메시지와 응답을 받을 수도 있습니다. 설교를 통해 하나님이 말씀하시는 것을 깨닫고 심령에 새길 수도 있습니다. 여러 가지 다양한 방법을 통해 하나님의 음성을 경험할 수 있다는 것입니다. 다양하게 다가오는 하나님의 음성을 경험하면서 이것이 하나님의 음성이라는 확신을 가질 수도 있을 것입니다.

그런데 문제는 인간은 완전한 존재가 아니기 때문에 실수할 때가 많다는 것입니다. 분명히 그 순간에는 하나님의 음성이라는 확신이 있었는데 잘못 분별할 수도 있다는 것입니다. 그렇기 때문에 하나님의 음성이라고 느껴진다면 실행에 옮기기 전에 먼저 하나님의 확실한 음성인지를 분별하고 그다음 단계를 밟는 것이 중요합니다. 그래야 실수를 줄일 수 있기 때문입니다.

그렇다면 어떤 방법을 통해 하나님의 음성인지 아닌지를 분별할 수 있을까요?

무엇보다도 시간을 통해 분별해 보십시오. 어떠한 통로를 통해 음성을 들었다면 그 음성을 마음에 품고 담아두는 시간이 필요합니다. 말과 행동이 먼저 나가는 것이 아니라 그 음성을 붙들고 인내하는 시간이 필요하다는 것입니다. 인생에 있어 중대한 것을 선택하고 결정해야 하는 것이라면 더욱 신중해야 합니다. 만약 그 음성이 하나님으로부터 기인된 음성이라면 시간이 지나면 지날수록 더욱 강하게 우리의 영에 각인됩니다. 하나님의 말씀은 살아 있고 강력한 힘이 있기 때문입니다. 양날이 선 칼보다도 더 날카로워서 우리의 영혼육을 쪼개며 마음속에 있는 생각과 감정까지도 알아낼 수 있기 때문입니다(히 4:12).

하나님으로부터 온 생각이라면 시간이 지나면서 자신의 내면에서 불길처럼 타오르며 순종하지 않으면 안 될 것 같은 거룩한 부담 감이 일어나게 됩니다. 하나님께서는 인격적이기 때문에 무언가를 순종하라고 말씀하실 때도 강제로 끌고 가지 않으십니다. 먼저 마음에 소원이 일어나도록 역사하십니다. 하나님께서 기뻐하시는 일을 할 수 있도록 도와주시며 그 일을 행할 힘과 능력도 공급해 주십니다(빌 2:13). 하나님의 음성은 근심하게 하거나 초조하게 하지 않습니다. 우리의 마음과 영혼을 평안하게 하십니다. 하나님의 음성을 들었다는 확실한 증거는 어떠한 상황 가운데에서도 평안을 잃지 않는 것입니다.

그런 연유로 훈련 과정에서는 어떠한 음성을 들었을 때 즉각적으로 행동하기보다는 마음에 담아두며 그 일에 대한 소원이 일어나는지 시간을 두고 기다리는 인내가 필요합니다. 얼마나 평안을 유지하고 있는지의 여부로 분별해 보아야 합니다.

만약 자기 생각에서 비롯된 음성이었다면 시간이 지날수록 처음의 열정과 마음이 점차 사라질 것입니다. 그 생각의 근원이 자기 자신이기 때문에 하나님께서 주신 음성과는 본질적으로 차이가 있습니다.

사탄이 주는 생각과 음성도 마찬가지입니다. 만약 사탄이 투영한 생각이라면 더욱더 시간을 두고 분별하셔야 합니다. 사탄은 '지금! 즉시! 당장! 행동하라!'고 충동질합니다. 시간을 두고 생각하다 보면 마음이 바뀔 것을 사탄이 더 잘 알고 있기 때문입니다. 또한 사탄이 주입한 생각이 잘못된 것임을 하나님께서 깨닫게 해주실 수 있기 때문에 '당장! 행동하라!'고 충동질을 합니다.

사탄은 주로 누군가를 판단하는 생각을 넣습니다. 원망과 시기와 질투의 생각을 넣습니다. 사탄은 거짓의 영, 속이는 영이므로 대부분 부정적인 생각을 주입하여 관계를 파괴시켜 나갑니다. 그렇기 때문에 사탄이 주입한 음성은 시간이 지나면서 소원이 불일 듯 일어나는 것이 아니라 오히려 마음이 불안해지고 불편해지기도 합니다.

사울 왕이 하나님의 음성을 들었지만 성급하게 행동하다 낭패를 본 경우에 해당됩니다. 사무엘 선지자는 사울 왕에게 이렇게 지시했습니다.

"너는 나보다 앞서 길갈로 내려가라 내가 네게로 내려가서 번제와 화목제를 드리리니 내가 네게 가서 네가 행할 것을 가르칠 때까지 칠 일 동안 기다리라"(삼상 10:8)

하나님께서는 사울이 잠잠히 기다리며 하나님의 약속을 붙들기를 원하셨습니다. 사울 왕은 사무엘이 하나님의 음성을 대언하는 선지자라는 것을 잘 알았습니다. 사울은 '기다리라'는 사무엘의 말이 분명한 하나님의 음성인 것을 알고 있었습니다. 그런데도 사울의 마음은 요동치기 시작했고 사무엘 대신 자신이 직접 번제를 드리게 됩니다. 물론 사울 왕도 하나님의 음성을 붙들고 7일간을 기다렸습니다. 하지만 그 기다림은 불경스러웠습니다. 하나님의 음성을 들었음에도 사울은 성급하게 행동했을 뿐만 아니라 화를 냈습니다. 하나님의 음성을 신뢰하지 않았기에 블레셋과의 전쟁을 앞두고 두려움에 떨기까지 했습니다. 결국 사울은 성급한 행동으로 말미암아 자신의 왕권을 박탈당하는 비극을 초래하게 되었습니다(삼상 13:13). 하나님보다 앞선 성급한 행동은 종국에는 쓰디쓴 결과를 초래하게 될 수도 있다는 것입니다.

사울 왕과 반대로 느헤미야는 행동하기 전에 잠잠히 기다리며 하나님의 일하심을 목도한 경우입니다. 바벨론의 포로로 끌려간 느헤미야는 아닥사스다 왕의 술 맡은 관원으로 일하고 있었습니다. 그러던 어느 날, 느헤미야는 예루살렘이 마치 도살장과 같이 참혹하게 되었다는 이야기를 전해 듣게 됩니다. 그 이야기를 전해 들은 느헤미야는 즉각적으로 행동하지 않고 금식하며 기도하기 시작했습니다(느 1:4). 하나님 앞에 나아가 잠잠히 때를 기다린 것입니다.

느헤미야가 금식하며 기도할 때 하나님께서 일하기 시작하셨습니다. 하나님께서 환경을 열기 시작하셨습니다. 마침내 아닥사스다 왕은 성전 건축에 필요한 물자를 지원해 주었고 느헤미야가 예루살렘에 귀환하도록 길을 열어 주었습니다. 느헤미야는 상황을 보고 즉각적으로 행동하지 않고 하나님 앞에 나아가 잠잠히 기다리며 기도했습니다. 그 결과 하나님께서 느헤미야를 훼파되고 무너진 예루살렘 성벽을 재건하는 큰 도구로 사용하셨습니다.

그동안 다양한 통로로 하나님의 음성을 경험했던 사람이라면 어떠한 음성과 생각이 투영될 때 그것이 하나님의 음성인지, 자신의 생각인지, 사탄이 주입한 생각인지를 순간적으로 분별할 수 있습니다. 성령님의 통치를 얼마만큼 받고 있느냐에 따라 음성을 분별하는 능력도 다르게 나타납니다. 그동안의 훈련을 통해 음성을 분별할 수 있는 영적인 상태로 성장한 것입니다.

만약 하나님의 음성이라는 확신과 분별이 되어 즉각적인 순종을 한다면 하나님께서 기뻐하십니다. 여러 가지 이해타산을 고려한 후에 어쩔 수 없이 순종하는 것을 기뻐하시지 않습니다. 상황과 때에 따라 즉각적인 순종이 필요할 때도 있고, 하나님 앞에서 잠잠히 기다리며 기도해야 할 때도 있다는 것입니다.

중요한 것은 어떠한 음성에 대한 확신을 갖기 전에 섣불리 행동하지 않는 것을 훈련해야 한다는 것입니다. 일생을 좌지우지하는 중대한 결정일 경우 더욱 기도하며 분별해야 합니다.

시편에 이렇게 기록되어 있습니다.

"나의 영혼아 잠잠히 하나님만 바라라 무릇 나의 소망이 그로부터 나오는도다."(시 62:5)

만약 자신이 들었던 음성이 하나님의 음성인지, 자신의 생각인지, 사탄으로부터 온 생각인지 분별이 되지 않을 때에는 시간을 두고 지켜보십시오. 하나님 앞에 머물면서 시간을 두고 분별할 수 있도록 기도하며 하나님께 도움을 요청하십시오. 하나님의 음성인지 아닌지를 가늠하는 가장 좋은 방법은 어떠한 음성을 들었다면 잠잠히 기도하며 기다리는 것입니다.

"너는 여호와를 기다릴지어다 강하고 담대하며 여호와를 기다릴지어다" (시 27:14)

분명하지 않을 때 사인 구하는 방법

"하나님! 이 사람이 맞다면...."
"이 계획이 옳다면...."
"이 생각이 맞다면, 제게 이러이러한 사인을 내일까지 꼭 보여주세요!"
많은 분들이 하나님께 사인을 구하는 기도를 참 많이 합니다. 하나님께서 이 기도에 응답하실 때도 있었고 그러하지 않으실 때도 있었을 것입니다.

하나님께 사인을 구하는 기도를 드릴 때 가장 중요한 것은 바로 마음가짐입니다. 만약 어떠한 일을 회피할 목적으로 사인을 구하고 있다면 응답하지 않으실 수도 있습니다. 그 기도 자체가 자기중심적이기 때문입니다. 단순히 호기심 차원으로 사인을 구하는 것도 기뻐하지 않으십니다. 이와 반대로 하나님의 뜻을 확실히 알고 순종하기 위해 사인을 구하고 있다면 그 기도에 응답하십니다.

구약성경에 나오는 기드온이 하나님께 사인을 구했던 대표적인 인물입니다. 하나님께서는 기드온에게 미디안의 압제에서 이스라엘을 구원하시겠다고 말씀하셨습니다(삿 6:14). 더불어 '내가 너와 함께 할 것이다. 너는 마치 단 한 사람하고만 싸우는 것처럼 미디안의 군대와 싸워 쉽게 물리칠 것이다'라고 말씀하셨습니다(삿 6:16). 이 엄청난 하나님의 말씀을 들은 기드온은 확신이 필요했습니다. 자신은 그 사명을 감당할 수 없다고 느껴졌기 때문이었습니다. 두렵고 떨렸지만, 그는 자신보다, 하나님을 더욱 신뢰했습니다. 그래서 하나님께 사인을 구합니다.

기드온은 타작마당에 양털 뭉치를 놓고 이슬이 양털에만 내리고 주변 땅에는 내리지 않는 표적을 보여 달라고 하나님께 요구했습니다(삿 6:36-42). 그대로 이루어졌습니다. 기드온은 다시 반대의 경우가 되게 해달라고 사인을 구했습니다. 그 역시도 기적처럼 이루어 졌습니다. 기드온은 2번의 사인을 통해 '너는 마치 단 한 사람하고 만 싸우는 것처럼 미디안의 군대와 싸워 쉽게 물리칠 것이다'라는 하나님의 말씀에 확신을 얻었습니다. 사인을 통해 하나님의 뜻을 확인한 기드온은 미디안과의 전쟁에서 완승하여 하나님께 영광을 올리는 도구로 사용되었습니다.

성경에 나오는 많은 인물들이 하나님께 물었습니다. 묻고 확증 을 받았습니다.

아브라함의 종도 사인을 구했던 사람이었습니다. 아브라함의 종 은 이삭의 아내를 데리고 오라는 아브라함의 명령에 따라 아브라함 의 고향에 도착했습니다. 생전 처음 가본 그곳에서 이삭의 아내가 될 사람을 찾으려 하니 얼마나 부담스러웠겠습니까? 도대체 그 처 녀가 어디에 살고 있는지, 그 처녀의 평판이 어떤지, 아무런 정보도 없는 막막한 상황에서 그는 이렇게 기도했습니다.

"여호와여, 오늘 제가 주인 아들의 아내감을 순탄하게 찾을 수 있 도록 도와주옵소서. 저는 지금 우물가에 서 있고, 성의 여자들이 물 을 길러 나오고 있습니다. 제가 그중 한 여자에게 '그 물동이에 있 는 물을 좀 먹게 해 주십시오' 하고 말할 때, 만약 그 여자가 '마시세 요. 내가 당신의 낙타들에게도 물을 먹이겠습니다'라고 말하면, 그 여자를 주의 종 이삭의 아내감으로 알겠습니다."(창 24:13-14, 쉬운)

하나님께서는 아브라함의 종이 사인을 구하는 기도를 마치기도 전에 움직이셨습니다. 이삭의 부인이 될 리브가를 우물가로 보내어 기적적으로 만나게 하셨습니다. 그뿐만 아니라 아브라함의 종이 구했던 사인 그대로 그 여인은 아브라함의 종과 낙타에게 물을 건네주었습니다. 아브라함의 종은 자신의 요구대로 응답하시고 확증해 주신 하나님께 감사하며 찬양했습니다.

우리가 사인을 구할 때 '하나님의 음성이 맞는다면 순종하겠습니다'라는 선한 마음이 있어야 합니다. 그 마음의 중심에 하나님을 경외하는 순결함이 있어야 합니다. 하나님을 향한 사랑이 있어야 할 것입니다.

만약 하나님의 뜻을 확실히 알고 순종하기 위해 사인을 구하고 있다면 그 사람의 요구에 기꺼이 응답하실 것입니다. 꿈과 환상, 성경, 환경, 다른 사람을 통해서라도 확증해 주시며 사인에 응답해 주실 것입니다.

만약 하나님의 음성이 분명치 않다고 느껴진다면 하나님께 물으십시오. 기도하며 확증을 받으십시오.

"하나님의 음성이 맞는다면 성경을 통해 확증해 주세요. 제가 들은 음성이 정확하다면 누군가로부터 확증해 주세요."

신실하신 하나님께서는 사랑하는 자녀의 기도를 결코 땅에 떨어뜨리지 않으실 것입니다. 아마도 예상치 못했던 그 누군가로부터 이러한 응답을 듣게 하실지도 모르겠습니다.

"집사님, 하나님께서 집사님에 대한 기도를 시키시네요. 집사님이 자녀에 대해 걱정하고 있다는 감동을 주셨어요. 하나님께서 친히 양육할 것이니 걱정하지 말라는 감동을 주셨어요. 하나님께서 책임진다는 말씀을 전하라 하셨습니다."

이러한 일이 신기하다고 느껴지십니까? 지금 믿는 성도 간에 일어나고 있는 평범한 일입니다. 지금은 성령의 시대이기 때문입니다. 말씀하시고 확증하시는 성령하나님께서 우리의 영 안에 내주해 계시기 때문입니다.

인간의 상식으로 하나님의 능력을 제한하지 않기를 바랍니다. 하나님을 신뢰하는 만큼 하나님의 일하심을 경험하게 될 것입니다. 한계를 두지 않는 만큼 놀라운 일들이 삶 가운데 펼쳐질 것입니다. 하나님은 살아계시며 지금 이 순간도 역사하고 계시기 때문입니다. 어제나 오늘이나 영원토록 동일하신 하나님께서 기드온에게 초자연적인 양털 사인으로 확증을 주셨다면 우리에게도 동일하게 말씀하실 수 있다는 것입니다.

하나님께 이렇게 기도했으면 좋겠습니다.

"하나님, 제가 드릴 고백은 하나님 아버지를 사랑한다는 것입니다. 이제는 하나님 아버지의 음성을 듣고 싶습니다. 하나님의 마음을 알고 싶습니다. 아버지의 음성이 어떠한 것인지를 더 구체적으로 경험하고 싶습니다. 어찌 자녀가 아버지의 음성을 듣지 못하겠나이까? 영의 눈을 열어 아버지를 보게 하소서. 영의 귀를 열어 아버지의 음성을 듣게 하소서. 이제는 하나님 아버지의 음성을 들으며 동행하는 삶을 살기를 소원합니다. 예수님의 이름으로 기도했습니다. 아멘."

"구하라 그리하면 너희에게 주실 것이요 찾으라 그리하면 찾아낼 것이요 문을 두드리라 그리하며 너희에게 열릴 것이니 구하는 이마다 받을 것이요 찾는 이는 찾아낼 것이요 두드리는 이에게는 열릴 것이니라" (마 7:7-8)

들리는 하나님의 음성

"귀 있는 자는 성령이
교회들에게 하시는 말씀을 들을지어다"(계 2:29)

들리는 하나님의 음성

1

'씨앗단계'에서의 하나님의 음성듣기와 분별

"하나님의 음성 곧 그의 입에서 나오는 소리를 똑똑히 들으라"(욥 37:2)

하나님의 세계는 광대하며 광활하기에 인간의 언어로는 가히 표현할 수 없습니다. 하나님의 세계는 무한하며 영원합니다. 그 영적인 비밀을 깨달은 사도 요한은 하나님께서 행하신 일들을 기록한다면 온 세상이라도 다 담아내기에 부족하다고 고백한 것입니다(요 21:25).

하나님의 음성 역시도 인간의 세 치의 혀로 표현할 수 없습니다. 하나님의 음성을 경험하지 못했다면 인간의 지혜와 지식으로 결코 설명할 수 없습니다. 경험한 사람만이 아는 숨겨진 비밀입니다.

하나님의 음성을 듣는 것은 순식간에 부풀어 오르는 뻥튀기 과자처럼 한꺼번에 열리지 않습니다. 씨앗을 땅에 심자마자 단번에 열매 맺을 수 없는 것처럼 말입니다. 씨앗이 발아되어 성장하고 열매를 맺기 위해서는 반드시 시간이 필요합니다. 아이가 태어나자마자 바로 걸을 수 없는 것처럼 하나님의 음성을 듣는 것도 훈련이 필요합니다. 성장의 과정을 거쳐 열매 맺는 성숙의 단계로 도약해야 한다는 것입니다.

분명한 것은 하나님께서는 반드시 아버지의 음성을 들려주신다는 것입니다. 하나님께 마음의 문을 활짝 열 때 '내 안에서 말씀하시는 아버지의 사랑과 위로의 음성'이 울려 퍼지는 것입니다.

지금부터는 성령님이 내주하신 후 영적으로 씨앗단계에 있을 때에는 주로 어떠한 통로를 통해 하나님의 음성을 투영 받게 되는지, 어떻게 분별해야 하는지 구체적으로 살펴보고자 합니다.

성경으로 하나님의 음성을 듣는다고요?

모든 성경은 하나님의 감동으로 기록된 것으로 성경 안에 진리가 숨겨져 있습니다. 성령의 감동과 영감에 의해 기록된 하나님의 말씀입니다. 하나님의 완벽한 음성입니다. 삶 가운데 무엇이 잘못

되었는지 깨닫게 해줍니다. 하나님 안에서 의롭게 사는 법을 가르쳐 줍니다(딤후 3:16).

하나님께서 성경을 기록하신 목적은 우리를 친히 가르치시기 위해서입니다. 성경 안에 하나님의 말씀과 음성이 녹아져 있기 때문에 의사 표현의 방법의 하나로 성경을 자주 사용하십니다.[1]

성경은 결코 일반 책들과 같이 저자들의 개인적인 창작물이 아닙니다. 사람을 도구로 사용하여 하나님께서 직접 집필하신 작품입니다. 그런 연유로 성령께서는 성경을 통해 하나님의 음성을 투영하시는 것을 기뻐하십니다. 우리의 영적인 수준이나 상태와 상관없이 성경을 통해 누구에게나 말씀하는 것이 가능하기 때문입니다. 성경으로 말씀하실 때 듣는 사람에 의해 하나님의 음성이 왜곡되거나 변질이 될 우려가 적기 때문입니다.

요한복음 10장 35절에 '성경은 폐하지 못하나니'라고 기록되어 있습니다. 세상에서는 하루가 다르게 최신 정보들이 쏟아져 나옵니다. 어제의 산지식이 하루아침에 무용지물이 됩니다. 오늘의 최신 지식이 내일 여지없이 폐기 처분이 되기도 합니다. 세상 속에서 뿜어져 나오는 그 모든 말들은 어느새 사라져 버립니다. 그러나 하나

---

1 하나님께서 성경을 통해 말씀하시는 것을 기뻐하시는 이유 (딤후 3:15-17)
   1) 믿음을 주어 구원에 이르게 하는 지혜가 있기 때문(진리의 말씀)
   2) 하나님의 감동으로 된 하나님의 편지이기 때문
   3) 교훈과 책망과 바르게 함과 의로 교육하기에 유익하기 때문
   4) 하나님의 사람으로 온전하게 변화시킬 수 있는 능력이 있기 때문

님의 말씀인 성경은 어제나 오늘이나 영원토록 동일하게 그리스도인의 심령에 새겨져 영원히 폐하지 못할 것입니다.

그렇다면 성경을 통해 말씀하시는 하나님의 음성을 어떻게 들을 수 있는 것일까요?

"주님! 오늘 중에 이 일을 반드시 처리해야 합니다. 그러니 제가 어떻게 결정해야 하는지 지금 당장 성경을 통해 말씀해 주세요!"

눈을 감고 성경의 아무 곳을 펼쳐서 읽으면 성경을 통해 성령께서 말씀해 주시는 것일까요?

물론 깊이 기도하면서 묻는다면 이러한 방법을 통해서도 말씀하실 수도 있습니다. 그러나 자칫 이러한 방법에 익숙해지게 된다면 마치 요행처럼 하나님의 음성을 들으려 하는 좋지 못한 습성이 생길 수 있습니다. 그런 이유로 우리의 연약함을 누구보다 더 잘 아시는 성령께서 이러한 방법을 통해서는 흔히 말씀하시지 않습니다.

무엇보다도 하나님의 음성을 듣기 전에 '하나님을 아는 지식'을 먼저 쌓기를 원하십니다. 하나님의 음성을 듣기 위해 무턱대고 시간을 소비하는 것보다 선행되어야 할 것은 성경을 통해 하나님이 누구신지 배워야 한다는 것입니다. 성경을 통해 삼위일체 하나님의 인격을 알아야 합니다. 구체적으로 하나님께서 어떻게 일하시는지, 어떤 방법으로 역사하시는지, 어떤 성품을 가지고 계신지를 알아야 한다는 것입니다.

그런데 어떠한 통로를 통해 하나님을 아는 지식을 쌓을 수 있을까요?

바로 성경을 통해 하나님의 역사하심을 간접적으로 경험할 수 있습니다. 그런 이유로 우리의 영 안에 내주하신 성령께서 이렇게 늘 말씀하시는 것입니다.

"사랑하는 아들아, 성경을 읽어라. 말씀을 통해 하나님을 경험해 나가라. 말씀을 통해 하나님을 아는 지식을 확장시켜 나가라."

성경을 통해 하나님을 아는 지식이 생긴다면 어떠한 음성을 들었을 때 그 음성이 하나님의 음성인지 아닌지를 분별할 수 있게 됩니다.

"아! 하나님이 이런 분이구나. 진노하기도 하시며, 탄식하기도 하시며, 아파하시기도 하는구나. 아! 하나님이 이러한 방법으로도 말씀하시는구나. 아! 이럴 때는 분노를 내시는구나. 아! 이럴 때는 기뻐하시는구나."

성경을 통해 하나님을 아는 지식이 확장될 때 분별할 수 있는 능력도 강화되게 됩니다.

예를 하나 들어 보겠습니다.

세상을 살다 보면 시시때때로 관계 속에서 갈등을 경험합니다. 분노가 일어나기도 합니다. 누명을 쓰기도 하고 억울한 일을 당하기도 합니다. 누구나 살아가면서 예상치 못한 경험을 하게 됩니다.

만약 일상의 삶에서 일어나는 이러한 감정적인 문제를 그대로 방치한다면 어떤 일이 일어나게 될까요?

시기 질투의 마음이 미움을 낳을 수 있습니다. 미움이 분노가 되고, 분노는 원망으로 이어집니다. 원망은 적개심과 복수심으로 확대됩니다. 이러한 감정적인 문제들을 그냥 방치해 둔다면 감정이 이제 행동으로 나타날 수도 있습니다. 폭언에 이어 폭력으로 이어질 수도 있습니다. 이러한 모습은 사실 주변에서 흔히 목격되고 있습니다. 믿는 그리스도인조차도 예외가 아닙니다.

그런데 하나님께서는 이러한 감정적인 문제를 그대로 방치한 채 고통스러워하고 있는 자녀의 모습을 기뻐하지 않으십니다. 어둠의 영역에 속하는 부정적인 감정 속에 우리가 매몰되고 지배되는 것을 원치 않으십니다. 이러한 상황에서 성령께서 이렇게 말씀하기도 하십니다.

"사랑하는 아들아, 너의 분노를 내려놓거라. 그 사람을 용서하거라. 그를 위해 기도하거라."

마음 깊은 곳에서 이러한 음성과 생각이 수시로 떠오르기도 합니다. 이러한 생각은 우레와 같이 크게 들리지 않습니다. 마음속의 작은 울림으로 퍼지는 것입니다. 이러한 생각이 스쳐 갈 때 그 음성을 무시할 수도 있습니다. 우리 안에 분노와 원망, 적개심이 크면 클수록 이 음성은 상대적으로 더 작게 들릴 것입니다.

만약 성경에 대한 지식이나 말씀의 기반이 전혀 없는 사람이라면 이 작은 음성은 자신의 감정 속에 묻혀 소멸될 수도 있습니다. 반대로 성경을 아는 사람이라면 세미한 음성과 함께 이러한 성경 말씀이 떠오를지도 모릅니다.

"원수를 사랑하며 너희를 박해하는 자를 위하여 기도하라."(마 5:44)

어쩌면 '아버지, 저 사람들을 용서하여 주소서. 저들은 자기들이 하고 있는 일을 알지 못합니다'(눅 23:34)하시며 십자가에 못 박은 자들을 향해 용서하시는 예수님의 모습이 스쳐 지나갈 수도 있습니다. '일흔 번씩 일곱 번이라도 용서하라'(마 18:22)는 말씀이 떠오를 수도 있을 것입니다.

이 상황까지 이르렀다면 갈등이 일어나기 시작합니다. 겉사람과 속사람이 싸우는 것입니다. 겉사람은 분노하고 있는데, 속사람이신 성령님께서 계속 이렇게 말씀하시기 때문입니다.

"용서하거라. 인내하거라. 화평하거라. 서로 사랑하거라."

만약 성령께서 그 사람 안에서 역사하실 수 있는 영향력이 크다면 이 음성은 더 크게 들릴 것입니다. 때때로 거룩한 부담감[2]을 주실 수도 있습니다. 성경을 알고 있는 사람이라면 성경의 한 장면을

2　거룩한 부담감은 무거운 짐이 아니라 하나님의 음성입니다. 하나님의 부르심입니다. 어떤 일에 부담스러운 마음이 든다면 그 일을 회피하라는 뜻이 아닙니다. 그 일에 순종하라는 하나님의 선한 압박일 수 있습니다. 만약 거룩한 부담감을 받았다면 외면하지 말고 순종할 수 있도록 기도해야 합니다.

보여주실 수도 있습니다. 어떤 말씀이 떠오르게 하실 수도 있습니다. 자신의 감정은 결코 그 사람을 용서할 수 없는데, 성령님의 음성 때문에 갈등이 일어나는 것입니다.

그런데 만약 이 사람이 성경을 모르는 사람이라면 어떨까요?

성령님은 그래도 이 사람에게 '용서하라, 참으라, 품으라'고 말씀하실 것입니다. 문제는 이 사람이 성경을 모르기 때문에 이 음성이 성령님의 음성인지 분별할 수가 없다는 것입니다. 자신의 감정에 매몰된 채 성령님의 음성이 소멸될 수 있다는 것입니다. 이것이 성령님의 음성을 들었을 때 일어나는 영적인 일입니다.

우리는 먼저 성경을 통해 하나님을 아는 지식을 쌓아야 합니다. 성경을 반드시 읽어야 합니다.[3] 하나님이 어떠한 분인지, 어떠한 인격을 가지고 계신지, 우리를 얼마나 사랑하시는지, 우리를 통해 행하고자 하시는 일들이 무엇인지를 먼저 성경을 통해 배워야 합니다.

만약 하나님을 아는 지식이 없다면 하나님께서 말씀하실 때 그

---

[3] 성경읽기가 어려울 때 기억해야 할 성경을 읽는 비결
  1) 일정한 시간을 정하여 읽어라
  2) 매일 꾸준히 읽어라
  3) 어려운 것은 건너 뛰어 읽고 추후에 다시 읽어라
  4) 소리를 내고 읽어라
  5) 성령님을 의지하며 읽어라

음성이 하나님의 음성인지, 사탄의 음성인지를 쉽게 분별할 수 없습니다.

우리는 하나님의 음성듣기를 갈망합니다. 때때로 외부적인 환경을 통해, 혹은 다른 사람을 통해 하나님의 음성을 듣게 될 것입니다. 성령께서 내주하셨다면 더욱 다양한 통로를 통해 하나님의 음성을 접하며 경험할 수 있을 것입니다.

기억해야 할 것은 그 음성은 반드시 성경 안에서 확증을 받아야 한다는 것입니다. 실제적인 하나님의 음성을 듣고 있는 그리스도인조차도 성경의 기반 위에서 들은 음성을 분별해야 합니다.

"먼저 알 것은 성경의 모든 예언은 사사로이 풀 것이 아니니 예언은 언제든지 사람의 뜻으로 낸 것이 아니요 오직 성령의 감동하심을 받은 사람들이 하나님께 받아 말한 것임이라" (벧후 1:20-21)

레마의 말씀, 어떻게 받는 것일까?

우리는 로고스의 말씀인 성경을 읽습니다.[4]

성경에 인간의 인류지대사가 다 녹아있습니다. 성경 안에 일상에서 경험하는 다양한 모습들이 담겨 있기 때문에 지혜를 얻을 수 있으며 인도를 받을 수도 있습니다. 그러나 종종 성경 속의 이야기가 와닿지 않았을 때도 많았을 것입니다. 현재 자신의 삶과는 동떨어진 느낌이 들기도 합니다. 이것이 기록된 로고스의 한계입니다.[5]

그런데 어느 순간 성경을 묵상할 때 평상시 전혀 마음에 와닿지 않았던 성경 구절이 강하게 각인될 때가 있습니다. 성경을 읽다가 어떤 구절이 튀어나와 마음속에 쏙하고 들어오는 느낌을 받기도 합

---

4 성경을 읽을 때 나타나는 영적/혼적/육적 변화들
　1) 영적 변화: 믿음이 생김, 속사람이 강건해짐, 하나님의 음성을 잘 듣게 됨
　2) 혼적 변화: 세상의 생각과 관점에서 하나님의 생각으로 변화가 일어남,
　　　　　　　혼의 구조인 지.정.의(지성, 감정, 의지)의 변화가 일어남
　3) 육적 변화: 육체적인 것들이 사라지고 점진적으로 영적인 사람으로 변화됨
5 성경은 하나님의 감동으로 기록된 하나님의 편지입니다. 하지만 성경을 기록할 당시의 시대를 배경으로 기록되었기 때문에 현실에 적용하기에는 다소 거리감이 있을 수 있습니다. 로고스의 한계라고 말한 것은 성경이 기록된 시대와 현재의 시대적, 시간적인 한계를 언급한 것입니다.

니다. 마치 사진을 보고 있는 것처럼 성경의 어느 장면이 선명한 이미지로 각인되어 마음에 심겨지기도 합니다. 때로는 글자가 크게 확대되어 보이는 것과 같은 느낌도 받았을 것입니다. 바로 이때가 기록된 로고스의 성경 말씀이 레마의 말씀으로 조명되는 때입니다. 어떤 일을 결정해야 할 때 그 상황에 정확히 들어맞는 성경 말씀이 불현듯 떠오르기도 합니다. 마치 성경 말씀이 살아 움직여 내 영혼을 쪼개는 것 같은 신선한 느낌이 들기도 합니다. 레마는 그 당시 자신에게 정확히 필요한 말씀일 때가 많습니다. 이것이 바로 성령께서 조명해 주시는 레마의 위력입니다. 레마의 말씀이 영적세계에서는 말씀의 검이 되어 능력으로 발현될 수 있습니다.[6]

성령님은 능력의 말씀인 레마를 개별적으로 조명해 주십니다. 자신의 영적인 상태와 수준에 따라 레마의 말씀을 성령님께 받는 방법이 다를 수 있습니다. 성령께서 내주하신 경우와 내주하시지 않는 경우, 혹은 성령께서 내주하시지만 그 영향력이 미약한 사람들에게 레마로 말씀하시는 방법이 각기 다르다는 것입니다.

먼저 성령께서 내주하신 사람의 경우에는 직접적인 방법을 통해

---

6 언제부터 레마의 말씀이 말씀의 검이 되어 능력으로 나타나게 될까?
    1) 성경말씀을 믿기 시작할 때부터
    2) 로고스의 말씀에서 레마의 말씀으로 조명될 때부터
    3) 성경말씀을 믿음으로 선포할 때부터
    4) 말씀대로 사는 삶을 선택할 때부터

레마를 계시해 주십니다. 성령께 직접적으로 레마의 말씀을 받는 사람들은 대부분 신실한 믿음을 소유한 사람들입니다. 그들은 이미 성경을 묵상하고 있으며, 하나님께서 어떻게 말씀하시며 음성을 투영하는지도 풍부한 경험을 통해 알고 있습니다. 또한 성령께 받은 레마의 말씀을 삶 속에서 적용하고 있는 사람들로서 성령님을 환영하며 인정하는 사람들입니다.

이들은 성령께 그들의 영혼육[7]이 점진적으로 통치되고 있으며, 그들 안에서 성령의 영향력이 확대되어 가는 사람들입니다. 무엇보다도 이들은 성령님의 음성에 귀 기울여 듣고자 하는 열린 마음이 있기 때문에 성령께서 계시해 주시는 레마의 말씀도 잘 받습니다.

그렇다면 성령께서 성경 말씀을 레마로 계시해 주실 때, 그 음성이 성령께서 주신 것인지, 자신의 생각인지를 어떻게 분별할 수 있을까요?

일반적으로 레마의 근원은 우리의 영 안에 내주해 계신 성령님으로부터 비롯됩니다. 성령께서 성경 말씀을 레마로 계시하시는 것

---

7 인간의 영혼육: 우리의 영은 하나님의 공간(하나님의 신성과 인성을 가진 존재)이며 하나님의 통치기관으로서 성령께서 우리의 영안에 내주하십니다. 혼은 우리의 각 객체를 나타나는 기관(지정의, 자유의지, 양심)이며, 육은 혼의 통치를 받습니다. 만약 영이 리더가 되어 우리의 혼과 육을 통제해 나간다면 그만큼 하나님의 통치가 우리 안에서 확장될 수 있습니다. 하나님의 통치기관인 영이 리더가 될 때 하나님의 음성을 더 선명히 듣게 되는 것입니다. 〈참고로 삼분설은 인간의 구성요소가 영+혼+육으로 이루어졌다는 견해이며, 이분설은 영혼+육으로 이루어졌다는 견해입니다.〉

입니다. 이 레마의 말씀이 영의 통로를 통해 혼에 전달되는 것입니다. 만약 그 사람이 성령에 속한 삶을 살아가는 사람이라면 혼이 그 레마의 말씀을 감동으로 받게 됩니다.

특별히 성령님이 우리의 환경과 상황, 조건에 맞는 말씀을 주시기 때문에 강한 충격으로 각인됩니다. 그리고 이 레마의 말씀은 성령님이 조명해 주신 말씀이기에 우리의 혼과 영과 골수를 찔러 쪼개며 우리 마음과 생각과 감정에까지 영향을 미칩니다(히 4:12). 만약 이 레마의 말씀을 '아멘!'으로 받는다면 우리가 순종하며 결단할 수 있도록 성령님께서 도와주십니다. 레마의 근원이 성령이시기에 친히 그 일을 이룰 수 있도록 마음의 소원을 불같이 일으키시는 것입니다(빌 2:13).

반면 어떤 상황에서 레마가 아닌 자신의 생각 안에서 갑자기 성경 구절이 떠올랐다면 이러한 놀라운 일들이 일어나지 않을 수도 있습니다. 그러나 그 말씀이 옳고 선한 것이라면 순종하십시오. 아름다운 헌신과 결단은 하나님을 기쁘시게 합니다. 이것이 성령께서 내주하신 사람들에게 레마의 말씀을 투영하시는 방법입니다.

그렇다면 성경을 모르는 사람과 아직 구원받지 못한 성도에게는 어떤 방법으로 하나님의 음성을 전하실까요? 이들은 성령께서 그의 영 안에 내주하시지 않거나, 내주해 계시더라도 육체의 소욕과 정욕이 강해 성령께서 영향력을 미치지 못하는 사람들입니다.

하나님께서는 이들에게도 말씀을 전달하기를 원하십니다. 그러나 이들은 직접적으로 레마의 말씀을 들을 수 없는 영적인 상태와 수준이므로 주로 다른 그리스도인들을 통해서 하나님의 음성을 전달합니다. 우리는 이러한 예화를 성경을 통해 찾아볼 수 있습니다.

회심 전 사도 바울은 예수님을 믿는 사람을 핍박하는 사람이었습니다. 결국 그는 그리스도인들을 체포하기 위해 다메섹까지 가게 됩니다(행 9:1-2). 그곳에서 예수님을 만나게 됩니다(행 9:3-9). 다메섹 도상에서 그는 '사울아! 사울아! 네가 어찌하여 나를 핍박하느냐'라고 말씀하시는 예수님의 직접적인 음성을 듣게 됩니다(행 9:4). 그 당시 그는 아직 성령님의 인도하심을 받을 수 있는 영적인 상태가 아니었습니다. 그래서 하나님께서는 성령의 음성을 들을 수 있는 아나니아에게 전할 말씀을 대신 전하도록 하셨습니다(행 9:10-12). 성령의 음성을 들은 아나니아는 하나님의 말씀과 음성을 듣고 사울을 찾아갑니다(행 9:17-18).

사울은 아나니아를 통해 하나님의 말씀과 음성을 전달받았습니다. 사울이 영적인 귀가 열려 있지 않았기 때문에 아나니아를 통해 하나님의 음성을 대신 전달한 것입니다. 성령님의 음성을 직접 듣지 못하는 사람의 경우, 주변의 그리스도인들을 통해 하나님의 음성을 전달하는 방법을 종종 사용하십니다.

하나님께서는 우리의 영적인 상태나 수준을 그 누구보다도 더 잘 알고 계십니다. 아직 영적으로 미약하여 레마의 말씀을 받을 수 없는 자녀가 많다는 것을 잘 아십니다. 이러한 경우 성령님은 믿는 그리스도인들을 통해 하나님의 음성을 전달하는 것입니다. 마치 하나님께서 적시에 사울에게 아나니아를 보내신 것처럼 말입니다. 다른 이들을 통해 전달된 레마의 말씀을 믿고 순종한다면 레마의 말씀대로 성취가 일어날 수도 있습니다.

현재 다른 사람을 통해 레마의 말씀을 받고 있다면 이제부터는 성령님께 직접 레마를 받는 단계로 성장해야 합니다. 그러기 위해서는 반드시 성경을 읽어야 합니다. 깊이 묵상하며 말씀을 믿음 안에 넣어 두어야 합니다. 우리의 심령 안에 말씀을 저장해 놓는다면, 어떠한 상황이든, 어떤 조건이든 상관없이 성령께서 레마의 말씀으로 조명해 주시며 인도해 나갈 수 있습니다.

무엇보다도 로고스와 레마는 함께 가야 합니다.[8] 로고스의 밭에서 레마의 말씀이 나오기 때문입니다. 로고스와 레마는 결코 떼어낼 수 없는 관계이기 때문입니다. 로고스의 말씀을 통하지 않는 레

---

8 로고스와 레마: 일반적으로 로고스는 기록된 성경 말씀을 의미하고, 레마는 개인에게 각인된 주관적인 성경 말씀을 의미합니다. 로고스의 말씀은 어떤 영감으로 작용하는 말씀이 아니며 기록된 지식의 말씀, 즉 문자적인 말씀을 의미합니다. 반면 레마는 우리의 인생을 결단하고 순종하도록 이끌어 주는 능력이 깃들어 있는 약속의 말씀입니다. 성령님을 통해 깨닫게 하신 하나님의 말씀이 바로 레마인 것입니다. 레마의 말씀을 통해 회개와 삶의 전환이 일어날 수 있습니다.

마는 위험하기 때문입니다. 자칫 기록된 로고스의 성경보다 레마의 음성만을 쫓다 보면 오류를 범할 수 있기 때문입니다. 성령께서 기록된 로고스의 말씀을 통해 조명해 주시기 때문입니다. 로고스의 말씀을 통해 영의 양식을 지속적으로 먹을 때 그때그때 필요한 말씀을 레마로 주시기 때문입니다.

만약 레마의 말씀만을 중요하게 여기고, 로고스의 말씀을 읽지 않는다면 결국 레마의 말씀도 받지 못하는 상황에 이르게 될 수 있습니다. 로고스의 밭에서 레마가 나올 때 레마의 말씀이 더욱 큰 능력으로 임하는 것입니다.

반대로 로고스의 말씀만을 중요하게 생각하고 레마의 말씀을 무시한다면, 성령님은 더 이상 그 사람에게 레마로 말씀하실 수 없게 됩니다. 설령 성령께서 레마로 말씀하신다 할지라도, 그것을 인정하지 않고 받아들이지 않기 때문입니다. 만약 자신의 생각이나 신학적인 관점으로 레마를 무시한다면, 이러한 행동은 성령님을 근심하게 하는 일이라는 것을 기억해야 합니다(엡 4:30).

우리는 로고스의 말씀과 레마의 말씀 둘 다 중요하게 여겨야 합니다. 이러할 때 말씀(로고스)과 성령(레마)이 양축이 되어 균형을 이루며 가게 되는 것입니다. 말씀과 성령이 양축으로 갈 때 영적으로 더욱 성장하게 됩니다.

하나님께서는 성경을 통해 말씀하시는 것을 기뻐하십니다. 성경

속에 담긴 하나님의 성품과 속성을 깨닫기를 원하십니다. 하나님을 아는 지식이 축적되어 아버지의 사랑을 깊이 체험하기를 소원하십니다. 로고스의 성경이 레마의 말씀으로 심령을 뚫고 들어와 아름다운 열매로 맺어지기를 기대하십니다. 구하고 찾고 두드릴 때 꿀송이보다 더 단 레마의 말씀을 삶 가운데 경험하게 될 것입니다.

> "하나님의 말씀은 살아 있고 활력이 있어 좌우에 날선 어떤 검보다도 예리하여 혼과 영과 및 관절과 골수를 찔러 쪼개기까지 하며 또 마음의 생각과 뜻을 판단하나니" (히 4:12)

환경을 통해 말씀하시는 다양한 방법

예수님을 믿는다고 형통한 삶을 사는 것은 아닙니다. 예수님을 신실하게 믿고 있지만 환경적으로 어려움을 당할 수도 있습니다. 녹록지 않은 삶의 굴곡으로 좌절할 수도 있습니다. 때로는 연속된 고난으로 만신창이가 될 수도 있습니다.

예수님께서 '너희가 세상에서는 환난을 당한다'(요 16:33)고 말씀하시며 환경적인 어려움은 그리스도인에게 필연적인 코스임을 언급해 주셨습니다. 시편 기자도 '의인은 고난이 많다'(시 34:19)고 고백했습니다. 베드로도 환경 속에서 일어나는 고난 가운데 놀라지 말고 결코 이상한 일이 일어나고 있다고 생각하지 말라고 했습니다(벧전 4:12). 오히려 세상에서 환난과 시련을 겪는 것이 그리스도의 고난에 참여하는 것이니 기뻐하라고 했습니다(벧전 4:13). 인생길에서 맞닥뜨리는 높은 장벽이 때로는 하나님께서 연단하고 단련하기 위한 사랑의 손길이라는 것입니다.[9]

대부분의 사람들은 환경을 통해 말씀하실 수 있다는 것을 이해하지 못합니다. 때때로 환경을 통해 말씀하시는 하나님의 음성을 외면하기도 합니다. 하나님을 외면한 채 자신의 욕망대로 살던 사람이 예기치 못한 장애물로 환경이 가로막힐 때 이런 고백을 하는 것을 목격하기도 합니다.

"내가 하나님한테 벌 받은 것 같아."

비록 우리의 육신은 하나님의 자녀라는 것을 인식하지 못할지라도 우리의 영은 그 진리를 압니다. '내가 하나님께 벌 받은 것 같다'

---

[9] 하나님께서는 신앙적으로 성장되어 있고, 영적으로 깨어 있는 성도들에게는 환경적인 방법보다 다른 방법을 통해 말씀하십니다. "고난이 내게 유익이라"(시 119:71)고 고백하는 신실한 믿음의 자녀에게는 하나님께서 고난 가운데 피할 길을 열어 보여 주시며 오히려 보호하십니다. 성장과 성숙의 믿음의 단계에 있는 자녀에게는 고난과 환경을 통해 음성을 투영하시기보다 다양한 영적인 통로를 활성화시켜 말씀하시기 시작하십니다. 하지만 다시 죄나 타락으로 인해 하나님의 음성을 들을 수 없는 상태가 된다면 첫사랑을 회복시키기 위해 다시 환경을 통해 말씀하십니다.

는 고백은 하나님이 심판하고 있다고 통곡하고 있는 영의 소리입니다. 영의 통곡입니다. 하나님 품에서 안식하고자 하는 영의 갈망을 외면하지 말아야 합니다.

또한 하나님께서는 믿는 성도뿐만 아니라 불신자에게도 환경을 통해 말씀하실 수 있습니다. 불신자였던 애굽의 바로 왕에게도 환경을 통해 말씀하셨습니다.

하나님께서는 애굽 땅에서 노예로 살고 있는 이스라엘 백성들을 긍휼히 여기셨고 그들을 출애굽 하기로 결정하셨습니다. 그래서 미디안 광야에 있는 모세에게 하나님의 권능을 덧입혀 애굽으로 보냈습니다. 하지만 애굽에는 이스라엘 백성의 출애굽을 막는 거대한 장벽이 있었습니다. 다름 아닌 바로 왕이었습니다.

이때 하나님께서 완악하고 강퍅한 바로 왕을 굴복시키기 위해 사용한 방법이 무엇이었습니까?

바로 '환경'이었습니다. 10가지 재앙이라는 환경을 통해 바로 왕에게 계속 이렇게 말씀하셨습니다

"나는 전능하신 하나님이다. 나의 사랑하는 이스라엘 백성들을 애굽에서 내보내거라."

환경을 통해 하나님의 음성을 바로 왕에게 계속 투영하셨던 것입니다. 결국 바로 왕은 환경적인 큰 재앙을 당하고 나서야 비로소 이스라엘 백성들의 출애굽을 허락했습니다.

민수기 22장에 나오는 발람의 경우도 환경을 통해 말씀하신 경우입니다. 선지자 발람이 재물을 보고 마음이 현혹되면서 자신의 생각을 하나님의 음성으로 착각하는 우를 범했습니다. 하나님의 음성을 제대로 듣지 못했던 발람은 결국 발락에게 가는 것이 하나님으로부터 온 음성인 줄 착각했습니다. 그때 하나님께서 잘못된 길을 걷고 있는 발람을 깨우치기 위해 나귀를 사용하셨습니다. 나귀가 사람의 목소리로 말하는 초자연적인 환경을 통해 하나님께서 발람에게 말씀하신 것입니다(민 22:28).

평소와 다른 행동으로 길을 막아서고 있는 누군가가 발람의 나귀인지도 모릅니다. '잘못된 그 길로 가는 것을 당장 멈추고, 하나님께 돌아오라'고 이야기하는 그 사람이 혹시 하나님의 음성을 전달하는 메신저가 아닌지 생각해 보시기 바랍니다. 우리 인생의 실패와 성공을 통해 하나님은 말씀하실 수 있습니다. 세상의 만물을 창조하시고 주관하시는 전능하신 하나님께서 환경을 통해서라도 그분의 음성을 전하실 수 있다는 것입니다.

무엇보다도 환경을 통해 말씀하고자 하는 목적은 '내게 돌아오라'는 음성을 투영하기 위해서입니다.

인간은 원래 하나님을 떠나 살 수 없는 존재입니다. 토기장이 하나님의 손으로 빚어진 그분의 자녀입니다. 부모의 품을 외면하고 떠나버린 자녀에게 환경을 통해 아버지의 음성을 들려주시는 것입니다. 사랑하는 자녀가 영적으로 거듭나 아버지 품으로 다시 돌아올 수 있도록 어지러운 환경과 고난을 허락하시는 것입니다.

만약 환경을 통해 말씀하시는 하나님의 음성을 듣고 돌아온다면, 하나님 안에서 회복되며 치유되는 역사가 일어납니다. 설령 고난과 고통은 여전할지라도 그 상황과 환경을 극복할 힘과 능력을 공급해 주십니다. 그뿐만 아니라 첫사랑을 회복하고 돌아온 자녀에게 위로의 음성도 들려주십니다.

"두려워하지 말라 내가 너와 함께 함이라 놀라지 말라 나는 네 하나님이 됨이라 내가 너를 굳세게 하리라 참으로 너를 도와 주리라 참으로 나의 의로운 오른손으로 너를 붙들리라"(사 41:10)

환경을 통해 말씀하시는 하나님의 음성이 투영될 때 이제 그 열려진 영의 통로를 통해 하나님의 위로의 음성이 쏟아지는 것입니다. 이러한 값진 고난을 통과한 이들은 하나님께 이렇게 고백합니다.

"고난은 축복입니다. 비록 힘들고 고통스러웠지만 그 고난 가운데 하나님을 만났습니다. 이 고난과 고통은 하나님께서 제게 주시는 선물이었습니다."

고난의 3가지 종류, 어디로부터 기인된 것인가?

인생을 살다 보면 예상치 못한 고난을 만날 때가 많습니다. 하나님을 떠나 죄 된 삶을 살다가 고난을 받을 때도 있겠지만, 욥처럼 혹은 다니엘처럼 신실한 믿음의 사람들도 고난을 받을 때도 있습니다.

아마도 열이면 열 모두 고난에 직면하게 된다면 결코 기뻐할 수 없을 것입니다. 자신의 처지를 비관하며 한탄하기도 할 것입니다. 심지어 믿는 성도들조차도 자신에게 왜 이러한 고난을 허락했느냐며 하나님을 원망할지도 모릅니다. 분명한 것은 고난 가운데 하나님의 음성과 뜻이 숨겨져 있다는 것입니다. 하지만 모든 고난이 다 하나님으로부터 온 것은 아니라는 것을 기억해야 합니다.

보통 고난은 3가지 통로로부터 기인됩니다. 첫째, '하나님께서 허락하신 고난'이 있습니다. 둘째, '자신의 죄로 인한 고난'입니다. 마지막으로 '사탄으로부터 기인된 고난'도 있음을 기억하시기 바랍니다.

지금부터는 나에게 휘몰아쳐 오는 고난이 도대체 어디로부터 기인된 것이지, 과연 그 고난이 하나님의 음성인지, 그 고난을 어떻게 분별해야 하는지 상세히 살펴보고자 합니다.

하나님께서 허락하신 고난

우리가 고난 가운데 매몰되어 있을 때는 하나님이 보이지 않습니다. 마치 고아처럼 버려진 듯 느껴지기도 합니다. 고난과 고통 속에서 하나님을 원망합니다. 하나님을 저주합니다. 결국 떠나갑니다.

베드로가 그러했습니다. 베드로는 예수님의 사랑을 듬뿍 받았던 예수님의 수제자였습니다. 예수님께서 다니시던 길목 길목마다 베드로가 동행하며 경이로운 예수님의 사역을 목도했습니다. 예수님께서 행하시던 기적과 표적과 권능 앞에 결국 베드로는 무릎을 꿇고 '주는 그리스도시요 살아 계신 하나님의 아들이시니이다'라는 고백까지 했습니다(마 16:16).

하지만 그런 그도 예수님께서 채찍에 맞으며 도살장으로 끌려가는 양처럼 질질 끌려갈 때 결국 부인하고 맙니다.

"나는 저자를 모른다! 나와는 전혀 상관없는 자다!"

자신의 정체가 폭로될 것을 두려워한 나머지 베드로는 3번이나 예수님을 저주하고 부인했습니다(마 26:69-74). 자신의 인생 전부를 걸고 따랐던 예수님께서 모욕당하는 것을 본 베드로는 처참히 무너져 내렸을 것입니다.

'도대체 지금 나에게 왜 이런 일들이 일어나고 있는 거지?'

이러한 생각 속에서 두려움에 떨었을 것입니다.

인간은 연약한 존재이기에 한 입에서 찬송과 저주가 함께 흘러
나옵니다(약 3:10). 자신의 삶 가운데 축복이 쏟아질 때는 하나님을
찬양할 수 있습니다. 그러나 고난 가운데 접어들었을 때에는 하나
님을 원망하며 저주합니다.

"하나님이 살아 계신다면 왜 이 고난과 고통 가운데 홀로 두시는
겁니까? 정말로 하나님이 계신다면 뭐든지 좀 해 보세요!"

마치 베드로가 '예수는 그리스도시요, 살아 계신 하나님의 아들'
이라고 고백했지만, 고난에 직면했을 때 3번이나 모른다고 저주했
던 것처럼 말입니다. 분명 이 시기는 베드로에게 있어 엄청난 고난
의 시간이었을 것입니다.

그런데 여기서 베드로의 고난[10]이 누구로부터 기인된 것인지를
분별하는 것이 매우 중요합니다.

"시몬아, 시몬아, 보라 사탄이 너희를 밀 까부르듯 하려고

---

[10] 베드로의 고난: 자신의 인생 전부를 걸고 따랐던 예수님께서 갑자기 십자가에 매달리
게 되었을 때 베드로는 참담했을 것입니다. 심연의 고통 가운데 빠져들며 자신의 정체
성마저도 흔들렸을 것입니다. 그뿐만 아니라, 예수님을 저주하며 모른다고 3번을 부
인하고 있을 때 끌려가시던 예수님께서 돌아서서 베드로를 보셨습니다(눅 22:61). 예
수님의 시선과 베드로의 시선이 마주친 것입니다. 베드로는 자신이 예수님을 저주하
며 부인했다는 그 충격에서 벗어나기가 쉽지 않았을 것입니다.

요구하였으나 그러나 내가 너를 위하여 네 믿음이 떨어지지 않기를 기도하였노니 너는 돌이킨 후에 네 형제를 굳게 하라 그가 말하되 주여 내가 주와 함께 옥에도, 죽는 데에도 가기를 각오하였나이다 이르시되 베드로야 내가 네게 말하노니 오늘 닭 울기 전에 네가 세 번 나를 모른다고 부인하리라 하시니라" (눅 22:31-34)

하나님께서 때로는 믿음의 성장을 위해 고난을 허락하십니다.

베드로의 고난을 통해 하나님께서 허락하신 고난의 특징에 대해 살펴보고자 합니다.

첫째, 하나님께서 허락하신 고난은 미리 말씀하실 때가 많습니다.

베드로가 예수님을 3번 부인하여 심연의 고통에 빠질 것을 누가 알려 주셨습니까? 예수님이셨습니다.

"베드로야, 오늘 닭이 울기 전에 네가 세 번씩이나 나를 모른다고 부인할 것이다." (눅 22:34)

예수님께서 베드로가 고난에 빠질 것을 아시고 예고하신 것입니다. 하나님께서 허락하신 고난은 미리 말씀하실 때가 많습니다. 성령의 음성을 듣는 사람이라면 '하나님께서 주신 연단이다. 믿음을 성장시키기 위해 허락하신 고난이다'는 감동을 받을 수도 있습니다. 그 감동을 받지 못한다면 주변의 그리스도인을 통해서라고 하나님께서 주신 고난이라는 말을 듣게 하실 것입니다.

둘째, 하나님께서 허락하신 고난은 자신의 죄를 회개한다면 부끄러움을 제하시고 회복시켜 주신다는 특징이 있습니다.

베드로는 '나는 저 사람을 모른다'며 예수님을 3번이나 부인했습니다. 저주하면서 말입니다. 베드로의 수치심을 잘 알고 계셨던 예수님께서 부활하신 후 이렇게 3번을 물으셨습니다.

"네가 이 모든 사람들보다 나를 더 사랑하느냐?"(요 21:15)

"네가 나를 사랑하느냐?"(요 21:16)

"네가 나를 사랑하느냐?"(요 21:17)

아마도 베드로는 자신이 예수님을 3번을 부인했던 장면이 선명히 떠올라 거의 울상이 되어 예수님께 이렇게 고백했을 것입니다.

"주님께서 모든 것을 아십니다. 제가 비록 고난 가운데 있을 때 주님을 3번이나 저주하며 부인했지만, 지금 제가 주님을 사랑하는 것을 주님께서는 알고 계십니다."

예수님께서 '네가 나를 그 누구보다도 더 사랑하느냐'고 3번을 물으시면서 베드로의 부끄러움을 제하여 주셨습니다. 3번 저주하며 부인했던 모든 수치심을 제해 주셨습니다. 하나님께서 허락하신 고난은 회개하며 하나님 앞에 나아갈 때 부끄러움을 제하여 주시고 회복시켜 주십니다.

셋째, 하나님께서 허락하신 고난은 믿음을 성장시키기 위해 허락하신 고난이 많습니다.

시편 기자는 '고난을 받기 전에는 내가 잘못된 길로 갔으나, 이제는 주의 말씀에 순종합니다'라고 고백했습니다(시 119:67). 인간은 고난을 통과하면서 삶의 균형감각을 찾게 되고 겸손해지게 됩니다. 일이 순조롭게 진행되고 형통해지면 자신도 모르는 사이에 교만하고 자만해집니다.

베드로도 마찬가지였습니다. 예수님의 면전에서 베드로는 호언장담했던 사람이었습니다.

"주여! 내가 주와 함께 옥에도, 죽는 데에도 가기를 각오하였나이다!"(눅 22:32)

"주님을 위해서라면 저는 목숨까지 내놓겠습니다!"(요13:37)

만약 베드로가 예수님을 3번 부인한 고난을 경험하지 않았다면 그는 결코 겸손한 권능의 사도가 되지 못했을 것입니다. 무엇보다도 하나님께서 허락하신 고난은 믿음의 성장과 밀접한 관련이 있다는 것입니다. 예수님께서 베드로에게 이렇게 말씀하셨습니다.

"베드로야! 사탄이 너를 마치 밀 까부르듯 하는 것을 허락해 달라고 요청하였다. 그러나 나는 네가 믿음이 꺾이지 않도록 기도하였다. 네가 돌아온 후에 네 형제들을 굳게 하여라."(눅 22:31-32)

예수님께서는 베드로가 고난 중에 부인할 것을 이미 알고 계셨습니다. 더불어 베드로가 그 고난을 통과할 것도 아셨습니다. 그래서 베드로에게 '너의 믿음이 꺾이지 않도록 기도했으니 베드로야,

믿음을 견고히 한 후에 다른 형제를 세워 나가라'고 말씀하신 것입니다.

하나님께서는 우리를 괴롭히기 위해, 힘들게 하기 위해 고난을 허락하시지 않습니다. 베드로처럼 고난을 통과하여 다른 영혼들을 믿음으로 세우는 도구로 사용하기를 원하십니다. 고난 가운데 그 문제를 하나님께 올리며 부르짖는다면 믿음은 반드시 성장하게 되어 있습니다. 고난 가운데 연단된 믿음은 반석 위에 세운 집과 같습니다.

넷째, 하나님께서 허락하신 고난 가운데 부르짖기 시작한다면 하나님의 음성을 듣는 통로가 확장되면서 하나님과의 친밀한 교제가 시작됩니다.

하나님께서 주신 고난은 반드시 하나님께서 책임지십니다. 하지만 설령 하나님께서 고난을 허락하셨다 할지라도 하나님을 찾는 부르짖음이 없다면 고난의 시간이 길어질 것입니다. 하나님께서 허락하신 고난은 하나님 앞에 나아올 때 마침표를 찍습니다. 하나님께 부르짖고 나아간다면 믿음의 도약을 이룹니다. 문제의 해결과 상관없이 하나님과의 관계가 친밀해지면서 하나님의 음성을 듣는 통로도 확장되게 됩니다.

마지막으로 하나님께서 허락하신 고난 가운데 '거룩한 고난'이 있습니다.

죄 없으신 예수님께서는 인간의 죄를 대속하기 위해 십자가에서 처참하게 돌아가셨습니다. 예수님은 우리를 위하여 십자가의 고난을 겪으셨습니다. 예수님과 같이 선을 행하다가 당하는 고난이 바로 거룩한 고난입니다. 하나님의 영광을 위해 짊어지는 고난입니다. 하나님의 나라와 의를 위해 자진해서 당하게 되는 희생의 고난인 것입니다. 베드로도 하나님의 허락하신 고난 속에서 정금같이 빚어져 순교의 자리까지 이르는 거룩한 고난에 동참했습니다. 지금도, 예수님을 따르는 수많은 믿음의 사람들이 이 거룩한 고난을 겪고 있습니다.

거룩한 고난은 세상의 그 무엇과도 바꿀 수 없는 가장 값진 고난입니다. 죽어가는 영혼들을 하나님께 올려 드릴 수 있는 보람 있는 고난입니다. 자랑스러운 고난인 것입니다. 그러하기에 하나님께서 허락하신 고난은 불행이 아니라 축복입니다.

오래전, 나에게도 하나님으로부터 기인된 고난을 경험한 적이 있습니다. 남편은 치과의사로서 멕시코에 섬기고 있는 의료선교사입니다. 오전에는 대학에서 강의하고 오후에는 치과에서 환자를 진료합니다.

선교사로 파송을 받은 지 불과 얼마 되지 않았을 무렵 치과에서 수표 몇 장을 도난당했습니다. 미리 수표에 사인을 해 놓았던 터라

금액만 적으면 바로 인출할 수 있었던 상황이었습니다. 은행에서 예금 잔액을 보니 잔고가 거의 남아 있지 않았습니다. 오전에 남편이 병원을 비우는 것을 아는 누군가가 수표를 훔쳐 간 것입니다. 도저히 이해할 수 없어 하나님께 푸념을 늘어놓았습니다.

"하나님! 저희가 선교사로 파송 받고 오지 않았습니까? 게다가 우리는 자비량 선교사가 아닙니까? 재정이 있어야 선교를 하지 않겠습니까? 하나님! 이제 무슨 돈으로 선교를 합니까?"

그런데 그 순간 기도하라는 마음을 주서서 남편과 친정어머니와 함께 기도하기 시작했습니다. 기도한 지 얼마 되지 않아 성령님께서 3명 모두에게 동일한 응답을 주셨습니다.

"경찰에 신고하지 말아라. 그 재정을 포기하거라. 이제부터 너희는 내가 하는 일을 보게 되리라."

순간 속으로 '하나님은 전능하신 분이니까 경찰에 신고하지 않아도 범인을 저절로 찾게 해 주시려나 보다'하고 생각했습니다. 그러나 상황은 정반대였습니다. 시간이 가면서 그나마 있던 현금도 바닥이 났고, 당장 오늘 먹을 쌀도 남지 않았습니다. 엎친 데 덮친 격으로 병원의 환자들은 예약했던 진료를 하나둘씩 취소하기 시작했습니다. 아이들 학비에, 간호사 월급에 나갈 돈은 산더미 같은데 걱정이 이만저만 되는 것이 아니었습니다. 한국이라면 비빌 언덕이라도 있겠지만 낯선 멕시코 땅에서 말 그대로 거지 신세가 되었습니다. 이러한 상황이 한 달여간 지속되자 자신의 부주의를 한탄하며 남편은 죽고 싶다는 말까지 했습니다. 그때부터 나는 전심으로 부르짖기 시작했습니다.

"하나님! 저희에게 왜 이러십니까? 하나님 앞에 저희가 무슨 죄를 지었습니까?"

회개할 것을 찾으며 자신을 돌아보기 시작했습니다. 그 순간 성령께서 이렇게 말씀하셨습니다.

"사랑하는 딸아, 두려워 말라. 내가 허락한 시험이니 사람을 의지하지 말고 오로지 하나님만을 신뢰하며 바라보거라."

나는 그동안 하나님의 음성을 주로 감동으로 받았습니다. 그런데 너무나 선명하게 하나님의 음성이 내 안에 울려 퍼지기 시작했습니다. 분명 성령께서 세미하게 말씀하셨는데, 내 안에서는 우레와 같은 큰 음성으로 투영되는 듯했습니다. 하나님의 음성을 듣는 순간 마음 상태가 달라졌습니다. 환경은 하나도 변한 것이 없는데 하나님의 음성이 투영됨으로 고난을 대하는 태도가 달라진 것입니다. 고난을 바라보는 시각이 달라진 것입니다. 그 순간부터 세미한 성령님의 음성을 듣기 위해 부르짖고 기도했습니다. 그즈음 하나님께서 2차례에 걸쳐 레마의 말씀을 주셨습니다.

> "네가 먹어서 배부르고 아름다운 집을 짓고 거주하게 되며
> 또 네 소와 양이 번성하며 네 은금이 증식되며 네 소유가 다
> 풍부하게 될 때에 네 마음이 교만하여 네 하나님 여호와를

잊어버릴까 염려하노라"(신 8:12-14)

"네가 마음에 이르기를 내 능력과 내 손의 힘으로 내가 이
재물을 얻었다 말할 것이라 네 하나님 여호와를 기억하라
그가 네게 재물 얻을 능력을 주셨음이라"(신 8:17-18)

우리의 능력과 힘으로 이 모든 재물을 얻었다고 말할 것이기에
겸손한 마음을 선물로 주시기 위해 고난을 허락하셨다는 것입니
다.[11] 그러시면서 '하나님이 행하실 일들을 보라'는 감동을 주셨습
니다. 마치 성경이 꿈틀거리며 내 안으로 들어오는 것처럼 느껴졌
습니다. 성경 한 구절 한 구절이 심령을 뚫고 영과 혼과 관절과 골
수를 쪼개어 들어오는 듯한 경이로운 체험을 하게 되었습니다.

나는 하나님의 음성을 듣고 목 놓아 울었습니다. 하나님께서 나
같은 보잘 것 없는 사람에게도 친히 음성을 주시며 위로 하시는구
나 하는 감격이 밀려와 '아멘!'하고 큰 소리로 대답했습니다.

하나님의 음성을 들은 그날부터 놀라운 일들이 벌어지기 시작했
습니다. 쌀독에 쌀이 떨어져 '하나님! 어떡합니까?' 기도했더니 어

---

11 하나님께서 허락하신 고난은 하나님의 말씀을 순종하는 그 순간부터 시작될 수 있습
니다. 다윗은 사울 왕을 죽일 수 있는 절호가 기회가 있었습니다. 그런데도 '내가 기름
부은 자를 건들지 마라'(시 105:15)는 하나님의 말씀에 순종하는 그 순간부터 고난의
여정이 시작되었습니다. 오히려 순종할 때부터 고난이 시작될 수 있다는 것입니다.
이러한 훈련과 연단의 과정이 있었기에 다윗을 하나님의 영광의 도구로 사용하실 수
있었던 것입니다.

떤 집사님이 쌀 2포대와 국수를 가져다 주셨습니다. '하나님! 오늘 재정 얼마가 필요합니다' 이렇게 기도하면 환자가 찾아와 정확한 그 금액을 놓고 갔습니다. 신기할 정도로 기도가 빠르게 응답 되었습니다.

마치 그릿 시냇가에 숨어있는 엘리야에게 까마귀를 통해 양식을 공급하셨던 것처럼 하나님께서 고난 가운데에서 역사하셨습니다.

우리는 고난 가운데 넘어지며 실족할 수 있습니다. 그러나 분명한 것은 하나님께서 허락하신 고난 속에는 아버지의 섬세한 사랑의 손길이 있다는 것입니다. 이 고난의 여정을 거치면서 하나님께 이런 고백을 올릴 수 있게 되었습니다.

"하나님, 재물은 결코 우리의 것이 아닙니다. 재물의 주권은 오로지 하나님께 있습니다. 하나님의 뜻대로 이 종의 재정을 마음껏 사용하옵소서."

이제는 무엇을 먹을까, 마실까, 입을까를 전혀 염려하지 않습니다. 하늘 아버지께서 친히 먹이고 입혀 주신다는 불변의 진리를 하나님께서 허락하신 고난 가운데 배웠기 때문입니다.

> "아무런 잘못이 없는데도 억울하게 벌(고난)을 받을 수 있습니다. 그 때, 하나님을 생각하고 말없이 참는다면, 하나님은 그런 그를 기뻐하실 것입니다." (벧전 2:19, 쉬운)

자신의 죄로 기인된 고난[12]

인간은 산고의 진통 속에서 태어난 존재이므로 누구나 예외 없이 고난과 고통 속에서 이 세상을 살아갑니다. 저마다의 고난과 고통의 강도만 다를 뿐입니다. 고난이 없는 인생이 없습니다. 심지어 어떤 이는 고난이 있기에 인생이 아름다운 것이요, 고난이 있기에 인생의 성공과 실패가 결정된다고까지 이야기합니다. 물론 이 말이 맞을 수도 있습니다. 그러나 그 고난이 어디로부터 기인된 것인가에 따라 아름다울 수도, 비참할 수도 있다는 것입니다.

하나님으로부터 기인된 고난은 하나님의 시선이 머무는 고난이므로 그 열매는 아름답게 맺어집니다. 반면 자신이 저지른 죄로 인하여 당하는 고난은 비참한 결과를 초래합니다. 자신의 실수와 방종, 허물과 죄로 기인된 고난입니다. 자신의 악한 행동의 결과로부터 기인된 고난이기에 그 책임은 바로 자기 자신에게 있습니다.

만약 간음한 사실이 들통이 나서 이혼의 위기에 처했다면 그 고난은 어디로부터 기인된 것일까요? '술 취하지 말라'(엡 5:18)는 하나님의 말씀을 무시하고 술을 계속 마셔 알코올 중독이 되었다면 그

---

12 성경에서 말하는 '죄': 첫째, 하나님의 법이든 세상의 법이든 주어진 법을 어기는 것이 죄라고 기록되어 있습니다(요일 3:4). 둘째, 사람이 선을 행할 줄 알고도 행하지 아니하면 죄라고 했습니다(약 4:17). 셋째, 모든 불의가 죄라고 기록되어 있습니다(요일 5:17). 즉 옳지 않은 것을 따르는 것이 죄라는 것입니다. 넷째, 범사에 믿음으로 좇아 행하지 않는 것이 죄라고 했습니다(롬 14:23). 하나님을 불신하기 때문에 하나님께서 원하시는 대로 혹은 성경의 교훈에 맞게 살지 못할 때 죄를 짓게 되는 것입니다.

고난은 어디로부터 기인된 것일까요? 마약중독으로 인하여 만신창이가 되었다면 누구의 잘못일까요? 불법으로 남의 재물을 가로채므로 교도소에 수감이 되었다면 과연 하나님을 원망할 수 있을까요?

시기 질투, 분쟁, 다툼, 음란, 간음, 중독, 불법과 불의를 행하므로 발생하는 모든 고난은 우리가 죄를 수용하므로 맺어지는 열매입니다. 악한 행동의 산물입니다. 사탄이 죄의 씨앗을 넣어주지만, 죄를 지은 것은 바로 자기 자신이기 때문에 이러한 고난 앞에서는 하나님을 원망할 수 없다는 것입니다.

그런데 여기서 자신의 죄로 기인된 고난 속에서 두드러지게 나타나는 현상이 바로 하나님과의 관계가 단절된다는 것입니다. 죄를 짓게 된다면 하나님과의 관계에서 서서히 금이 가기 시작합니다. 종국에는 거룩하신 하나님을 바라볼 수 없게 됩니다.

아담이 그랬습니다. 아담은 사탄의 꼬임에 넘어가 선악과를 따먹으므로 불순종의 죄를 저질렀습니다. 하나님께서는 아담이 선악과를 따먹는 죄를 지은 것을 이미 알고 계셨지만, 그 죄를 먼저 책망하지 않으셨습니다. 오히려 에덴동산에 찾아오셔서 '아담아, 어디에 있느냐?' 하시며 아담을 찾으셨습니다(창 3:9). 만약 그때 아담이 하나님께 나아와 '제가 이러저러해서 선악과를 따먹었으니 하나님 용서해 주세요'라고 말했다면 그렇게까지 하나님과의 관계가 단절되지 않았을지도 모릅니다. 오히려 아담은 하나님의 음성을 듣고도 두려워하며 피해 숨었습니다(창 3:10). 그뿐만 아니라 하와 때문에 자신이 선악과를 먹었다며 타인을 비난하는 사람이 되어 버렸습니다(창 3:12). 하나님과 죄는 함께 거할 수 없기에 결국 아담은 에덴동산에서 쫓겨났습니다. 이렇듯 죄는 하나님과의 관계에서 단절을 가져옵니다.

그러나 설령 우리가 어떤 죄를 지어 그 죄로 인해 고난 중에 있을지라도 하나님께서는 절대 외면하지 않으십니다. 오히려 죄를 짓고 있는 자녀를 바라보시며 긍휼히 여기십니다. 잃어버린 양을 찾기 위해 헤매는 목자처럼 죄의 수렁에 빠진 자녀를 건져내기 위해 모든 방법을 다 동원하십니다.

예를 들어 어떤 사람이 간음한 죄가 드러나 가정이 파탄될 위기에 처했다면 하나님께서 그를 고아처럼 홀로 내버려 두실까요? 그렇지 않습니다. 만약 성령께서 내주하신 사람이라면, 아마도 성령께서 이렇게 말씀하실 것입니다.

"간음하지 말거라. 어찌 네게 붙여준 짝을 버리고 음란한 행동을 하는 것이냐? 죄의 삯은 사망이니 속히 그 간음의 죄에서 벗어나거라."

하지만 악한 영들이 침투하여 이러한 성령의 음성을 듣지 못하도록 방해하고 있다면 다른 사람을 통해 하나님의 음성을 계속 전할 것입니다.

만약 알코올 중독에 시달리고 있다면 그를 도울 수 있는 선한 사람을 통해 하나님의 사랑의 음성을 전하게 하실 것입니다. 이혼의 위기와 가정이 파탄되는 고통 가운데 있을 때에도 위로자를 보내실 것입니다. 믿는 성도뿐만 아니라 불신자에게도 동일하게 이렇듯 다른 사람을 통해 하나님의 음성을 전하게 하십니다.

그런데 문제는 죄로 기인된 고난의 중심에 사탄이 깊이 개입되어 있기 때문에[13] 성령님의 음성도, 다른 사람을 통한 음성도 잘 투영되지 않는다는 것입니다. 악한 영들이 하나님의 음성이 투영되지 못하도록 다른 생각을 계속 주입하기 때문입니다. 양심의 가책을 느끼고 회개하려 하면 '아직 시간이 있으니 차차 회개하라'고 속삭입니다. 하나님과의 관계가 완전히 단절되도록 계속 충동질을 합니다.

---

13 죄의 근원이 어디입니까? 사탄입니다. 사탄은 죄를 짓도록 유혹합니다. 마치 뱀이 하와에게 '선악과를 먹어도 죽지 않아. 오히려 선과 악을 알게 되어 하나님과 같이 될까 봐 하나님이 선악과를 먹지 말라고 한거야'라고 말한 것처럼 슬며시 공격해 들어옵니다. '딱 한번만!' 해보라고 유혹합니다. '주위를 둘러봐! 다른 사람들도 다 그렇게 하잖아!'하며 죄를 합리화 시킵니다. 설령 사탄이 죄의 씨앗을 뿌린다 할지라도 거부하여 대적해 나간다면 사탄이 뿌려놓은 죄의 열매는 맺어지지 않습니다. 사탄으로부터 죄의 씨앗을 받아 발아시키며 열매를 맺게 하는 것은 그 죄를 마음에 품고 행하는 것부터 시작됩니다. 제아무리 사탄이 생각을 충동질한다 할지라도 죄를 짓는 것은 바로 우리 자신이라는 것을 기억해야 합니다

만약 악한 영들의 유혹을 다시 받아들이게 된다면 악한 영에게 빗장을 활짝 열어주는 격이므로 상대적으로 하나님의 영역은 더 줄어들게 됩니다. 그렇게 될 때 성령께서 근심하시며 종국에는 떠나가시므로 하나님과의 관계는 더 멀어지게 됩니다. 이로 인해 하나님의 음성을 듣는 통로마저도 점진적으로 악한 영들에 의해 차단되게 됩니다.

그럼에도 불구하고 하나님께 나아와 그 죄를 회개한다면 모든 죄를 용서해 주십니다.

다윗이 그러했습니다. 다윗은 우리아의 아내 밧세바와 동침했던 간음죄를 숨기기 위해 우리아를 간접적으로 살인했습니다. 우리아를 치열한 전쟁터의 최전방에 보내어 죽게 만든 것입니다(삼하 11:2-27).

사실 다윗은 하나님의 음성을 들었던 하나님과 합한 사람이었습니다. 그랬던 그도 밧세바와의 간음으로 인해 죄 속에 깊이 빠져들게 되므로 하나님의 음성을 듣지 못하게 되었습니다. 급기야 밧세바의 남편 우리아를 죽이도록 청부살인까지 자행했습니다.

비록 죄 가운데 거하며 하나님과의 관계가 단절되었지만 하나님께서는 여전히 다윗을 사랑하셨고 긍휼히 여기셨습니다. 그래서 나단 선지자를 통해 그의 죄를 책망하셨습니다(삼하 12:1-12). 나단 선지자로부터 자신의 간음죄와 살인죄를 지적받았을 때 다윗은 왕의 체면을 내려놓고 솔직하게 죄를 인정했습니다. 뼈를 깎는 회개의 기도를 드렸습니다. 다윗의 회개의 기도가 바로 시편 51편입니다.

자신의 죄로 인한 고난일지라도 다윗처럼 '내가 하나님 앞에 죄를 지었소'하며 하나님께 나아간다면 하나님을 만나는 축복이 열릴 수 있습니다(삼하 12:13). 자신의 죄를 솔직하게 인정하는 태도가 바로 진정한 회개입니다.

인간 스스로는 자신의 죄를 사할 수 없습니다. 다른 사람의 죄도 사할 수 없습니다. 오로지 하나님 한 분만이 인간의 죄를 사할 수 있는 권세가 있으십니다(요일 1:9).

비록 음란, 중독, 불의와 불법의 죄로 인해 고난 중에 있을지라도 회개하며 부르짖을 때 새로운 피조물로 빚어 주십니다. 더불어 치유와 회복을 허락하시며 믿음의 성장이라는 아름다운 열매로 고난의 끝을 맺게 하십니다.

> "여호와의 말씀이다. 오너라. 우리 서로 이야기해 보자. 너희 죄가 심하게 얼룩졌을지라도 눈처럼 깨끗해질 것이며, 너희 죄가 진홍색처럼 붉을지라도 양털처럼 희어질 것이다." (사 1:18, 쉬운)

사탄으로부터 기인된 고난

사탄은 시험하는 자입니다(마 4:3). 사탄은 하나님과의 관계를 단절시키기 위해 혈안이 되어 덤벼듭니다. 사탄의 최종 목적은 우리를 죄의 수렁에 빠뜨려 지옥으로 끌고 가는 것입니다. 그래서 베드로는 원수 마귀가 배고파 으르렁거리는 사자처럼 먹이를 찾아 돌아다니고 있으니 마음을 강하게 하고 늘 주의하라고 경고했습니다(벧전 5:8).

고린도후서 4장 4절에도 사탄을 가리켜 '이 세상의 신'이라고 칭하고 있습니다. 그 이유는 세상 사람들이 그에게 사로잡혀 사탄의 뜻대로 행하고 있기 때문입니다. 하나님을 경외하지 않고 육신의 정욕대로 살고 있기 때문입니다. 사탄은 할 수만 있다면 한 사람이라도 더 미혹시키기 위해 지금도 쉬지 않고 역사하고 있습니다.

만약 사탄에게 굴복된다면 결코 우리의 영은 성장할 수 없습니다. 그 결과 하나님의 음성 역시도 점차적으로 들을 수 없게 됩니다. 사탄이 강력하게 하나님의 음성을 막아서고 있기 때문입니다.

하나님의 대적자인 사탄은 첫째, 하나님의 음성을 듣지 못하도록 우리의 귀를 막습니다. 둘째, 하나님의 세계를 보지 못하도록 우리의 눈을 막습니다. 이 세상에서 뿜어져 나오는 악의 산물과 기운들로 인해 영적인 눈과 귀가 가려지게 됩니다. 마지막으로, 우리의 입술로 하나님을 증거하는 것을 대적합니다. 만약 우리가 이 세상 속에서 흡수되어 살아간다면 하나님의 음성의 통로들이 점진적으로 막히게 됩니다.

그런데 때때로 하나님께서 우리의 믿음이 참인지 거짓인지, 하나님을 선택하는지 세상과 재물을 선택하는지 가늠하시기 위해 사탄의 시험을 허락하기도 하십니다.

욥이 그런 경우입니다. 하나님께서 욥을 칭찬하자 사탄은 욥에게 복을 많이 주었기 때문이라고 참소했습니다. 욥에게 주신 모든 축복을 거두어 간다면 분명 하나님을 욕할 것이라고 했습니다. 그래서 하나님께서 욥의 믿음이 참인지 거짓인지를 가늠하기 위해 사탄에게 욥을 시험하도록 허락하셨습니다.

속담에 '엎친 데 덮친 격'이라는 말이 있는데 바로 욥에게 해당되는 말입니다. 하루아침에 욥은 모든 소유와 자녀를 잃게 되었습니다. 상상을 초월하는 환경적인 어려움들이 한꺼번에 욥에게 밀어닥쳤습니다. 숨 고를 틈도 없이 고난이 밀려온 것입니다. 심지어 욥의 아내는 온몸에 난 종기 때문에 기와 조각으로 몸을 긁고 있는 욥을 보며 '하나님을 욕하고 죽으라'며 저주를 퍼부어 댔습니다. 욥은 아내의 말에 이렇게 대답했습니다.

"당신은 어리석은 여자들처럼 말하는군요. 우리가 하나님께 복을 받았는데, 재앙인들 못 받겠소?"(욥 2:10, 쉬운)

모든 고난 가운데에서도 욥은 입술로 죄를 범하지 않았습니다. 결국 욥은 사탄의 시험을 당당히 이겨냈습니다.

하나님께서 때로는 믿음의 성장을 위해, 우리의 믿음이 참인지 거짓인지를 가늠하기 위해 사탄의 시험을 허락하십니다. 그러나 초신자에게 사탄의 시험을 허락하신다면 거의 다 무너져 내리기 때문에 아무에게나 사탄의 시험을 허락하지는 않습니다. 욥과 같이 믿음의 성숙단계에 이른 사람들에게 행하시는 훈련이며 시험인 것입니다.

하나님께서는 사랑하는 자녀가 아파하고 고통스러워하는 모습을 결코 기뻐하지 않으십니다. 그렇기 때문에 욥과 같은 시험을 허락하는 것은 흔치 않습니다. 대부분의 고난은 하나님이 허락하신 사탄의 시험이라기보다 자신의 죄로 인하여 고난이 수반되는 경우가 더 많습니다. 사탄이 뿌려놓은 죄성을 흡수하면서 죄를 짓게 되고 그 결과 경건치 못한 삶을 살기 때문에 죄의 결과로 고난이 찾아오는 경우가 많다는 것입니다.

인간의 지혜나 지식으로 도저히 이해할 수 없는 고난이 찾아올 때 더욱 하나님만을 신뢰해야 합니다. 고난을 허락하시는 신묘막측한 뜻을 깨달을 수 있도록 하나님께만 시선을 고정해야 합니다. 고난 중에도 모든 것을 맡기고 나아갈 때 그 시련을 통해 아름다운 열매를 맺게 될 것입니다. 고난 중에 이런 고백을 하나님께 올린다면 참 좋겠습니다.

"고난 뒤에는 축복이, 고통 뒤에는 성숙이, 고독 뒤에는 하나님의 임재가 있기에 제게 허락하신 이 모든 고난과 고통과 고독조차도 감사합니다."

설교를 통해 하나님의 음성듣기와 분별

몇 년 전 책의 출간을 위해 한국에 잠시 방문했는데 어떤 교회의 기도회에 참석하게 되었습니다. 그 기도회에 참석하면서 설교자의 영적인 통로에 따라 하나님의 말씀과 음성이 투영될 수도, 제한할 수도 있음을 깨닫게 되었습니다.

어떤 설교자가 강단에 서서 설교를 시작했습니다. 자신을 어느 기도원의 원장이라고 소개하셨습니다. 그 목사님은 별다른 말씀을 하지 않았는데도 내 영이 요동치며 눈물이 주르륵 흘러내렸습니다. 선포되는 말씀들이 세포 하나하나에 관통되고 있었습니다. 그분의 영적인 통로를 통해 하나님의 말씀들이 쏟아지고 있었습니다. 아니나 다를까 기도를 인도할 때 여기저기서 성도들이 통곡하며 울부짖기 시작했습니다. 그 목사님을 통해 하나님의 음성이 전달되면서 성도들이 깨어나기 시작한 것입니다.

반대로 설교자가 전체적인 통로를 막는 경우도 있었습니다. 연이어 다른 목사님이 기도회를 인도하셨는데 하나님의 말씀이 전혀 투영되지 못하고 있었습니다. 졸고 있는 성도들 앞에서 힘겹게 설교하고 있는 목사님이 애처로워 보였습니다. 심지어 사탄이 설교를 방해하며 가로막고 있음도 영으로 분별되었습니다. 분명 그 목사님은 성경 말씀대로 가르치고 있었지만, 영적인 통로가 열려있지 않았기에 성령님의 운행을 제한하고 있었습니다. 성령님의 도움 없이 설교하게 되므로 힘들어지게 되는 것입니다.

"말씀은 좋은데 은혜가 안 돼.."

심지어 "설교가 너무 따분하고 졸려..."

설교를 듣고 있는 성도들의 평가는 참으로 냉혹했습니다.

설교는 하나님의 말씀과 음성을 전달하는 통로입니다. 하나님의 생각을 투영하기 위해 사용하는 도구입니다. 영의 꼴을 먹이는 수단입니다. 하나님의 뜻과 생각, 계획과 비전이 설교를 통해 들려지게 되는 것입니다. 하나님께서는 설교자들에게 먼저 신선한 꼴을 먹이고 양육하신 후 그의 통로를 통해 말씀하시며 음성을 전달하십니다. 설교자는 하나님의 음성을 전달하는 나팔수와 같습니다.

그렇기 때문에 설교자의 영적인 통로가 열려 있느냐, 닫혀 있느냐의 여부는 너무나도 중요합니다. 그 이유를 3가지로 축약하여 설명해 드릴 수 있겠습니다.

첫째, 성령님은 우리의 영적인 통로를 통해 말씀하시며 음성을 전달하시기 때문입니다. 영적인 통로를 통해 하나님 자신을 드러내시며 능력과 권능을 행하시기 때문입니다.

둘째, 설교자의 영적인 통로의 확장 여부가 하나님의 말씀을 전하는 통로로써 쓰임 받느냐 그렇지 못하느냐가 결정되기 때문입니다. 거룩한 통로를 지닌 설교자가 설교한다면 강력한 성령의 임재를 경험할 것입니다. 하나님의 말씀과 음성이 투영되기 시작할 것입니다.

셋째, 설교자의 통로를 통해 성령님이 성도들을 친히 만지실 수 있기 때문입니다. 하나님의 말씀은 살아있고 운동력이 있기 때문에 성도의 심령을 강타하면서 역사를 일으키시는 것입니다.

성령께서 설교자의 영적인 통로를 통해 성령의 충만함을 부어주실 때가 많습니다. 그럴 경우 성도님들의 영의 통로가 열리면서 하나님의 말씀과 음성이 투영되기 시작합니다. 그렇게 될 때 설교에 집중하게 되며 갑자기 기도의 불이 붙게 됩니다. 하나님을 향한 사랑과 갈망이 뜨거워지는 것입니다. 그 결과 성도들은 예배를 사모하고 헌신하게 되므로 생동감 있는 교회가 됩니다. 이렇듯 영적인 통로를 통해 성령께서 강력하게 역사하실 수도 때로는 제한받으실 수도 있다는 것입니다.

이와 반대로 설교자의 통로가 뚫려있지 않다면 하나님의 음성을 투영하지 못하는 것은 물론이거니와 성도들의 심령도 터치하지 못한다는 것입니다. 만약 그 상태가 지속된다면 사탄의 방해는 더욱 다양해집니다. 설교를 방해하는 영, 기도를 방해하는 영, 심지어 졸음의 영까지 총동원되어 집중하지 못하도록 방해 공작에 나섭니다. 졸음의 영의 공격은 성도 개인의 문제일 수도 있겠지만 설교자의 영적인 통로가 완전히 열리지 않아 성령께서 회중에 운행하시는 것이 제한받기 때문에 발생되기도 합니다.

만약 성령께서 강하게 역사하신다면 졸음을 넣어주는 악한 영들은 일곱 길로 도망갑니다. 성령님의 임재는 마귀를 쫓아내는 강력한 권세가 있습니다. 그렇기 때문에 졸고 있는 성도만을 탓할 수는 없다는 것입니다. 이러한 영적인 공격을 받을 경우 설교가 더욱 겉돌게 되면서 급기야 냉랭한 느낌마저 들게 되는 것입니다. 더 나아가 설교자에게 악한 영들이 역사하고 있다면 그의 영적인 통로를 통해 사탄이 역사할 수도 있습니다.

기억해야 할 것은 모든 설교자가 하나님의 말씀을 전하는 통로가 아니라는 것입니다. 하나님의 말씀을 선포하는지, 세상의 가치관이 투영되었는지, 사탄의 생각이 설교 속에 녹아 있는지를 반드시 분별하며 들어야 한다는 것입니다.

문제는 설교자의 영적인 통로뿐만 아니라 설교를 듣는 성도의 통로를 통해서도 성령님의 역사가 제한될 수도 있다는 것입니다. 성도들의 문제일 수도 있다는 이야기입니다. 좋은 토양을 가진 성도라면 어떠한 설교를 들을지라도 은혜로 받습니다. 만약 성도님의 영의 통로가 거룩하지 않다면 아무리 명설교를 들을지라도 은혜의 자리로 선뜻 들어서지 못합니다. 좋은 토양을 가진 성도는 은혜를 갑절로 흡수하므로 설교를 통해 하나님의 말씀과 음성을 전달받게 됩니다. 그로 인해 은혜가 임하며 순종하며 헌신하는 믿음의 성도로 자라나게 됩니다. 좋은 토양에 좋은 씨앗이 뿌려질 때 튼실한 열매를 맺는 것은 당연한 이치입니다.

그렇다면 어떻게 할 때 영적인 통로가 확장되어 하나님의 음성을 잘 들을 수 있을까요?

첫째, 하나님의 말씀을 수시로 읽고 심비에 새겨야 합니다. 디모데전서 4장 5절에 '말씀과 기도로 거룩하여짐이라'라고 기록되어 있습니다. 단지 성경을 읽는 것에만 그치지 않고 말씀대로 살아가는 훈련을 해야 합니다.

둘째, 하나님께 순복하는 삶을 살아야 합니다.

셋째, 더욱 기도에 힘써야 합니다. 영적인 통로의 확장과 기도와의 관계는 상당히 밀접합니다. 특히 방언기도는 영적인 통로를 확장하고자 할 때 지대한 역할을 합니다. 고린도전서 14장 2절에 '방언을 말하는 자는 사람에게 하지 아니하고 하나님께 하나니 이는 알아듣는 자가 없고 영으로 비밀을 말함이라'라고 기록되어 있습니다. 쉽게 설명하자면 '성령이 말하게 하심에 따라 영으로 하나님께 비밀을 말하는 언어'가 바로 방언이라는 것입니다. 그렇기 때문에 방언으로 기도의 분량을 쌓다 보면 어느 순간 영적인 통로가 확장되기 시작합니다. 방언은 영의 기도이기 때문입니다. 방언을 통해 하나님께 비밀을 말하는 것이므로 우리의 영이 더욱 활성화되는 것입니다. 우리의 영이 활성화될 때 우리의 영 안에 내주해 계시는 성령님의 음성도 더 잘 듣게 되는 것입니다.

성령께서는 홀로 단독으로 역사하는 분이 아니십니다. 우리의 영적인 통로가 얼마나 확장되어 있고 준비되었느냐에 따라 강력하게 혹은 미약하게 역사 될 수 있다는 것입니다. 그렇기 때문에 우리를 통해 하나님의 능력이 흘러갈 수 있도록 거룩한 영적인 통로를 준비해야 합니다.

거룩한 영적인 통로는 말씀과 기도로써 제대로 뚫을 수 있다는 하나님의 말씀..

'쉬지 말고 기도하라'는 엄중한 명령이 새삼 심장에서 더 크게 고동칩니다.

"하나님의 말씀과 기도로 거룩하여짐이라" (딤전 4:5)

기도할 때 떠오른 생각, 모두 다 하나님의 음성일까?

어떤 성도님이 이런 질문을 한 적이 있습니다.

"선교사님, 기도하는 중에 하나님의 음성을 들었어요. 기도는 하나님께 올려지는 것이니 제가 들은 음성은 분명 하나님의 음성이 맞지요?"

과연 기도 가운데 떠오른 생각이 다 하나님으로부터 온 음성일까요?

보편적으로 기도할 때나 예배를 드릴 때 순간적으로 떠오르는 생각이 하나님께서 주신 감동일 경우가 많습니다. 말씀과 예배, 찬양과 기도 가운데 하나님께서 말씀하시는 영적인 통로가 확장되기 때문입니다.

또한 성령으로 충만해졌을 때도 더욱 선명히 듣게 됩니다. 성령의 충만함과 하나님의 음성을 듣는 것과는 밀접한 관계가 있습니다. 성령이 충만할 때 우리의 영적인 통로도 거룩해지기 때문에 성령님의 음성도 선명하게 들리게 되는 것입니다. 이와 반대로 죄로 인해 우리의 영혼이 더럽혀져 거룩하지 못하다면 하나님의 음성을 제대로 듣지 못하게 됩니다.

어떻게 하나님께서 기뻐하지 않는 일을 행하고 있는 음란한 장소에서 하나님의 음성이 투영될 수 있겠습니까? 불법과 불의의 환경 속에서 하나님께서 말씀하실 수 있겠습니까? 어쩌면 책망의 음성이 들릴지도 모르겠습니다. 보통의 경우 거룩한 장소와 환경, 하나님께서 기뻐하시는 일을 행할 때 하나님의 음성을 더 쉽게 경험하게 됩니다.

기억해야 할 것은 기도하는 공간과 환경에서도 악한 영은 존재할 수 있다는 것입니다. 많은 성도들이 기도할 때에 악한 영은 역사하지 않을 것이라고 생각합니다. 하나님의 음성만 존재한다고 믿고 있는 경향이 있습니다. 그러나 꼭 그렇지만은 않습니다.

만약 성령이 충만한 상태로 기도하다가 받은 감동이라면 하나님의 음성일 가능성이 상당히 높습니다. 그러한 상황에서는 성령님께서 강하게 기도를 인도하시므로 악한 영이 역사하기가 쉽지 않기 때문입니다.

그런데 문제는 기도할 때조차도 하나님께 복종 되어 기도하지 못하고 있다는 것입니다. 때로는 중언부언하며 기도합니다. 기도하는 목적도 잃어버린 채 주문을 외우는 것처럼 습관적으로 기도할 때도 많습니다. 심지어 졸며 기도하다 딴생각에 빠지는 경우도 허다합니다.

인간은 이성의 동물, 생각하는 존재입니다. 끝도 없이 밀려오는 생각의 홍수 속에서 하나님께 집중하지 않는다면 하나님이 아닌 다른 통로로부터 생각을 주입받을 수도 있다는 것입니다. 기도 가운데 혼적인 생각과 염려로 인해 기도가 상달되지 못할 때 이 틈을 비집고 들어와 악한 영은 충분히 생각을 주입할 수 있다는 것입니다. 그래서 '기도 가운데 하나님께서 말씀하셔서 그 음성에 순종했는데 나는 모든 것을 잃어버리고 말았어요'라는 말이 나오는 것입니다.

만약 기도 가운데 어떠한 생각을 받았다면, 그 음성이 하나님이 주신 감동인지 아닌지를 분별해야 합니다. 하나님의 감동도 있을 수 있지만 자신의 생각, 심지어 악한 영도 생각을 주입할 수 있기 때문입니다.

그런데 왜 유난히 기도하는 중에 악한 영의 음성이 잘 투영되는 것일까요? 왜 그토록 기도할 때 영적인 공격을 많이 받게 되는 것일까요?[14]

첫째, 기도는 영적인 문을 여는 열쇠이기 때문입니다. 기도할 때 영적인 세계로 쉽게 들어가게 됩니다. 하나님은 영으로 존재하기에 기도로 하나님과 소통될 때 영의 세계가 열리는 것입니다. 이와 동

---

[14] 기도할 때 받게 되는 다양한 영적인 공격들
　1) 환경의 공격: 분주함, 갑자기 일들이 생기는 공격들
　2) 외부적 공격: 외부로부터의 악한 영들의 공격들
　3) 내면적 공격: 두려움, 의심, 불안 등 자신의 내면에서 올라오는 감적적인 공격들
　4) 생각의 공격: 생각의 통로를 통해 들어오는 공격들

시에 악한 영이 역사할 수 있는 통로가 확장되게 됩니다. 영적으로 민감한 사람이 기도할 경우 악한 영은 더 강력하게 공격합니다. 기도 응답을 받지 못하도록 막아섭니다. 영적인 통로가 열려져 있다면 악한 영의 실체도 민감하게 느끼게 됩니다. 영적으로 활성화된 상태라면 하나님의 음성과 사탄의 생각도 동시에 투영될 수도 있습니다. 그렇기 때문에 영적으로 민감한 성도들은 영적인 통로가 더 럽혀지지 않도록 자신을 더욱 거룩히 지켜야 합니다.

둘째, 하나님께서 기도를 통해 역사하시며 일하시기 때문입니다. 기도는 하나님 나라 확장의 도구입니다. 기도를 통해 사탄의 견고한 진들을 파쇄하며 올무에 매인 영혼들을 자유롭게 합니다. 기도로서 질병을 치유하며, 기도로서 귀신에 들린 사람들을 회복시킵니다.

기도는 강력한 능력입니다. 하나님을 움직이는 열쇠입니다. 그렇기 때문에 사탄이 기도를 중단시키며 방해할 목적으로 기도할 때 자신의 음성을 투영하는 것입니다. 만약 기도 가운데 악한 영의 음성을 듣고 실족했다면 기도하는 것이 두렵게 될 것입니다. 이를 목적으로 악한 영은 기도 가운데 자신의 음성을 강력하게 투영하며 훼방하는 것입니다. 기도 중에 유난히 번잡하고 분주한 생각이 드는 것은 악한 영이 기도를 방해하기 위해 환경을 어지럽게 하는 것입니다. [15]

그렇다면 어떻게 분별해야 할까요?

영적으로 민감하다면 기도 가운데 떠오른 생각이 하나님으로부터 온 것인지, 내 생각인지, 악한 영으로부터 온 생각인지를 분별할 수 있습니다. 그러나 분별하지 않은 채 악한 영의 생각을 받고 따르게 된다면 난처한 일들이 일어날 수도 있다는 것입니다. 반드시 분별의 과정을 거쳐야 합니다. 신중하게 선택해야 할 중대한 일이라면 더욱 분별해야 합니다.

첫째, 성경을 통해 분별하십시오.

둘째, 시간을 두고 기다리면서 하나님께 사인을 구하도록 하십시오.

셋째, 기도 가운데 받은 감동이 선한 것인지 악한 것인지로 분별해 보십시오.

마지막으로, 하나님의 음성은 성령 안에서 분별하는 것이 가장 안전합니다. 성령을 통해 분별할 수 있도록 성령님의 은혜를 구하십시오.

우리는 하나님의 자녀이기에 아버지의 음성을 듣는 것은 당연합니다. 더욱 갈망해야 합니다. 사모해야 합니다. 설령 기도 가운데

---

15 영적인 공격을 받고 있다고 느껴질 때 대처하는 방법
  1) 환경을 바꾸라: 핸드폰을 꺼놓는다든지 분주한 일들을 마치고 기도하라
  2) 영적 무장을 하라: 보혈을 뿌리고 생각을 통해 공격받지 않도록 무장하라
  3) 생각을 바꾸라: 하나님이 내 기도를 듣고 계심을 신뢰하고 믿으라
  4) 기도의 분량을 늘리라: 기도의 돌파가 일어나도록 더욱 기도하라

악한 영이 생각을 주입하며 공격한다 할지라도 두려워하지 마십시오. 우리가 영적으로 성장한다면 결코 악한 영이 흔들어 댈 수 없기 때문입니다. 하나님의 음성을 듣고 순종하며 동행하는 삶이 시작할 때 사탄은 점점 더 우리의 시야에서 사라지게 될 것입니다.

> "모든 기도와 간구를 하되 항상 성령 안에서 기도하고 이를 위하여 깨어 구하기를 항상 힘쓰며 여러 성도를 위하여 구하라" (엡 6:18)

금식할 때 하나님의 음성이 유난히 잘 들리는 이유

주변을 보면 금식기도 가운데 하나님의 음성을 들었다는 성도들을 흔히 볼 수 있습니다. 과연 금식기도를 하면 하나님의 음성을 들을 수 있는 것일까요? 결론적으로 말씀드리자면 그렇습니다. 심령이 가난하고 곤고해졌을 때 하나님의 음성은 더 크게 울리는 법입니다. 만약 우리가 고난 가운데 하나님을 애타게 찾는다면 오히려 고난이 하나님을 만나는 통로가 되기도 합니다.

금식도 이와 마찬가지입니다. 금식 가운데 육신과 심령이 가난해지기 때문에 오로지 하나님께만 집중할 수가 있습니다. 그런 연유로 하나님께서 고난을 허락하시며 때로는 우리에게 금식을 명하시는 것입니다.

"그러므로 우리가 낙심하지 아니하노니 우리의 겉사람은 낡아지나 우리의 속사람은 날로 새로워지도다"(고후 4:16)[16]

금식 가운데 하나님의 음성이 잘 들리는 첫 번째 이유는, 금식을 통해 겉사람의 기질들이 제어되므로 상대적으로 속사람이신 성령님의 음성이 더 선명히 투영되기 때문입니다.

육신의 소욕과 정욕을 쫓는 겉사람의 기질이 강하다면[17] 아무리 성령께서 내 안에서 말씀하고 계신다 할지라도 그 음성이 잘 투영되지 않을 수 있습니다. 겉사람의 기질들이 속사람, 즉 우리의 영

---

16 겉사람과 속사람의 정의: 겉사람은 사람의 혼과 육의 영역을 의미합니다. 혼과 육에 담긴 육체의 본성과 욕구, 죄를 끌어 당기고자 하는 원죄, 사탄의 장악과 통치에서 비롯된 생각들, 죄된 습성과 기질 등이라고 설명할 수 있겠습니다.
속사람은 성령님과 우리의 영을 의미합니다. 예수님을 영접하여 성령께서 우리의 영 안에 내주하신다면 죽어 있었던 우리의 영이 새롭게 태어나게 됩니다. 성령으로 통해 하나님의 자녀로 거듭나는 것입니다.

17 겉사람의 기질이 강한 사람이라면 그 통로를 통해 악한 영들이 공격해 들어올 수 있습니다. 악한 영들은 죄 속에 둥지를 틀기 때문에 겉사람의 기질이 강한 사람에게 쉽게 역사하며 잠식해 들어올 수 있습니다. 그러한 상황 속에서 우리의 영 안에 내주해 계신 성령님께서 근심하시며 때로는 소멸되기도 하십니다.

안에 내주해 계신 성령님의 음성을 막아 버리기 때문입니다. 금식은 겉사람의 기질들을 잠잠히 다스리도록 하는 강력한 도구입니다.

둘째, 금식을 통해 혼과 육을 쳐서 복종시키므로 성령님의 음성이 더 쉽게 투영될 수 있습니다. 성령께서는 다양한 방법으로 말씀하시고 또 말씀하십니다(욥 33:14). 그런데도 성령님의 음성이 잘 투영되지 않는 이유는 육체의 소욕과 정욕, 혼적인 생각이 막아서고 있기 때문입니다. 심지어 혼과 육에 잠재되어 있는 더러운 사탄의 생각들이 영으로부터 흘러나오는 성령님의 음성을 차단하기도 합니다.

성령님은 거룩하신 하나님의 영이십니다. 만약 성령님의 음성이 흘러나오는 영적인 통로가 혼과 육의 정욕들로 더럽혀져 있다면 하나님의 음성이 쉽게 투영되지 못하는 것입니다. 그러나 금식을 통해 육적인 정욕과 혼적인 생각들을 쳐서 복종시킬 때 서서히 영으로부터 흘러나오는 하나님의 음성이 투영되기 시작합니다. 금식을 통해 혼과 육의 소욕들을 잠재우므로 상대적으로 영으로부터 나오는 성령님의 음성을 듣게 되는 것입니다. 금식을 통해 육의 귀가 잠잠해지고 영의 귀가 열리게 됩니다. 성령께서 말씀하실 수 있는 영적인 통로가 열리게 됩니다. 그런 연유로 금식의 기간이 길어질수록 영이 더욱 활성화되고 민감해지는 것입니다.

또한 금식은 '우리의 영혼육 가운데 누가 리더로 부상하느냐의 전쟁'입니다. 우리의 영이 리더가 된다면 당연히 하나님의 음성은 선명히 들릴 것입니다. 그러나 혼적인 생각, 육적인 소욕이 리더가 되어 그 사람을 통제하고 있다면 당연히 영으로부터 흘러나오는 성령님의 음성이 들리지 않게 됩니다. 혼과 육이 제어되는 만큼 성령의 음성은 선명해지는 것은 당연한 이치입니다. 육신의 생각이 잠잠해지면 질수록 상대적으로 성령님의 음성이 잘 들리게 되는 것입니다.

육체의 정욕과 혼적인 생각은 결코 하나님께 복종하지 않으려 합니다. 혼적인 생각과 육의 욕망은 쳐내지 않으면 복종 되지 않습니다. 강제적으로 쳐내야만 복종이 되고 잠잠해집니다. 그래서 사도바울은 '내가 내 몸을 쳐 복종하게 한다'고 했습니다(고전 9:27). '죄와 싸우되 피 흘리기까지 싸우라'고 했습니다(히 12:4).

셋째, 하나님께서 명령하신 금식은 하나님의 음성과 응답을 동반합니다. 하나님께서 이스라엘 백성들에게 금식을 명하셨습니다.

> "여호와의 말씀에 너희는 이제라도 금식하고 울며 애통하고 마음을 다하여 내게로 돌아오라 하셨나니 너희는 옷을 찢지 말고 마음을 찢고 너희 하나님 여호와께로 돌아올지어다 그는 은혜로우시며 자비로우시며 노하기를 더디하시며 인애

가 크시사 뜻을 돌이켜 재앙을 내리지 아니하시나니 주께서
혹시 마음과 뜻을 돌이키시고 그 뒤에 복을 내리사 너희 하
나님 여호와께 소제와 전제를 드리게 하지 아니하실는지 누
가 알겠느냐" (욜 2:12-14)

쉽게 설명하자면, 하나님께서 이스라엘 백성에게 이렇게 말씀하
고 계신 것입니다.

"사랑하는 자녀들아, 지금이라도 늦지 않았으니 내게 돌아오너
라. 나는 은혜롭고 자비로운 아버지니라. 너희가 애통해하는 마음
으로 금식하며 기도할 때 너희에게 내릴 재앙을 거두고 오히려 내
가 너희에게 복을 줄지 어찌 알겠느냐? 지금이라도 전심으로 금식
하며 기도하라."

하나님께 나아와 금식할 때 '재앙을 거두고 대신 복을 주겠다'는
응답을 하나님께서 미리 이스라엘 백성에게 알려주신 것입니다.

만약 누군가 '이 문제를 두고 작정하여 금식하라. 기도할 때 응답
해 주리라'는 성령님의 감동을 받고 금식하는 것이라면 하나님께서
응답하십니다. 하나님께서 명령하신 금식기도는 능력이 있습니다.
이미 기도 응답을 끌어내릴 수 있는 열쇠를 소유한 것입니다. 하나
님의 음성을 들을 수 있는 통로를 이미 확보한 것입니다.

물론 하나님께서 명령하신 것이 아니라 본인이 자발적으로 하는
금식도 능력이 있습니다. 혈과 육을 복종시키는 행위이므로 그 자

체만으로도 능력이 있습니다. 하지만 마치 하나님께 시위하는 것처럼 하는 금식은 응답하지 않으실 때가 많습니다. 육신의 소욕은 채워지면 채워질수록 더 많은 욕구를 유발시키는 특징이 있습니다. 행여 정욕으로 쓸까 봐 응답을 보류하시는 것입니다.

금식은 무엇을 얻어내고자 하나님께 시위하는 행위가 아닙니다. 나를 쳐서 복종시켜 하나님의 말씀에 순종하도록 나를 깨뜨려 버리는 거룩한 행보입니다.

금식을 통해 하나님의 음성을 듣는 것은 놀라운 축복입니다. 무엇보다도 금식을 통해 얻는 가장 최고의 상급은 하나님을 더 깊이 체험하게 되는 것입니다. 하나님과의 관계가 더욱 친밀해진다는 것입니다. 아버지의 마음이 심령을 뚫고 투영됨으로 새로운 피조물로 나를 다시 빚어낸다는 것입니다.

"그러므로 우리가 이를 위하여 금식하여 우리 하나님께 간구하였더니 그의 응낙하심을 입었느니라" (스 8:23)

하나님이 기뻐하는 금식 VS 말리시는 금식

주변의 많은 분들이 금식기도를 합니다. 기도원에 가보면 3일, 7일, 심지어 40일까지 금식하며 기도하는 사람을 종종 볼 수 있습니다. 금식기도를 왜 하느냐고 물으면 그 이유도 다양합니다.

"우리 아들이 수능시험을 보는데 합격하게 해달라고 하나님께 기도하고 있어요."

"새로운 사업을 구상하고 있는데 어떤 사업을 해야 할지 응답받으려고 금식하고 있어요."

"우리 딸이 노처녀인데 결혼 좀 시켜달라고 하나님께 부탁하고 있어요."

금식하는 이유도 참으로 각양각색입니다.

자신의 소원을 하나님께 관철시키기 위해, 혹은 종교적인 의를 쌓기 위해 금식을 하기도 합니다. 물론 하나님의 나라와 의를 구하기 위해 금식하는 사람도 많습니다. 저마다의 기도 제목을 가지고 부르짖으며 하나님의 음성을 갈망합니다. 하나님의 응답을 받고자 몸부림칩니다. 하나님께서는 금식하며 기도하는 자녀를 사랑하시며 긍휼히 여기십니다. 기뻐하십니다.

성경에 하나님께서 기뻐하시는 금식이 구체적으로 어떤 것인지 명확하게 기록해 놓으셨습니다.

"내가 기뻐하는 금식은 흉악의 결박을 풀어 주며 멍에의 줄을 끌러 주며 압제 당하는 자를 자유하게 하며 모든 멍에를 꺾는 것이 아니겠느냐 또 주린 자에게 내 양식을 나누어 주며 유리하는 빈민을 집에 들이며 헐벗은 자를 보면 입히며 또 네 골육을 피하여 스스로 숨지 아니하는 것이 아니겠느냐?"(사 58:6-7)

가장 먼저 '흉악의 결박을 풀어준다'는 것은 악한 영들에게 묶인 영적인 결박을 풀어준다는 의미입니다. '멍에의 줄을 끌러준다'는 의미는 영적으로 공격하는 세력들을 결박하며 그 문제로부터 자유롭게 하는 것입니다. '압제당하는 자를 자유롭게 하는 것'은 죄와 사망의 법에 매여 지옥에 갈 수밖에 없는 영혼들을 예수님께로 인도하여 죄의 압제를 풀어주는 것입니다. '모든 멍에를 꺾는다는 것'은 영적인 문제로 고통당하고 있는 사람들을 자유롭게 하며 해방하는 것입니다. '멍에'의 사전적 의미는 '사람의 마음이나 행동에 있어서 쉽게 벗어날 수 없는 구속이나 억압'입니다. 다시 말해 사람의 마음과 행동을 구속하며 억압하는 악한 사탄의 세력을 제압하여 자유롭게 하는 것입니다.

다니엘도 21일 금식을 통해 사탄의 상징인 바사왕국의 공격을 막아낼 수 있었습니다. 이렇듯 금식기도는 영적인 세계에서 막강한 힘과 능력을 발휘합니다.

또한 하나님께서 기뻐하는 금식은 억눌림 당하는 사람들을 자유롭게 하며, 굶주린 사람에게 음식을 나누어 주는 것이라고 하셨습니다. 가난한 사람을 집에 들이며 헐벗은 사람에게 옷을 나누어 주고, 기꺼이 친척을 돕는 것이라고 하셨습니다. 금식하는 목적이 자신에게 있는 것이 아니라 바로 다른 사람의 유익과 구원에 있을 때 기뻐하신다는 것입니다.

행여 삶에 아무런 변화가 없는 습관적인 금식을 하고 있다면 하나님께서 기뻐하지 않으십니다. 타성에 젖은 중독성 금식을 하고 있다면 당연히 하나님의 응답과 음성도 듣지 못할 것입니다. 하나님은 중심을 보시는 분이기 때문입니다. 아무리 40일을 금식하며 기도한다 할지라도 육체의 소욕과 정욕을 위한 것이라면 하나님의 응답을 기대할 수 없습니다.

이와 반대로 십자가의 고난에 동참하기 위한 목적으로 금식하며 기도하고 있다면 하나님께서 기뻐하십니다. 도저히 사랑할 수 없는 이웃을 사랑하기 위해 몸부림치며 기도하는 그 금식을 사랑하십니다. 우리를 깨뜨려 하나님이 사용하시기 편한 그릇으로 만들기 위해 금식하고 있다면 다시 새로운 피조물로 빚어 주십니다.

하나님을 영화롭게 하기 위해 금식하며 부르짖는다면 하나님께서 반드시 '내가 여기 있다'하시며 응답해 주신다고 말씀하셨습니다 (사 58:9). 응답은 물론이거니와 '너를 의롭다 하시는 분이 네 앞에 가시며, 여호와의 영광이 뒤에서 너희를 지켜 주실 것'이라고 약속해 주셨습니다. 하나님의 약속을 붙잡고 금식하고 기도할 때 하나님의 응답을 받을 수 있습니다. 하나님의 선명한 음성을 들을 수 있을 것입니다.

"여호와의 말씀에 너희는 이제라도 금식하고 울며 애통하고 마음을 다하여 내게로 돌아오라 하셨나니" (욜 2:12)

제비뽑기로 음성듣기, 과연 성경적일까?

성경을 보면 하나님의 말씀과 뜻을 알기 위해 제비뽑기를 사용했습니다. 구약시대에는 이스라엘 백성들이 가나안 땅을 분배할 때 제비뽑기를 사용했습니다(수 18:11-28). 사울도 제비뽑기를 통해 이스라엘의 초대 왕으로 선택받았습니다(삼상 10:17-27). 하나님께 불순종한 요나도 배에 함께 탄 사람들에게 제비뽑기를 통해 뽑혀 바다에 던져졌습니다(욘 1:7). 하나님의 것을 도둑질했던 아간을 색출해 내는 도구로 제비뽑기가 사용되었습니다(수 7:14-15).

이 세상에 존재하는 모든 것은 하나님의 음성을 듣는 통로가 될 수 있습니다. 창조주 하나님의 손길로 빚어진 피조물이기 때문에 그 어떤 것도 하나님의 음성을 투영하는 도구가 될 수 있습니다.

제비뽑기도 마찬가지입니다. 심지어 나귀의 입을 열어 하나님의 음성을 발람에게 전하신 전능하신 하나님께서 그분의 생각과 뜻을 제비뽑기를 통해 전하실 수 없겠습니까?

"제비뽑기를 통해 하나님의 음성을 들려주시옵소서. 이 통로를 통해 하나님께서 말씀하신다는 것을 전적으로 믿습니다."

하나님께서 말씀하신다는 믿음을 가지고 제비뽑기를 한다면 하나님의 뜻과 음성이 투영될 수 있다는 것입니다.

가룟 유다를 대신할 예수님의 제자를 뽑을 때의 제자들의 심정이 그러했습니다.

> "그들이 기도하며 이르되 뭇 사람의 마음을 아시는 주여 이
> 두 사람 중에 누가 주님께 택하신 바 되어 봉사와 및 사도의
> 직무를 대신할 자인지를 보이시옵소서 유다는 이 직무를 버
> 리고 제 곳으로 갔나이다 하고 제비 뽑아 맛디아를 얻으니
> 그가 열한 사도의 수에 들어가니라" (행 1:24-26)

"제비뽑기를 통해 그 어떠한 사람이 사도로 뽑힌다 할지라도 하나님의 뜻으로 알고 순종하겠습니다."

제자들의 마음 가운데 누가 뽑히든 하나님께서 그 사람을 통해 일하실 것이라는 확신이 있었습니다. 제자들은 하나님의 주권을 전적으로 인정했습니다.

이와 반대로 십자가에 매달려 돌아가신 예수님의 옷을 차지하기 위해 로마 군병들이 제비뽑기를 했습니다(마 27:35).

과연 하나님께서 제비뽑기를 통해 로마 군병들에게 하나님의 음성을 투영하실까요? 하나님을 향한 신뢰가 없는 사람들이 심심풀이 땅콩쯤으로 제비뽑기를 한다면 하나님은 결코 말씀하시지 않습니다. 제비뽑기 그 자체만으로는 하나님의 음성을 듣는 통로가 아닙니다.

분명한 것은 사도행전 2장의 오순절 마가 다락방에서의 성령강림 사건이 일어난 후로는 제비뽑기에 대한 언급은 성경에서 사라졌다는 것입니다. 제비뽑기를 통해 하나님의 음성을 들었던 시대는 지나갔습니다. 이제 바야흐로 성령님을 통해 음성을 들을 수 있는 성령의 시대가 열렸습니다. 진리의 영이신 성령께서 내주하시므로 하나님의 말씀과 음성을 직접 성령께 들을 수 있게 되었습니다. 제비뽑기를 하던 시대보다 더 선명하게 하나님의 음성을 듣게 된 것입니다.

"보혜사 곧 아버지께서 내 이름으로 보내실 성령 그가 너희

에게 모든 것을 가르치고 내가 너희에게 말한 모든 것을 생
각나게 하리라" (요 14:26)

일상에서 듣는 하나님의 음성, 어떻게 듣는 것일까?

하나님의 음성을 듣는다고 하면 마치 폭풍처럼 강하게 뇌리를
강타하는 초자연적인 음성을 듣는 것으로 생각합니다. 이러한 선입
견은 일상에서 접하게 되는 하나님의 다양한 음성을 놓치게 합니
다. 하나님의 음성은 일상의 구석구석에서 잔잔히 흐르고 있습니
다. 일상의 삶 깊숙한 영역에서 섬세한 음성이 울려 퍼지고 있습니
다. 굳게 닫힌 마음의 빗장을 활짝 열고 바라본다면 이 세상에 존재
하는 모든 것이 다 하나님의 음성을 듣는 통로라는 것을 깨닫게 됩
니다.

"창세로부터 그의 보이지 아니하는 것들 곧 그의 영원하신
능력과 신성이 그가 만드신 만물에 분명히 보여 알려졌나니
그러므로 그들이 핑계하지 못할지니라" (롬 1:20)

만물은 하나님의 손길이 깃든 하나님의 작품입니다. 만물을 통해 하나님을 발견할 수 있도록 하나님의 능력과 신성을 자연 가운데 숨겨 놓으셨습니다. 무소부재하게 움직이시는 하나님께서 곳곳에 하나님의 음성을 심겨 놓으셨습니다. 이 세상의 모든 만물은 창조주 하나님의 뜻에 따라 질서정연하게 움직이고 있습니다. 하나님의 말씀으로 창조된 자연 만물을 통해 하나님의 음성을 투영 받을 수 있습니다.[18]

또한 아름다운 절경을 통해, 자연을 통해 얻어지는 수확물들을 통해 자녀의 필요를 공급하십니다. 축복하십니다. 이 세상의 모든 것이 하나님의 살아계심을 느낄 수 있는 통로입니다.

몇 년 전의 일이 떠오릅니다. 교회에서 예배를 마치고 집에 막 들어서는데 딸아이가 발갛게 상기된 얼굴로 연신 불러댔습니다.

"엄마! 엄마! 너무 신기해! 하나님께서 나에게 음성을 들려주셨어!"

딸아이에게 자초지종을 물어보았습니다. 최근 딸아이는 목사인 나를 볼 때마다 안쓰러운 마음이 들었다고 했습니다. 눈코 뜰 새 없

---

18 하나님께서는 자연만물을 움직이시며 하나님의 음성을 투영하실 수 있습니다. 이스라엘 민족이 하나님을 망령되이 여기며 우상숭배로 하나님을 대적할 때 지진과 기근을 통해 경고의 음성을 들려주셨습니다. 그렇기 때문에 하나님께서 자연재해를 통해, 지진을 통해, 화산폭발을 통해 지금 무엇을 말씀하시고 계신지를 겸허히 살펴보아야 합니다.

이 바쁜 엄마를 볼 때 측은한 마음마저 들었다고 했습니다. 엄마를 위해 집안일을 도와드려야겠다고 생각했다고 했습니다. 엄마가 교회에 간 사이에 설거지를 했다고 했습니다. 설거지하고 있는 중에 마치 뭉게구름이 피어오르듯 불현듯 어떤 생각이 떠올랐다고 했습니다.

"사랑하는 내 딸아, 참 착하구나."

내면에서 갑자기 솟아오른 그 음성으로 인해 말로 표현할 수 없는 기쁨이 넘쳤다고 했습니다. 행복한 감정이 밀물처럼 밀려와 집안 곳곳에 널려 있는 빨래들을 모아 세탁기에 넣어 돌렸다고 했습니다. 더 신기한 것은 뒷마당에서 옷을 널고 있는데 갑자기 어디선가 바람이 쏴~하고 불어왔다는 것입니다. 그때 그 시간에 바람이 불어올 수 없는 상황이었다는 것입니다. 뙤약볕이 쨍쨍 내리쬐는 40도가 넘는 최악의 폭염이었습니다. 더군다나 빨래를 널고 있던 뒷마당은 오로지 하늘만 뚫려 있는 사방이 막힌 공간입니다. 그 막힌 공간에 바람이 불면서 자신의 땀을 모두 식혀 주었다고 했습니다.

그 순간 하나님께서 자신을 시원하게 하기 위해 바람을 허락했다는 생각이 불현듯 들었다고 했습니다. 그 생각이 그대로 믿어졌다고 했습니다. 상쾌한 바람으로 너무나도 행복해진 딸아이는 이렇게 기도했다고 했습니다.

"하나님! 하나님께서 저를 위해 이 바람을 허락하신 것이 맞는다면 한 번만 더 바람이 불게 해 주세요!"

딸아이가 빨래를 널며 혼잣말로 하나님께 기도한 것입니다. 그 순간 조금 전에 불었던 바람보다 더 세찬 바람이 불어왔다고 했습니다. 갑자기 세차게 불어오는 그 바람으로 인해 뼛속까지 시원해지는 놀라운 체험을 했다고 했습니다. 딸아이는 아직도 믿어지지 않는 듯 상기되어, 이렇게 말했습니다.

"엄마! 하나님께서 바람을 통해 말씀하실 수 있다는 것이 너무 신기해. 너무 놀라워. 나 하나님이 너무 좋아. 하나님께 '시원한 바람을 제게 보내 주셔서 너무 감사해요' 이렇게 기도했어. 엄마! 나 지금 너무 행복해!"

이제 딸아이는 하나님 아버지와의 대화가 시작되었습니다. 아버지와의 소통이 시작되었습니다. 일상의 작은 부분에서 흘러나오는 하나님의 음성을 경험하며 하나님을 알아가기 시작한 것입니다.

하나님께서는 자연 만물을 통해 자녀에게 말씀하시며 음성을 투영하실 수 있습니다. 볼을 스치는 바람에도, 들판에 홀로 핀 들꽃에도 하나님의 음성을 실어 자녀에게 사랑을 속삭이실 수 있습니다. 노을이 지는 석양을 보며 하나님께 말을 건네 보세요.

"하나님, 어떻게 이렇게 아름다운 저녁노을을 창조하실 수 있어요? 너무나 아름다워요. 경이로워요."

"하나님, 꽃을 보니 마음이 평안해져요. 꽃을 창조하신 하나님을 찬양합니다."

"이 모든 자연 만물을 창조하신 하나님 아버지를 찬양하며 경배
합니다."

마치 다정한 친구에게 말을 건네듯 하나님께 말을 붙여 보십시
오. 하나님과의 대화를 시작해 보십시오. 설령 하나님의 음성이 들
리지 않는다고 할지라도 어떻습니까? 자녀가 아버지에게 사랑을
고백하는 것이니 그것으로 족한 것입니다. 하나님께서는 이 사랑의
고백을 기뻐하십니다.

이 세상을 살아가면서 작은 일상에서 하나님을 찬양하는 고백을
올리십시오. 하나님 아버지를 향한 사랑의 고백을 들으신 하나님께
서 이렇게 말씀하실 것입니다.

"내가 너희를 위해 이 만물을 창조하였단다. 더욱 기뻐하거라.
더욱 행복하거라. 내가 너희를 너무나 사랑한단다."

찬송가 '참 아름다워라'의 3절 가사가 심령에 울려 퍼집니다.

참 아름다워라 주님의 세계는
저 산에 부는 바람과 잔잔한 시냇물
그 소리 가운데 주 음성 들리니
주 하나님의 큰 뜻을 나 알 듯 하도다

영적으로 성장할 때 더 깊어지는 하나님의 음성

하나님께서는 우리를 너무나 사랑하셔서 예수님을 성육신의 몸으로 이 땅에 보내셨습니다. 예수님은 하나님의 아들이십니다. 말씀으로 이 세상을 창조하신 창조주 하나님이십니다. 하나님의 본체인 예수님을 모든 질고를 다 지고 살아가도록 내어주신 것은 그토록 우리를 사랑하셨기 때문이었습니다. 사랑하는 자녀를 찾기 위해 독생자 예수님까지도 십자가에 내어놓으셨습니다. 십자가는 하나님 아버지의 아픈 사랑입니다.

하나님께서 '내 생각은 너희 생각과 다르며 내 길은 너희 길과 다르다'고 말씀하셨습니다(사 55:8). 내 길은 너희 길보다 높으며, 내 생각은 너희 생각보다 높다고 말씀하셨습니다(사 55:9). 인간의 이성으로는 하나님의 놀라운 십자가의 사랑을 이해할 수 없습니다. 결코 하나님의 생각과 뜻을 알 수가 없습니다. 하나님께서 일방적으로 우리의 눈높이를 맞추어 그 사랑을 조명해 주시지 않는다면 도저히 십자가의 사랑을 깨달을 수 없습니다.

분명한 것은 하나님께서는 우리의 눈높이에 맞춰 음성을 들려주신다는 것입니다. 자녀의 수준에 맞춰 소통의 문을 여십니다. 젖을 먹는 씨앗단계인지, 단단한 음식을 먹을 수 있는 성장단계인지 더 잘 알고 계십니다.

사실 하나님 아버지는 우리와 그리 멀리 떨어져 계시지 않습니다(행 17:27). 우리는 하나님 안에서 살고 하나님 안에서 움직이며 존재하고 있습니다. 하나님을 찾기만 하면 언제 어디서든 하나님의 음성을 들을 수 있습니다. 하나님의 시야권 안에서 움직이는 하나님의 자녀이기 때문입니다.

그런데 문제는 다양한 통로를 통해 들려지는 음성이 하나님의 음성인지 아닌지 분별하기가 어렵다는 것입니다. 하나님의 음성이 분명하다는 확신이 있다면 그 음성에 순종하며 결단하는 일도 그리 어렵지 않을 것입니다.

그러나 실상 하나님의 음성을 듣고 있는데도 그 음성이 하나님의 음성인지 아닌지 분별하지 못하고 있다는 것입니다. 반대로 하나님의 음성인데도 자신의 생각으로 오해하기도 합니다. 심지어 하나님의 음성을 사탄의 음성이라고 판단하여 그 음성을 소멸시키기까지 합니다.

우리가 하나님의 음성인지 아닌지 분별할 수 있다면, 하나님의 음성이라는 확신과 자신감이 생기게 된다면 더 풍성한 삶을 살아가게 될 것입니다.

우리는 앞에서 씨앗단계에 속한 그리스도인들이 다양한 통로를 통해 하나님의 음성을 경험할 수 있다는 것을 살펴보았습니다. 씨 앗단계에서의 음성은 하나님의 필요에 의해, 혹은 주권에 의해 음 성이 투영됩니다. 하나님의 음성을 듣고자 특별한 준비를 하지 않 아도 하나님의 강권 하에 음성이 투영되기도 합니다. '들을 귀'와 마 음을 연다면 누구든지 하나님의 음성을 경험할 수 있습니다.

씨앗단계에서는 외적인 방법이나 극히 드물게는 사도바울과 같 이 외부적인 음성을 통해 하나님의 음성을 들을 수 있습니다.[19] 물 론 씨앗단계에 속한 사람들이 모두 다 외적인 방법에 의해 하나님 의 음성을 경험하는 것은 아닙니다. 각자의 수준과 하나님과의 친 밀도에 따라 듣는 방법도 천차만별로 다릅니다.

하나님께서는 어떠한 음성이 각자에게 합당한지 우리보다 더 잘 알고 계십니다. 회심 전의 강퍅한 사울(사도 바울)은 강력한 음성만 이 그를 변화시킬 수 있었기에 우레와 같은 외부적인 음성을 투영 하셨습니다. 각자에게 맞는 맞춤형 음성을 들려주실 수 있습니다.

---

19 사도 바울은 다메섹 도상에서 '사울아, 사울아, 네가 왜 나를 박해하느냐'라고 말씀하 시는 예수님의 직접적인 음성을 들었습니다(행 9:4). 그 당시 사도 바울은 성령께서 내주하시지 않았기 때문에 하나님께서 이처럼 직접적인 음성을 투영하시므로 하나님 의 실존을 보여주셨습니다. 우레와 같은 외부적인 하나님의 음성은 흔히 접할 수 있는 음성의 통로는 아닙니다. 예수님의 직접적인 음성을 듣고 회심한 결과 사도 바울은 이 방인을 향한 사도로 쓰임 받을 수 있었습니다. 사도 바울의 경우 씨앗단계에서 외부적 인 하나님의 음성을 듣고 거듭난 사례입니다.

그런데 외부적인 환경과 방법을 통해 하나님의 음성을 듣는 것에는 다소 한계가 있습니다. 사실 하나님의 음성은 그리 멀리 있지 않습니다. 하나님의 잠재적 음성은 이미 우리 안에 있습니다. 성령께서 내주해 계신다면 역동적인 하나님의 음성을 우리 안에서 경험할 수 있게 됩니다. '내면의 귀'가 열려 성령님의 세미한 음성을 들을 수 있게 됩니다. 내부적인 성령님의 음성을 듣고 살아가는 것이 바로 하나님과의 동행하는 삶의 시작입니다.

만약 성령님을 통해 우리의 영이 활성화되기 시작한다면, 하나님의 음성을 듣는 방법 역시도 변화됩니다. 성령께서 더욱 다양한 방법으로 하나님의 음성을 투영해 주시기 때문입니다.

그러나 '내 안에서 말씀하시는 성령님의 세미한 음성'을 듣는 성장단계로 도약하기 위해서는 반드시 훈련이 필요합니다. 훈련되고 분별 될수록 더 깊은 영역에서 울려 퍼지는 하나님의 음성을 경험하게 될 것입니다.

> "하나님은 한 번 말씀하시고 다시 말씀하시되 사람은 관심이 없도다 사람이 침상에서 졸며 깊이 잠들 때에나 꿈에나 밤에 환상을 볼 때에 그가 사람의 귀를 여시고 경고로써 두렵게 하시니 이는 사람에게 그의 행실을 버리게 하려 하심이며 사람의 교만을 막으려 하심이라" (욥 33:14-17)

들리는 하나님의 음성

2

'성장단계'에서의 하나님의
음성듣기와 분별

**"하나님은 놀라운 음성을 내시며 우리가 헤아릴 수 없는
큰 일을 행하시느니라"**(욥 37:5)

대부분의 사람들은 선지자나 예언자들은 우리와 다른 성정을 가진 특별한 사람일 것이라고 생각합니다. 물론 맞는 말일 수도 있습니다.

그러나 설령 그들이 하나님의 주권하에 선택받았다 할지라도, 하나님의 훈련과 연단의 과정을 거치지 않았다면 큰 종으로 쓰임 받지 못했을 것입니다. 하나님의 특별한 선택이 있겠지만 그들 나름의 부단한 훈련과 내려놓음의 삶을 살았다는 것을 기억해야 합니다. 하나님의 일을 감당할 수 있는 인격과 소양을 갖추기 위해 때로는 혹독한 연단의 시간을 허락하십니다.

이사야가 그러했습니다. 이사야는 하나님의 음성을 대언하는 큰 종이었습니다. 그러나 이사야를 쓰시기 위해 혹독한 훈련과 연단 가운데 두셨습니다. 이사야는 3년 동안을 '벗은 몸과 벗은 발'로 수치를 당하며 하나님의 심판과 북방 환란을 외치는 사명을 감당해야만 했습니다(사 20:3).

예레미야도 마찬가지입니다. 예레미야는 태중부터 선택받아 기름 부음 받은 선지자였습니다(렘 1:5). 태중 사명자인 예레미야도 하나님의 음성을 전하다가 핍박을 당할 때 불평을 토로했습니다(렘 20:8-9). 비웃음과 치욕을 견디다 못해 하나님의 말씀을 선포하지 않겠다고 다짐하고 또 다짐했습니다. 하지만 그때마다 하나님께서 그의 마음을 불붙는 것처럼 만들어 하나님의 음성을 전하지 않으면 견딜 수 없도록 강권하셨습니다. 그러한 연단 속에서 예레미야는 '의인을 시험하사 그 폐부와 심장을 보시는 만군의 여호와'임을 고백하게 됩니다(렘 20:12). 하나님은 이러한 연단의 과정을 거쳐 하나님이 쓰실 수 있는 그릇으로 빚어가는 것입니다.

간혹 우리는 하나님께서 선택한 종들은 하나님의 음성을 들을 수 있는 특별한 귀와 눈을 허락하신다는 생각을 갖습니다. 그러나 꼭 그렇지만은 않습니다.

엘리야나 사도 바울과 같은 종들도 우리와 같은 성정을 가진 사람들이었습니다(행 14:15, 약 5:17). 그들에게 하나님의 음성을 듣는 특별한 귀와 눈이 허락되었다는 표현보다는 훈련을 통해 하나님께서 성장시키셨다는 표현이 더 적합합니다. 연단이 되었기에 사용하실 수 있었던 것입니다.

그렇다면 왜 이토록 혹독한 과정을 통해 하나님의 음성을 듣는 훈련을 시키시는 것일까요?

하나님은 영이십니다. 인간은 본질상 영적인 존재이지만 혼과 육으로 덧입혀진 존재입니다. 그렇기 때문에 영이신 하나님의 음성을 듣기 위해서 혼적인 생각과 육체의 소욕을 절제하며 버려 나가야 하는 것입니다. 자신의 생각을 내려놓고, 죄와 싸워 나가며, 악으로부터 자신을 보호해 나가는 훈련을 해야 합니다.

그 결과 우리의 영이 활성화되고 성장하여 하나님의 음성을 듣는 영적인 통로가 확장되기 시작합니다. 점차적으로 영적인 통로가 거룩하게 되므로 성령님의 음성이 더 선명히 들리게 되는 것입니다.

분명한 것은 세상 속에서는 하나님의 세미한 음성을 듣기가 어렵다는 것입니다. 세상의 소리에 민감하게 귀를 기울이고 있다면 깊은 영의 영역에서 울려 퍼지는 하나님의 음성을 경험할 수 없을 것입니다.

세상의 소음이 쏟아져 나오는 TV 앞에서 많은 시간을 보내면서 어떻게 하나님의 거룩한 음성을 들을 수 있겠습니까? 세상에서 즐기고 싶은 것을 다 즐기면서 어떻게 하나님의 말씀이 투영되길 바랄 수 있겠습니까?

만약 성장단계로의 돌파를 원한다면 하나님과 세상 사이에서 결단이 필요합니다. 하나님께서 기뻐하시는 일을 행하기 위하여 세상에 뿌려놓은 사탄의 기운을 멀리하며 죄로부터 스스로를 보호해야 합니다. 세상 속에서 구별되는 만큼, 세상의 소리에 반응하지 않는 만큼 사탄의 영향력은 점차 소멸됩니다. 사탄의 영향력에서 벗어나게 됩니다. 그 결과 믿음의 돌파가 일어나면서 상대적으로 하나님의 음성을 듣는 영적인 통로가 확장됩니다. 그때부터 하나님의 음성이 선명히 들리게 됩니다.

어쩌면 세례 요한이 광야가 아니라, 세상 속에서 즐기며 살았다면 하나님의 음성을 들을 수 없었을 것입니다. 모세도 사도 바울도 마찬가지입니다. 세상의 모든 것을 배설물처럼 여기며 홀로 씨름하는 연단의 과정을 거치지 않았더라면 하나님의 음성을 전하는 열정적인 선교사가 되지 못했을 것입니다.

씨앗단계의 수준의 하나님의 음성은 '들을 귀'와 마음을 연다면 누구든지 들을 수 있습니다. 그러나 세상에 속한 채로, 세상의 방법을 취하며 살아간다면 더 깊은 영역에서 울려 퍼지는 성령님의 음성을 듣기는 어려울 것입니다. 하나님 앞에 결단하고 내려놓으며 훈련할 때 더 깊은 영역에서 말씀하시는 하나님의 음성을 들을 수 있게 될 것입니다.

그렇다면 '내 안에서 말씀하시는 성령의 음성'을 듣는 것은 어떠한 영적인 훈련을 통해 가능해지는 것일까요?

성장단계에서의 영적 돌파를 위한 5단계 영성훈련

앞서 언급한 대로 씨앗단계에서는 주로 환경, 성경, 설교, 금식, 자연 만물, 다른 그리스도인을 통해 하나님의 음성을 들을 수 있었습니다. 이 밖에도 다양한 방법으로 음성이 투영되지만, 씨앗단계에서는 주로 외적인 방법을 통해 하나님의 음성을 경험하게 됩니다.

성장단계는 씨앗단계보다 좀 더 영적으로 성장한 사람들이 영의 영역에서 흘러나오는 성령님의 음성을 듣게 됩니다. 주로 꿈과 환상, 계시, 더 깊은 영의 영역에서 흘러나오는 감동을 통해 성령님의 음성을 경험하게 됩니다.

때로는 씨앗, 성장, 성숙단계에서 기술한 다양한 방법들이 한꺼번에 경험되기도 합니다. 예를 들어, 다른 사람을 통해 하나님의 음성을 전달받은 내용이 성경을 읽을 때 레마의 말씀으로 다시 조명될 수 있습니다. 그 레마의 말씀이 환상이나 꿈으로 확증될 수도 있습니다. 또한 감동을 통해 하나님의 음성을 재차 확인받을 수도 있습니다. 이렇듯 다양한 방법들이 유기적으로 움직이면서 하나님의 음성을 경험할 수 있다는 것입니다.

신기한 것은 하나님의 음성을 듣는 훈련을 하면 할수록 성령님의 음성에 더욱 민감해지게 된다는 것입니다. '들을 귀'가 열리면서 영적인 통로가 자연스럽게 확장되며 영적으로 성장하게 됩니다.

우리는 영적 성장을 위한 5단계 훈련을 통해 영적으로 강한 용사가 될 수 있습니다. 이 5단계 훈련의 목적은 우리의 영적인 통로를 확장하여 하나님의 세미한 음성을 듣기 위함입니다.

지금부터는 성장단계에서는 어떠한 훈련이 필요한지, 어떠한 통로를 통해 하나님의 음성을 투영 받게 되는지, 어떻게 음성을 분별해야 하는지에 대해 단계별로 살펴보고자 합니다.

성장단계에서의 영성훈련 1단계
'하나님의 품에서 안식하는 단계'

하나님께서는 마치 부모가 듣든지 못 듣든지 태중의 아이에게 말을 붙이는 것처럼 말씀하시고 또 말씀하십니다. 마치 젖먹이와 눈을 마주치며 말을 붙이는 부모처럼 한시도 눈을 떼지 않고 바라보고 계십니다. 자녀의 '들을 귀'가 열려 아버지의 음성을 들을 때까지 인내하시며 기다리십니다.

그런데 그렇게 배속에서부터 애지중지 양육한 아이가 혹독한 사춘기 시절을 겪으면서 부모의 간섭을 거부하는 시기가 찾아옵니다. 자기만의 공간으로 숨어듭니다. 부모의 말에 반항하기도 합니다. 부모는 행여 나쁜 길로 빠질까, 옳지 못한 길로 접어들까 늘 전전긍긍하며 바라봅니다. 대부분의 혹독한 사춘기 시절을 지난 자녀는 부모의 품에 돌아오든지, 세상 길로 빠져 방황하든지 두 가지의 모습 중의 하나로 살아갈 것입니다.

하나님 아버지의 마음도 이와 마찬가지입니다. 마치 사춘기에 접어든 반항아처럼 하나님을 받아들이지 않는다 할지라도 하나님께서는 닫힌 문 밖에 서서 계속 이렇게 말씀하십니다.

"내 사랑하는 아들아, 나는 너의 아버지란다. 마음의 문을 열어다오. 내가 도와주리라. 내가 너와 동행할 수 있도록 마음의 문을 열어 주거라."

불행하게도 우리는 하나님의 이 음성을 잘 듣지 못합니다. 그런데 이 음성이 선명하게 다가올 때가 있습니다. 바로 심령이 가난해지고 곤고해졌을 때입니다. 더 이상 홀로 살아갈 수 없다는 것을 깨달았을 때 문득 하나님을 떠올리게 됩니다. 하나님을 기억하며 하나님 품으로 돌아오게 됩니다.

바로 돌아온 탕자가 그랬습니다 (눅 15:11-24).

어떤 사람에게 두 아들이 있었습니다. 둘째 아들이 아버지에게 '제가 받을 몫의 재산을 주십시오'라고 말했습니다. 이 말에 아버지는 재산을 공평하게 두 아들에게 나누어 주었습니다. 며칠 뒤에 둘째 아들은 모든 재산을 가지고 먼 곳으로 떠나 버렸습니다. 그곳에서 그는 허랑방탕한 생활을 하면서 모든 재산을 다 날려 버렸습니다. 때마침 큰 흉년이 들었고 그는 매우 가난해졌습니다. 결국 더부살이를 하게 되었는데 집주인은 그를 들판으로 보내 돼지를 치는 일을 시켰습니다. 배가 너무 고팠던 그는 돼지가 먹는 쥐엄나무 열매를 먹어서라도 배를 채우고픈 마음이 간절했습니다.

그제야 제정신이 들었고, 아버지를 기억하며 이렇게 생각했습니다.

'내 아버지의 품꾼에게는 양식이 풍족하여 먹고도 남는데 나는 여기서 굶어 죽는구나. 아버지께 돌아가야겠다.'(눅 15:17-18)

이런 생각을 되뇌다가 마침내 아버지에게로 돌아갔습니다. 아버지는 아들을 끌어안고 기쁜 마음으로 환대해 주었습니다. 아버지의 사랑에 감격했던 둘째 아들은 아버지에게 이렇게 고백합니다.

"아버지, 저는 하나님과 아버지 앞에 죄를 지었습니다. 저는 아버지의 아들이라고 불릴 자격이 없습니다."(눅 15:21)

절체절명의 위기에 처했을 때 다시 돌아갈 곳이 있다는 것은 축복입니다. 돌아온 탕자도 굶어 죽게 되었을 때 아버지의 품을 기억했습니다. 아버지의 품에서 안식하고 싶은 갈망이 불같이 타오른 것입니다.

주변을 둘러보면 돌아온 탕자처럼 세상 속에서 방황하고 방탕하게 살다가 하나님의 품 안으로 돌아온 사람들이 참 많습니다. 깊은 고난을 통해 하나님의 사랑을 체험하고, 하나님의 품 안이 가장 안전하다는 것을 깨닫게 된 것입니다. 세상이 주는 기쁨보다 하나님이 주시는 기쁨이 더 크다는 것을 알게 된 것입니다.

이 시기가 바로 하나님의 음성듣기 1단계인 '하나님 품 안에서 안식하는 단계'입니다. 고아처럼 헤매고 다니던 자녀가 부모의 품에서 자유하며, 부모의 보금자리에서 안식하게 됩니다. 세상 가운데 타락하고 방황하던 탕자가 아버지 품으로 돌아와 안식했던 것처럼 하나님 품으로 돌아와 자유해지는 단계입니다.

일반적으로 이 단계에 속한 사람들은 구원을 확신하는 사람으로, 구속받은 그리스도인들이 속한 단계입니다. 많은 그리스도인들은 구원의 확신을 가지고 있으며 이 경험과 함께 자유함과 평안함을 경험합니다.

이때부터 하나님을 향한 사랑과 영의 갈망이 커지면서 하나님의 음성을 들을 수가 있습니다. 설령 어떠한 준비가 되어있지 않다 할지라도 하나님의 음성듣기를 소망한다면 성경을 통해, 환경을 통해, 설교를 통해, 혹은 다른 그리스도인을 통해 하나님의 음성을 다양하게 경험할 수 있습니다.

그러나 이 단계에서는 세밀한 음성을 듣기는 어렵습니다. 설령 하나님의 음성을 듣는다 하더라도 구체적인 삶의 방향과 사역을 지시하는 음성을 경험하기는 어렵습니다. 하나님의 음성인지 아닌지 정확한 분별이 어렵기 때문에 흘려보낼 수도 있습니다. 하나님의 음성을 간간히 듣기는 듣지만 제한된 음성을 들을 수밖에 없는 것입니다.

그렇기 때문에 '하나님의 품에서 안식하며 자유하는 단계'에서는 영의 갈망을 채워주는 훈련을 반드시 해야 합니다.

인간의 영 안에는 오로지 하나님만을 사랑하는 영의 갈망[20]이 심겨져 있습니다. 하나님께서 우리의 영에 하나님의 사랑을 깊이 숨겨 놓았기 때문입니다. 우리의 영은 하나님의 향한 갈망으로 몸부림칩니다. 단지 하나님을 향한 영의 갈망을 우리의 혼과 육이 느끼지 못할 뿐입니다.

영의 갈망은 하나님의 품에서 떠나지 않을 때 채워지게 됩니다. 하나님의 품 안에서 안식할 때 저절로 채워지게 됩니다. 영의 갈망

---

[20] 영의 갈망: 하나님은 영이십니다. 육을 덧입은 사람도 그 본질은 영이므로 창조주 하나님을 향한 갈망이 있습니다. 목마른 사슴이 시냇물을 찾아 헤매듯이 우리의 영은 하나님을 언제나 애타게 찾습니다. 신자든 불신자든 상관없이 하나님을 향한 영의 갈망이 누구에게나 다 있습니다.

이 크면 클수록 예배의 자리를 더욱 사모하게 됩니다. 성경을 읽는 것이 꿀송이처럼 달게 느껴집니다. 기도의 자리를 사모하게 됩니다. 성도 간의 코이노니아 교제를 통해 영이 회복되는 것을 느끼기도 합니다.

무엇보다도 영의 갈망이 채워지면 채워질수록 성령님의 통치도 상대적으로 강력해집니다. 성령님께 통치를 받고 싶은 영의 갈망이 혼과 육의 갈망보다 더욱 강해져 오로지 하나님만을 생각하게 됩니다(롬 8:5).

그 결과 영이 활성화되고 분별의 능력이 배가되므로 하나님의 음성을 더 쉽게 경험할 수 있습니다. 영의 갈망들이 채워지게 된다면 영적인 통로도 확장되어 더욱 다양한 방법으로 하나님의 음성을 경험하게 됩니다.

성장단계에서의 영성훈련 2단계
'순종의 단계'

아마도 돌아온 탕자는 '하나님의 품에서 안식하는 단계'를 거치면서 아버지를 더욱 사랑하게 되었을 것입니다. 세상의 그 어떤 곳도 아버지의 품 만큼 따뜻하지 않다는 결론을 내렸을 것입니다. 무엇보다도 자신의 방탕함을 탓하지 않고 모든 허물을 덮어준 아버지에게 깊은 경외감을 가지게 되었을 것입니다.

"이 세상에서 호사스러운 것을 다 누려 보았지만, 아버지께 돌아오니 이렇게 자유합니다. 행복합니다. 이제는 아버지의 말씀에 순종해서 사는 것이 가장 큰 축복임을 깨달았습니다."

돌아온 탕자는 아버지의 품 안에서 안식하는 시간을 거치면서 순종하고 싶은 마음도 불일 듯 일어났을 것입니다.

돌아온 탕자처럼, 우리도 하나님의 품 안에서 안식하며 자유하다 보면 어느새 하나님의 음성과 사랑이 조금씩 투영되기 시작합니다. 하나님의 사랑이 우리 안에서 녹아나기 시작합니다. 들릴 듯 말듯 하나님의 음성이 들리기 시작한다는 것입니다.

하나님의 음성을 들은 사람들이 공통적으로 경험하는 감정은 평안함입니다. 자유함입니다. 하나님은 평안의 하나님이기 때문에 음성을 투영하실 때도 평안의 영으로 임하십니다(빌 4:9).

하나님의 음성은 이렇듯 평안함과 자유함을 주기에 계속적으로 하나님의 음성을 듣고 싶은 열망이 생기기 시작합니다. 그로 인해 하나님께 순종하고자 하는 마음도 불일 듯 일어납니다. 우리가 '하나님의 품에서 안식하는 단계'를 거치면서 나타나는 반응은 하나님께 순종하고 싶은 마음이 든다는 것입니다. [21]

---

21 하나님께 순종하고 싶은 마음은 하나님께 선물로 받아야 합니다. 우리는 육체의 소욕과 정욕이 있기 때문에 자발적으로, 의지적으로 순종할 수 없습니다. 하나님께서 역사하시므로 순종하고픈 마음을 주실 때 순종할 수 있게 됩니다. 우리 안에서 행하시는

이것이 더 깊은 영역에서 하나님의 음성을 듣기 위해 훈련되어야 할 '순종의 단계'에서 일어나는 일입니다.

> "사무엘이 이르되 여호와께서 번제와 다른 제사를 그의 목소리를 청종하는 것을 좋아하심 같이 좋아하시겠나이까 순종이 제사보다 낫고 듣는 것이 숫양의 기름보다 나으니"(삼상 15:22)

성경 말씀처럼 하나님께서 기뻐하시는 순종은 '하나님의 목소리를 청종하는 것'입니다. 만약 하나님의 음성을 듣고 순종하기 시작한다면 우리의 영은 속도를 내며 성장하기 시작합니다. 더불어 하나님의 음성을 듣는 통로도 확장되게 됩니다.

예를 하나 들어 보겠습니다. 나를 배신한 어떤 사람이 미워 도저히 견딜 수가 없습니다. 그 사람을 생각하면 할수록 분노가 치밀어 오릅니다.

"아니! 어떻게 나에게 그럴 수 있어!"

"내가 그 사람한테 얼마나 잘해 줬는데…"

하나님께서 자기의 기쁘신 뜻을 위하여 소원을 두고 우리 안에서 행하게 하시는 것입니다(빌 2:13). 이것이 바로 아름다운 순종입니다.

만약 성령께서 내주하셨다면 여러 가지 통로를 통해 하나님의 이 음성을 전할지도 모릅니다.

"화가 나더라도 죄를 짓지 말거라. 그리고 해가 지기 전에는 반드시 화를 풀거라."(엡 4:26)

"아들아, 일곱 번씩 일흔 번까지라도 용서해 주거라."(마 18:22)

누군가로부터 치명적인 상처를 받게 되면 우리의 겉사람인 혼과 육은 배신감 때문에 분노가 치밀어 오르게 됩니다. 용서할 수 없게 됩니다. 하지만 속사람이신 성령께서는 환경을 통해, 레마의 말씀을 통해, 혹은 다른 그리스도인을 통해 '용서하라'는 하나님의 음성을 전하십니다. 이때부터 우리의 내면에서 치열한 영적전쟁이 일어나게 됩니다. 겉사람과 속사람의 갈등과 싸움이 시작되는 것입니다.[22]

그런데 만약 이러한 전쟁에서 겉사람이 이기게 되면 어떻게 될까요?

"내 눈에 흙이 들어가더라도 절대 그 인간을 용서할 수 없어!"

시간이 흐르면 흐를수록 미움과 분노의 강도가 강해질 것입니다. 혼의 생각과 육체의 소욕이 더욱 강하게 통치해 나갈 것입니다. '용서하라'는 하나님의 음성을 거부한 결과, 사탄은 점진적으로 자신의 영향력을 발휘하기 시작합니다. 미움과 분노라는 죄의 틈새로

---

22 "내 속사람으로는 하나님의 법을 즐거워하되 내 지체 속에서 한 다른 법이 내 마음의 법과 싸워 내 지체 속에 있는 죄의 법으로 나를 사로잡는 것을 보는도다"(롬 7:22-23)

비집고 들어온 사탄이 주인 행세하며 통치하기 시작할 수도 있습니다. 가장 큰 문제는 죄와 함께 거하실 수 없는 거룩한 영이신 성령께서 근심하시며 급기야 소멸되실 수도 있다는 것입니다.

반대로 속사람이신 성령님의 음성을 듣고 순종하기로 했다면 어떻게 될까요? 아마도 그는 고통 속에서 기도하며 이렇게 하소연할지도 모릅니다.

"주님! 그 인간이 저에게 어떻게 했는지 더 잘 아시지 않습니까? 그러나 용서하라 하시니 하나님의 말씀에 의지하여 그를 용서합니다. 그를 향한 분노를 하나님 앞에 내려놓습니다."

하나님께 순종한다는 것은 겉사람(혼과 육의 소욕)을 죽이고 속사람이신 성령님의 음성에 따른다는 것입니다. 만약 이러한 순종의 훈련을 계속해 나간다면 우리의 속사람이 더욱 강건해집니다. 그 결과 혼과 육의 영향력은 작아지고 상대적으로 성령님의 영향력은 더 커지게 됩니다.

순종은 영적으로 성장하게 만듭니다. 순종은 속사람(영, 성령)을 강건하게 만드는 원동력입니다. 우리의 속사람이 강건해지는 만큼 하나님의 음성은 선명해질 수밖에 없습니다. 우리의 혼과 육이 복종되는 만큼 영으로부터 흘러나오는 성령님의 음성은 더욱 선명해집니다.

만약 더 깊은 영역에서 하나님의 음성듣기 원한다면, 반드시 '순종의 훈련'을 해야 합니다.

성장단계에서의 영성훈련 3단계
'믿음으로 행하는 단계'

하나님께서 음성을 들려주시는 목적은 이루 헤아릴 수 없을 만큼 많습니다. 사랑하는 자녀와 소통하기 위해 음성을 들려주십니다. 하나님의 자녀라는 정체성을 확고히 세워주기 위해 음성을 투영하기도 하십니다.

무엇보다도 하나님께서 음성을 주시는 목적은 우리의 사명을 회복시키기 위함입니다. 단지 잘 먹고 잘 살라고 태어나게 하신 것이 아닙니다. 이 땅에 태어난 분명한 목적과 사명이 있다는 것입니다. 그런데 하나님께서 주신 사명이 회복되기 위해서는 가장 먼저 하나님과의 관계가 회복되어야 합니다.

예컨대 죄를 짓기 이전의 아담은 하나님 아버지와 자녀로서의 완전한 관계를 보여준 대표적인 사람이었습니다. 에덴동산에서의 아담은 하나님과 친밀함의 극치를 보여 주었습니다(창 2:15-25). 하지만 선악과를 먹지 말라는 하나님의 명령에 불순종하게 되므로 결국 하나님과의 친밀한 관계에 금이 가기 시작했습니다. 죄로 말미암아 하나님과의 관계가 단절되게 되면서 아담의 사명도 무너져 내렸습니다.

창세기 1장 28절에 아담의 사명이 언급되어 있습니다.

"생육하고 번성하여 땅에 충만하라, 땅을 정복하라, 바다의 물고기와 하늘의 새와 땅에 움직이는 모든 생물을 다스리라."(창 1:28)

바로 이것이 아담의 사명이었습니다. 아담을 통해 하나님의 나라를 건설하기를 원하셨습니다. 그러나 아담의 죄로 인해 하나님과의 관계가 단절되었고 아담의 사명도 사라져 버렸습니다.

하나님께서 음성을 들려주시는 목적은 아담의 사명, 즉 생육하여 번성하여 하나님의 나라와 통치가 일어나도록 하는 본질적 사명을 회복시키기 위함입니다. 이 일을 성취하시기 위해 독생자이신 예수님을 이 땅에 보내 주셨습니다. 예수님께서 십자가에서 죽으시고 3일 만에 부활하신 그 능력으로 인간의 죄는 사해졌습니다. 예수님을 믿는 믿음으로 말미암아 비록 죄인이었으나 의인으로 칭함 받게 되었습니다. 모든 약한 것, 연약한 것, 부족한 것은 예수님의 권세로 완전케 되었습니다. 무엇보다도 예수님께서 부활하시고 승천하시면서 예수님의 권세를 우리에게 위임하셨다는 사실입니다. 이제 우리는 예수님의 권세를 위임받은 사명자로서 행해야 하는 직임을 부여받은 것입니다.

하늘 아버지의 소원은 단 한 가지입니다. 우리가 하나님의 자녀라는 정체성을 찾고 회복되어 승리하는 삶을 사는 것입니다. 하나님의 자녀로서의 영권이 회복되어 죽어가는 영혼들을 구원하는 것입니다.

무엇보다도 사명을 감당하기 위해 예수님께서 주신 권세를 가지고 믿음으로 행하는 단계까지 도약해야 합니다. 성령께서 말씀하시며 음성을 들려주실 때 반드시 순종해야 합니다. 그러나 이제 한 걸음 더 내디뎌 말씀을 붙잡고 믿음으로 행하는 단계까지 도달해야 합니다.

여기서 '순종'과 '행함'의 차이에 대해 살펴보겠습니다. 성경에 순종에 관한 말씀이 셀 수 없을 만큼 많이 언급되어 있습니다.

'너희가 여호와의 이 말을 듣고 순종하면... 만약 순종치 아니하면...'

구약은 율법이었기에 하나님께서 주신 법에 순종하느냐, 순종하지 않느냐로 믿음을 점검받았습니다.

그러나 지금은 성령의 시대입니다. 성령께서 임마누엘 하나님으로서 우리와 동행하시는 새로운 시대가 열렸습니다. 성령님 안에서 새로운 피조물로 다시 빚어졌습니다. 하나님과 하나가 된 연합의 존재가 된 것입니다.

이제 우리는 하나님의 자녀라는 신적 권위를 가지고 행하는 단계로 돌입해야 합니다. 하나님의 음성을 듣고 수동적으로 순종하는 것을 뛰어넘어 이제는 기록된 말씀을 근거로 믿음으로 행하는 단계로 돌입해야 한다는 것입니다.

'순종'은 '순순히 따름'이라는 의미를 내포하고 있습니다. 하나님의 말씀과 음성에 순순히 따르는 순종을 반드시 해야 합니다. 그러나 이제 진리의 성경 말씀 속에 기록된 예수님의 지상명령을 능동적으로 행해야 합니다.

> "예수께서 나아와 말씀하여 이르시되 하늘과 땅의 모든 권세를 내게 주셨으니 그러므로 너희는 가서 모든 민족을 제자로 삼아 아버지와 아들과 성령의 이름으로 침례를 베풀고 내가 너희에게 분부한 모든 것을 가르쳐 지키게 하라 볼지어다 내가 세상 끝날까지 너희와 항상 함께 있으리라 하시니라" (마 28:18-20)

이 진리의 말씀을 그저 앎의 단계에 머물게 해서는 안 됩니다. 단지 믿음에 그치게 해서도 안 됩니다. 이제 진리의 말씀을 붙잡고 '순종과 행함'으로 창공을 향해 더 높이 날아올라야 합니다. '믿음은 바라는 것들의 실상이요 보이지 않는 것들의 증거'입니다(히 11:1). 이제 진리의 말씀이 실상에서 일어나도록 선포하며 행해야 합니다. 진리의 말씀을 붙들고 행할 때 비로소 우리의 본질적 사명이 성취될 수 있다는 것입니다.

특별히 행함의 단계에 이르게 된다면 영적으로 더욱 성장하게 됩니다. 믿음으로 선포하며 행할 때마다 겉사람은 속사람에게 더

굴복하게 됩니다. 하나님의 말씀과 음성에 순종하며 행한다는 것은 혼과 육을 쳐서 하나님께 복종시킨다는 의미입니다.

이렇듯 혼과 육이 복종 되면 될수록 속사람의 영은 날로 강건해지며, 성령님의 영향력은 점점 더 커지게 됩니다.[23] 이러한 과정 가운데 영 안에 내주해 계신 성령님의 음성이 더 크게 울려 퍼지게 됩니다.

우리가 행함의 단계를 지나갈 때 빠른 속도로 성장하게 되므로 하나님의 음성을 듣는 통로 역시도 확장되게 됩니다. 씨앗단계에서 받았던 하나님의 음성이 영의 통로가 더 확장됨으로 이제는 감동, 꿈, 환상, 계시를 통해서도 하나님의 음성을 투영 받게 됩니다.[24]

---

23 성령님의 영향력이 커짐에 따라, 하나님의 간섭하심을 일상의 삶 가운데 자주 목격하게 됩니다. 행함의 단계에서는 합력하여 선을 이룰 수 있도록 하나님께서 친히 도와주십니다. 적시에 필요한 사람을 만나게 한다든지, 재정적인 도움을 받게 한다든지, 얽히고설킨 관계가 순식간에 해결되기도 합니다. 그동안 풀리지 않는 고리들이 풀어지기도 합니다. 하나님께서 기뻐하시는 일들을 행할 수 있도록 하나님께서 후원자로 나서시는 것입니다. 환경을 주도해 가시며, 좋은 열매들이 맺어질 수 있도록 하나님께서 친히 인도하십니다.

24 성장/성숙단계에 있는 그리스도인도 성경, 환경, 금식, 설교, 다른 그리스도인들을 통해 하나님의 음성을 경험할 수 있습니다. 그러나 영적으로 성장함으로 인해 이러한 외적인 음성뿐만 아니라 내면에서 듣게 되는 성령님의 세미한 음성, 즉 감동, 꿈, 환상, 계시 등을 다양하게 경험하게 됩니다.

성장단계에서의 영성훈련 4단계

'내려놓음의 단계'

더 깊은 영역에서 하나님의 음성을 듣기 위해 먼저 '하나님 품에서 안식하는 단계'를 거쳐야 합니다. 이 단계에서는 하나님을 아는 지식에서 한 걸음 더 나아가 하나님을 경험하며 하나님의 음성을 듣게 됩니다. 보편적으로 1단계에서 성령께서 내주하시게 됩니다. 성령님의 조명하에 하나님의 음성이 투영되기 시작하면서 믿음이 견고해지게 됩니다.

1단계를 지나갈 때 때로는 믿음을 반석 위에 견고히 세우기 위해 하나님께서 어떠한 일에 '순종하라'는 음성을 투영해 주십니다. 우리 자신도 하나님을 사랑하므로 순종하고픈 마음이 불같이 일어나기도 합니다. 2단계 '순종의 단계'와 3단계 '행함의 단계'를 거치면서 우리의 영은 빠른 속도로 성장하게 됩니다. 더불어 하나님의 음성을 듣는 통로도 더욱 다양해지면서 확장되기 시작합니다.

그런데 하나님의 말씀에 순종하며 행하는 단계를 거쳐 갈 때 반드시 훈련해야 할 것이 있습니다. 바로 '내려놓음'의 실천입니다.

하나님의 말씀에 순종한 결과가 좋을 수도 혹은 나쁠 수도 있습니다. 만약 순종과 행함의 결과가 좋은 열매로 맺어졌다면 분명 기쁠 것입니다. 반대로 그 열매가 좋지 못하다면 때로는 상처받고 실족할 것입니다. 이때 우리가 취해야 할 행동이 바로 '내려놓음'입니다.

사도 바울은 전도 여행 중에 어떤 환상을 보았습니다(행 16:9-10).

그는 어떤 마게도냐 사람이 '마게도냐로 건너와서 우리를 도와주십시오'라고 애원하는 환상을 보았습니다. 환상을 통해 하나님의 생각(음성)과 뜻을 전달받은 것입니다. 환상도 하나님께서 사용하시는 음성의 통로 중의 하나입니다. 그 환상을 보고 난 후 그는 하나님께서 마게도냐 사람들에게 복음을 전하기를 원하신다고 확신했습니다.

바울은 곧바로 마게도냐의 중심 도시인 빌립보에서 담대히 복음을 전했습니다. 하지만 바울은 복음을 전하다 잡혀 고난을 경험하게 됩니다. 분명 하나님의 음성에 순종하여 복음을 전했지만, 오히려 매를 맞고 감옥에 갇히는 비참한 결과가 초래되었습니다.

때때로 하나님의 음성을 듣고 순종하며 행했을지라도 그 결과가 좋지 못할 수도 있습니다. 아름다운 열매를 맺지 못할 수도 있다는 것입니다. 이러한 상황 속에서 하나님께서는 우리가 어떻게 반응하기를 원하실까요?

"하나님, 하나님께서 일하셨으니 이 모든 결과에 대한 부담감을 내려놓겠습니다."

하나님의 말씀에 순종한 그 자체로 기뻐하는 것입니다. 결과에 연연하는 것이 아니라 다시 하나님께 집중하는 것입니다. 모든 결과를 하나님께 맡기는 것입니다. 합력하여 선을 이루시는 하나님만을 신뢰하며 의지하며 다시 나아가야 합니다.

'내려놓음의 단계'를 지나갈 때 그 어떤 풍파와 풍랑이 일지라도 넘어지지 않는 견고한 믿음으로 빚어지게 됩니다.

예수님을 따랐던 제자들은 자신의 것을 하나하나 내려놓는 삶을 살았습니다. 그들은 자신의 이성과 판단, 지식을 내려놓았습니다. 자신의 소유와 가족도 내려놓았습니다. 심지어 자신의 생명까지도 예수님을 더 사랑했으므로 내려놓았습니다.

내려놓음은 쓸모 없고 필요 없는 것을 포기하는 것이 아닙니다. 자신이 가장 아끼고 소중하게 여겼던 것을, 움켜쥐고 있었던 것을 드리는 것입니다. 그것이 재물이든, 성공이든, 명예든, 권력이든, 가족이든, 직업이든, 자신의 생명까지도 하나님을 더 사랑하므로 버리는 것입니다. 하나님 앞에 드리고, 하나님을 위해 버리는 것, 이것이 진정한 내려놓음입니다.

사탄은 많은 것을 움켜쥐라고 말합니다. 그러나 하나님께서는 하나님 앞에 다 내려놓으라 하십니다. 내려놓음이란 하나님의 앞에 자신의 마음을 확정하는 것입니다. 내려놓음은 자기중심의 삶을 하나님 중심의 삶으로 완전한 전환을 이루는 것입니다.

그러하기에 자신이 연연해하며 붙들고 있었던 것들을 하나하나 내려놓을 때 하나님의 음성은 더 선명히 투영됩니다. '순종과 행함'의 모든 결과를 내려놓고 다시 하나님께 집중할 때 하나님의 음성으로 가득 채워지게 되는 것입니다. 내려놓음은 온전한 채움을 위한 시작입니다.

성장단계에서의 영성훈련 5단계
'선순환의 단계'

'선순환의 단계'는 하나님의 음성을 듣고 순종하고 행하고 내려놓고, 다시 순종하고 행하고 내려놓는 순환을 계속해 나가는 것입니다. 이것이 선순환의 단계입니다.

하나님께 한번 순종했다고 우리의 영이 성장하고 하나님의 음성을 듣는 통로가 확장되는 것은 아닙니다. 순종하고 행하고 내려놓고, 순종하고 행하고 내려놓는 훈련을 계속 해야 합니다. 선순환의 과정 가운데 믿음이 견고해지면서 실족하지 않게 됩니다. 설령 순종과 행함의 결과가 아름답게 열매를 맺지 못했을지라도 하나님의 음성을 듣고 싶은 갈망이 일어나 다시 기도의 자리로 나아가게 됩니다. 그러할 때 하나님께서 음성을 또 들려주시며 순종을 명하십니다. 또다시 순종하고 행하고 내려놓게 됩니다.

선순환의 단계가 유기적으로 회전될 때 우리의 영은 반드시 성장합니다. 하나님의 음성을 듣는 통로 역시도 확장되어 더욱 다양한 통로를 통해 하나님의 음성이 투영됩니다. 이와 비례하여 성령의 열매도 자연스럽게 맺혀지게 됩니다(갈 5:22-23). 이러한 선순환의 단계를 거치면서 하나님의 음성을 이제는 영혼육의 전반적인 영역에서 경험하게 됩니다.

씨앗단계에서는 깊은 영의 영역에서 하나님의 음성을 경험하기보다 혼과 육체적인 감각에서 경험합니다. 아직 영적인 성장이 미숙한 단계이므로 성령께서도 외적인 통로를 통해, 혹은 생각과 감정을 통해 주로 하나님의 음성을 투영하십니다.

그러나 영적인 돌파가 일어남에 따라 성령께서 우리의 영에게 직접 음성을 투영해 주십니다. 순종과 행함, 내려놓음의 단계를 통해 혼과 육을 쳐서 복종시키는 훈련을 부단히 했기 때문에 이미 영적으로 활성화되어 있는 상태입니다. 우리의 영이 이미 '영혼육의 리더'로 부상된 상태입니다. 그렇기 때문에 영에 내주하신 성령께서 직접 우리의 영을 통해 하나님의 음성을 투영하십니다. 성장단계에 이르게 된다면 영의 영역에서 흘러나오는 감동, 꿈과 환상, 계시 등을 통해서도 하나님의 음성을 들을 수 있게 되는 것입니다.

또한 선순환의 단계가 회전된다면, 들려지는 음성도 분별의 영으로 즉각적으로 분별하게 됩니다. 어떠한 음성이나 생각 등이 들려올 때 그것이 하나님의 음성인지, 자신의 생각인지, 사탄이 주입한 생각인지를 성령 안에서 바로 분별할 수 있다는 것입니다. 순종과 행함, 내려놓음의 단계를 거치면서 다양한 훈련과 연단을 경험했기에 음성을 보다 쉽게 분별하게 되는 것입니다.

이렇듯 성장단계에서의 하나님의 음성듣기 5단계의 훈련 과정을 거치면서 영적으로 성장하게 됩니다. 더 깊은 영의 영역에서 울려 퍼지는 하나님의 음성을 들을 수 있는 통로가 확장되는 것입니다.

때로는 순종하고 행하고 내려놓는 이 훈련이 버겁게 느껴질 수도 있을 것입니다. 그러나 이 훈련이 천국으로 입성하기 위한 성화의 단계를 밟는 것이라고 생각하십시오.

지금 우리는 천국 가는 길목의 어느 한 지점에 머물고 있습니다. 천국 가는 여정은 멀고도 험난합니다. 십자가를 지고 가야만 하는 좁은 길입니다. 고난의 길입니다. 힘들고 지쳐 무너져 내릴 때마다 우리의 본향 천국을 그려 보십시오. 이 땅에서 짊어졌던 모든 무거운 짐들을 다 벗어 던지고 예수님의 품에 안겨있는 모습을 상상해 보십시오. 영광의 왕이신 예수님께서 천국에서 반갑게 맞아 주시며 이렇게 말씀하실 것입니다.

> "착하고 충성된 종아, 잘하였도다. 네가 적은 일에 충성하였으매 내가 많은 것을 네게 맡기리니 네 주인의 즐거움에 참여할지어다." (마 25:23)

하나님이 주신 감동일까? 내 생각일까?

종종 주변의 그리스도인들이 '하나님께서 자신에게 말씀하셨다'는 이야기를 하곤 합니다. 하나님께서 이들에게 직접 나타나셔서 말씀하신 것일까요? 물론 전능하신 하나님이기에 마치 모세와 친구처럼 대화하신 것처럼 그러하실 수도 있습니다. 그러나 대부분의 경우 '하나님께서 말씀하셨다'고 표현할 때에는 기도나 예배, 혹은 말씀을 읽는 가운데 하나님의 음성을 감동으로 받았다는 의미일 것입니다.

때로는 기도 가운데 어떠한 일들이 선명하게 떠오를 수 있습니다. 어떠한 영상이 불현듯 떠오를 수도 있습니다. 그동안 깨닫지 못했던 것이 순간적으로 깨달아지고 알게 되기도 합니다. 예배 중에, 찬양 중에, 말씀을 읽는 중에, 기도 중에, 혹은 일상생활 가운데 어떠한 생각과 영상을 하나님께 투영 받을 수 있습니다.

감동이란 '떠오르는 생각', '떠오르는 영상'으로 하나님의 음성을 투영 받는 방법 가운데 하나입니다.

"찬양을 부르고 있는데 이 생각이 갑자기 떠올랐어요."

"말씀을 읽는 중에 떠오른 생각이니 하나님께서 나에게 말씀하신 것이 분명해!"

"기도하는 중에 어떠한 영상을 보았는데 하나님께서 주신 감동이 맞지요?"

지금은 성령의 시대입니다. 만약 성령께서 내주해 계신다면 누구나 이러한 경험을 통해 하나님의 음성을 투영 받을 수 있는 시대가 열렸습니다. 물론 각 개인의 영적인 수준과 상태에 따라 감동을 받는 선명도가 천차만별로 차이가 날 수 있겠지만 분명한 것은 감동을 통해 하나님의 음성이 투영될 수 있다는 것입니다.

그러나 기억해야 할 것은 설령 기도 중에, 예배 중에, 혹은 말씀을 읽는 중에 어떤 생각과 영상을 투영 받았다 할지라도 그것이 다 하나님께서 주신 감동이라고 단언할 수는 없다는 것입니다. 자신의 육체의 소욕에서 기인된 자신의 생각일 수도 있습니다. 심지어 광명의 천사로 가장한 사탄이 주입한 생각을 하나님께서 주신 감동이라고 착각할 수도 있다는 것입니다.

베드로를 통해 이러한 사례들을 관찰해 볼 수 있습니다.

어느 날, 예수님께서 제자들에게 '너희는 나를 누구라 하느냐?'라고 물으셨습니다. 그때 베드로는 그 유명한 대답을 합니다.

"주는 그리스도시요, 살아 계신 하나님의 아들이시니이다!"(마 16:16)

베드로의 고백을 들으신 예수님께서 이렇게 말씀하셨습니다.

"베드로야, 네가 복이 있도다. 이를 네게 알게 한 이는 혈육이 아니요, 하늘에 계신 내 아버지시니라."(마 16:17)

예수님께서 베드로의 신앙 고백은 혈과 육을 통해 알게 된 것이 아니라, 하나님을 통해 받았다고 말씀하셨습니다. 이것이 바로 베드로에게 주신 하나님의 감동인 것입니다. 베드로의 경우처럼 우리도 하나님으로부터 감동을 받을 수 있습니다. 그런데 문제는 하나님의 감동뿐만 아니라, 사탄의 생각을 주입받을 수도 있다는 것입니다.

이러한 사례도 베드로를 통해 살펴볼 수 있습니다.

'주는 그리스도시요, 살아 계신 하나님의 아들'이라는 베드로의 신앙고백을 들은 직후, 예수님께서 앞으로 일어날 일들에 대해 설명해 주셨습니다.

"나는 예루살렘에 반드시 가야만 한다. 거기서 장로들과 대제사장 그리고 율법학자들에게 많은 고난을 받아 결국엔 죽임을 당하지만 3일째 되는 날에 다시 살아날 것이다."(마 16:21)

그런데 예수님의 말씀을 듣고 있던 베드로가 갑자기 '주님! 이런 일은 절대 일어나지 않을 것입니다' 라고 항변을 합니다(마 16:22). 예수님을 붙들고 말리는 베드로에게 호통을 치며 예수님께서 이렇게 말씀하셨습니다.

"사탄아, 내 뒤로 물러가라! 너는 나를 넘어지게 하는 자로다. 네

가 하나님의 일을 생각하지 아니하고 도리어 사람의 일을 생각하는 도다."(마 16:23)

'제발! 그리 마옵소서' 하며 말리고 있는 베드로에게 예수님께서 '사탄아, 내 뒤로 물러나라!'라고 말씀하셨습니다. 베드로에게 생각을 투영하고 있는 사탄에게 썩 물러나라고 호통을 치신 것입니다. 베드로가 예수님께 한 말은 사탄으로부터 기인된 생각이라고 볼 수 있습니다. 예수님의 수제자였던 베드로마저도 하나님의 감동과 사탄이 주입한 생각을 동시에 투영 받을 수 있다는 것입니다.

우리는 감동을 통해 하나님의 음성을 경험할 수 있습니다. 문제는 자신의 혼적인 생각과 육체의 소욕에 영향을 받은 생각이 마치 하나님의 감동처럼 느껴질 수도 있다는 것입니다. 심지어 사탄이 주입한 생각을 하나님의 감동으로 착각할 수도 있다는 것입니다.

이런 연유로 기도 중에, 예배 중에, 말씀을 보는 중에 떠오르는 생각과 영상을 통해 감동을 받았다 할지라도 하나님의 음성인지를 분별해야 하는 것입니다. 받은 감동을 분별하지 않고 무턱대고 순종했다가는 큰 낭패를 볼 수 있기 때문입니다. 어떠한 감동을 받았다면 하나님께 묻고 또 물으며 분별해야 합니다. 왜냐하면 설령 하나님으로부터 기인된 감동이 확실하다 할지라도 자신의 생각과 판단에 의해 하나님의 감동이 왜곡될 수도 있기 때문입니다.

자신의 생각과 판단에 의해 하나님의 감동이 왜곡된 사례를 사도행전에서 발견할 수 있습니다. 이 이야기는 사도 바울이 예루살렘으로 가는 과정에서 일어났던 일입니다.

> "구브로를 바라보고 이를 왼편에 두고 수리아로 항해하여 두로에서 상륙하니 거기서 배의 짐을 풀려 함이러라 제자들을 찾아 거기서 이레를 머물더니 그 제자들이 성령의 감동으로 바울더러 예루살렘에 들어가지 말라 하더라" (행 21:3-4)

사도 바울은 예루살렘을 향해 가는 중에 두로에 있는 제자들을 만나게 됩니다. 그런데 그곳에 있는 제자들이 성령의 감동을 받아 바울에게 예루살렘에 가지 말라고 권면합니다.

신기한 것은 가이사랴의 빌립의 집에 들렀을 때도 바울은 똑같은 말을 듣게 됩니다.

유대로부터 내려온 아가보라는 선지자는 바울의 허리띠를 가져다가 자기 손과 발에 묶고 바울에게 이렇게 말했습니다.

"성령께서 예루살렘에 사는 유대인들이 이 허리띠 임자를 이와 같이 묶어서 이방인들에게 넘겨 줄 것이라고 말씀하십니다." (행 21:11)

아가보 선지자의 이 말에 바울은 '나는 주 예수를 위해 결박당할 뿐 아니라 예루살렘에서 죽을 각오도 하였다'면서 예루살렘행을 고집합니다.

여기서 바울과 다른 제자들의 의견이 충돌하고 있는 모습을 볼 수 있습니다. 분명 두로에 있는 제자들은 성령의 감동을 제대로 받았습니다. 아가보 선지자도 동일한 성령의 감동을 받았습니다. 성령의 감동을 두세 사람이 동일하게 받았으므로 이들의 감동은 정확한 것입니다. 사도 바울 역시도 하나님의 음성을 제대로 들었습니다(행 23:11).

그런데 성령님의 감동을 제대로 받았던 이들이 왜 서로 충돌하며 이견이 나타나는 것일까요? 왜 서로의 감동이 옳다고 주장하고 있는 것일까요? 그 이유는 하나님의 감동에 자신의 해석을 덧붙였기 때문입니다. 예루살렘에서 고난에 직면하게 되리라는 것은 분명한 성령님의 음성이었습니다. 성령의 감동을 받은 제자들이 '그러니 가지 말라'는 자신의 해석을 덧붙인 것입니다. 이러한 일들은 일상에서 빈번히 일어날 수 있는 일들입니다.

하나님께서는 성령의 시대에 감동을 통해 말씀하시며 생각을 투영하고 계십니다. 그러나 그 감동을 잘 분별하지 않는다면 어려움을 초래할 뿐만 아니라 사탄의 통로로도 사용될 수 있다는 것입니다. 어떠한 감동을 받았을 때 하나님의 음성인지, 내 생각인지, 사탄이 주입한 생각인지를 반드시 분별해야 합니다. 또한 그 감동이 하나님의 음성인 것이 확실하다 하더라도 그 감동에 자신의 생각을 투영하여 왜곡시키지 않도록 주의해야 합니다.

"제자들이 찾아 거기서 이레를 머물더니 그 제자들이 성령
의 감동으로 바울더러 예루살렘에 들어가지 말라 하더라"

(행 21:4)

생각을 통해 투영되는 감동의 분별방법

만약 감동을 받았다면 그 감동이 어디로부터 온 것인지 분별해
야 합니다. 설령 기도 중에, 예배 중에, 찬양 중에 감동을 받았다할
지라도 무조건 하나님으로부터 기인된 생각이라고 단정하지 말아
야 합니다. 반드시 분별하고 확증한 후 순종해야 합니다. 제대로 분
별하지 못한다면 우리가 받은 감동으로 인하여 오히려 어려운 상황
과 환경에 직면할 수도 있기 때문입니다.

그렇다면 자신이 받은 감동이 하나님께서 주신 감동인지 아닌지
어떻게 분별할 수 있을까요?

중요한 것은 감동을 무시해서는 안 된다는 것입니다. 우리의 영
안에 내주하신 성령께서 생각나고 떠오르게 하여 하나님의 음성을
투영하실 수 있기 때문입니다(요 14:26).

지금부터는 자신이 받은 생각과 감동이 하나님께서 주신 감동인지 아닌지를 분별하는 구체적인 방법에 대해 살펴보겠습니다.

'성경을 통해' 확증 받아야 합니다.

'모든 성경은 하나님의 감동으로 된 것으로 교훈과 책망과 바르게 함과 의로 교육하기에 유익하다'라고 기록되어 있습니다(딤후 3:16).

어떠한 생각이 들 때 그 생각이 성경에 부합한지 아닌지를 분별하는 훈련을 해야 합니다. 성경을 통해 확증을 받는 훈련이 하나님의 음성을 듣는 가장 기초적인 훈련입니다.

우리는 일상생활 가운데에서도 하나님의 감동을 받을 수 있습니다. 기도 중에, 예배 중에, 말씀을 통해, 찬양 가운데, 일상생활 가운데에서도 하나님의 감동을 받을 수 있습니다. 그 마음에 감동(떠오르는 생각, 영상)이 일어나는 것입니다. 많은 성도들이 기도 중에, 말씀을 묵상하는 가운데 감동을 받게 된다면 거부감 없이 하나님의 음성이라고 단정하기도 합니다. 그러나 먼저 그 감동이 어디로부터 기인된 것인지를 분별해야 합니다.

예를 하나 들어 보겠습니다.

어떤 집사님이 기도 중에 평상시 잘 알고 지내던 장로님의 죄를 선명히 보았습니다. 집사님은 깜짝 놀랐습니다. 장로님이 죄짓는 것을 기도 가운데 보았기 때문입니다.

그렇다면 집사님이 기도 중에 본 것은 하나님으로부터 온 감동일까요? 아니면 사탄이 주입한 영상일까요?

단지 이 내용만 가지고는 어디로부터 기인된 감동인지 분별할수는 없습니다. 그러나 이 영상을 볼 때 떠오른 생각을 통해 감동의 근원을 분별할 수 있습니다. 그 집사님은 기도 중에 장로님의 모습을 보면서 불현듯 이러한 생각이 떠올랐습니다.

'그 장로님, 그렇게 안 봤는데 정말 나쁜 사람이었네. 이러다가 교회를 다 어지럽히겠어. 빨리 다른 사람에게 말해서 이것을 막아야겠다.'

아마 대부분의 성도들은 기도하는 가운데 갑자기 떠오른 영상이기 때문에 하나님으로부터 온 감동이라고 확신할 것입니다. 그래서 하나님의 말씀에 순종하고자 목사님이나 혹은 다른 사람에게 자신이 본 내용을 나눌 수도 있을 것입니다. 그러나 분명한 것은 이 감동은 하나님께서 주신 감동이 아니라 사탄이 투영한 영상일 가능성이 높다는 것입니다.

도대체 왜 그럴까요?

"너희는 너희 아비 마귀에게서 났으니 너희 아비의 욕심대로 너희도 행하고자 하느니라 그는 처음부터 살인한 자요 진리가 그 속에 없으므로 진리에 서지 못하고 거짓을 말할

때마다 제 것으로 말하나니 이는 그가 거짓말쟁이요 거짓의 아비가 되었음이라" (요 8:44)

사탄은 거짓과 이간질의 명수입니다. 사탄은 성도들이 화합하고 연합하는 것을 결코 원하지 않습니다. 교회를 통해 하나님의 나라가 확장되는 것을 그 무엇보다도 싫어합니다. 수단과 방법을 가리지 않고 교회를 와해시키기 위해 총공격을 퍼부어 댑니다.

이러한 목적으로 사탄은 성도들에게 사탄적인 생각과 영상을 무차별적으로 쏟아붓습니다. 판단과 정죄, 이간질하고 싶은 생각을 충동질하며 주입합니다. 만약 이러한 생각들을 받아들이게 된다면 악한 영들이 서서히 침투되면서 교회가 어지러워지기 시작합니다. 이와 더불어 기도 가운데 본 내용을 분별하지 않고 다른 사람과 나누기 시작한다면 교회 내에 분열이 초래될 수 있습니다. 건강했던 교회가 어느 순간 분란과 분쟁으로 인해 무너질 수 있는 위기를 맞게 될 수도 있다는 것입니다. 바로 이것이 사탄이 주입한 생각과 영상을 받아들였을 때 나타나는 결과입니다.

물론 하나님께서도 어떠한 사람의 죄와 허물을 감동을 통해 투영하실 수 있습니다. 그러나 사탄이 넣어준 생각과 하나님께서 부어주신 감동과는 본질적으로 차이가 있습니다. 만약 하나님께서 주신 감동이라면 '그를 위해 중보하라'는 마음도 함께 심어 주십니다.

설령 어떤 사람의 허물과 죄를 기도 가운데 보았을지라도 그를 위해 울게 하십니다. 판단하고 정죄하는 마음보다 긍휼의 마음이 솟아오릅니다. 죽어가는 영혼을 향한 하나님의 마음과 눈물이 투영되므로 돕고 싶은 마음이 심겨집니다. 긍휼로 눈물을 흘리게 됩니다. 하나님으로부터 기인된 감동은 기도의 마음을 동반합니다.

'그 사람이 이렇게 힘들고 어려웠구나. 그 사람에게 위로가 필요하구나. 내가 기도로 도와야겠다.'

기도 가운데 투영된 감동으로 인해 기도의 자리에서 중보하며 울고 계십니까? 그렇다면 하나님으로부터 기인된 감동일 가능성이 높습니다. 하나님께서 그 사람을 대신하여 중보할 수 있도록 마음을 이끌고 계시는 것입니다.

하나님은 사랑입니다. 아무리 선명한 영상과 생각으로 투영된 감동이라 할지라도 남의 허물을 들추고 약점과 단점을 찾아내어 아픈 부분을 파헤치는 것은 결코 하나님으로부터 온 것이 아닙니다. 성경적인 관점도 아닙니다. 하나님의 사랑은 모든 허물과 실수와 죄를 덮습니다. (잠 10:12).

반대로 사탄으로부터 기인된 생각이라면 다른 사람과 나누고 싶은 마음이 용솟음칩니다. 자신이 경험한 영적인 부분을 자랑하고 싶은 욕구가 불같이 일어납니다. 자신의 영광을 드러내며 사탄의 악의 본성이 나타난다면 그 생각과 감동은 사탄으로부터 기인된 것입니다. 잠언에도 '남의 말하기를 좋아하는 자의 말은 별식과 같아서 뱃속 깊은 데로 내려간다'고 기록되어 있습니다(잠 18:8).

남의 말을 하는 것이 어찌 그리 입에 단지 도저히 끊을 수 없는 달콤함을 줍니다. 남의 말을 하지 아니하고서는 입이 근질근질하여 도저히 견딜 수가 없습니다. 만약 그러한 기질과 성품이 있는 사람이 기도할 때 악한 영으로부터 생각을 투영 받고 말하기 시작한다면 걷잡을 수 없는 문제가 발생될 수도 있다는 것입니다.

하나님으로부터 온 감동이라고 생각하여 따르게 된다면 한 개인의 인생과 가정, 심지어 교회 공동체까지도 분열되는 위기에 처할 수 있다는 것입니다. 무엇보다도 판단과 정죄, 이간질과 같은 충동을 일으키는 감동이라면 행동을 자제해야 합니다. 감동을 받았다면 그 감동이 성경적인 관점에 부합되는 것인가를 먼저 분별하는 자세를 취해야 합니다.

행동하기 전에 '기다리는 훈련'을 해야 합니다.

자신이 받은 감동이 어디로부터 기인된 것인지 잘 분별이 가지 않을 때에는 시간을 두고 기다리십시오. 이때 취해야 할 행동은 단순히 기다리는 것이 아니라 그 감동을 가지고 기도의 자리로 나아가는 것입니다. 기도로 하나님께 묻는 것입니다.

만약 하나님께서 주신 감동이라면 평안함과 자유함이 있습니다. 기쁨과 환희를 주십니다. 하나님의 음성을 더욱 갈망하게 합니다.

믿음을 성장시킵니다. 우리 마음에 소원을 두고 순종하고자 하는 마음을 불같이 일으켜 주십니다(빌 2:13).

반대로 사탄이 주입한 생각과 영상이라면 시간이 지나면서 오히려 더 불안해집니다. 두려워지며, 그 음성을 따르지 않으면 죽을 것 같은 영적인 눌림과 괴로움에 시달리게 됩니다.

만약 어떤 감동을 받았다면 성경을 통해 분별하면서 기다리는 훈련을 해야 합니다. 잠잠히 기다리면서 하나님의 감동인지 사탄이 주입한 생각인지를 분별해야 합니다.

성경을 통한 분별과 기다리는 훈련을 통해 영적으로 민감해지면서 성장하게 됩니다. 이러한 훈련을 거쳐 갈 때 깊은 영의 영역으로부터 흘러나오는 성령님의 감동을 선명히 듣게 됩니다.

어떠한 경우에는 시간을 두고 잠잠히 기다려 보아도 하나님의 음성인지, 자신의 생각인지, 사탄의 음성인지를 분별하기 쉽지 않은 때가 있습니다. 그러나 만약 하나님께서 주신 음성이 확실하다면 기다리며 구할 때 다시 말씀해 주시기도 하십니다.

요셉은 꿈을 꾸었습니다. 그런데 똑같은 꿈을 반복해서 꾸었습니다. 하나님께서 두 번의 꿈을 통해 말씀하시고 또다시 말씀하시는 것입니다. 성급히 행동하는 것보다 시간을 두고 기도하며 다시 묻는 훈련이 중요합니다.

요셉에게 두 번의 꿈을 통해 하나님의 음성을 투영하신 것처럼,

이방인인 고넬료에게 복음을 전해야 한다는 것을 환상을 통해 베드로에게 3번을 말씀하신 것처럼 다시 말씀하신다는 것입니다(행 10:9-10). 하나님께 묻는 훈련을 통해 그 음성에 대한 확증을 받으십시오.

그 감동이 '선한 것이냐 악한 것이냐'로 분별합니다.

몇 년 전, 어떤 권사님과 상담을 하게 되었습니다. 이분은 교사였는데 기도하는 중에 어떠한 음성을 선명하게 들었다고 했습니다.

"당장 학교를 그만두고 퇴직금의 전부를 OOO에게 갖다 바쳐라!"

권사님은 그 음성을 듣자마자 바로 사표를 내고 퇴직금을 그 사람에게 바쳤다고 했습니다. 자신이 들었던 음성이 하나님으로부터 온 감동이라고 확신한 것입니다. 그 이후, 권사님의 가정과 인간관계는 깨어지기 시작했고 영적인 눌림으로 아무것도 할 수 없는 무기력한 상태가 되어 상담을 요청한 것입니다.

혹시 이러한 생각과 감동을 받았다면 그 음성을 무시하시겠습니까? 아니면 따르시겠습니까? 이 음성이 하나님으로부터 온 것인지, 사탄으로부터 투영된 음성인지 분별이 되시나요?

어쩌면 기도 중에 '전 재산을 바치라'는 음성과 함께 바나바가 전 재산을 바치는 장면이 연상되면서 선명하게 각인될 수도 있을 것입니다. 어떤 음성과 함께 성경 속의 한 장면이 연상된다면 의심 없이 하나님의 감동이라고 생각할 수도 있을 것입니다. 자신이 들은 음성이 하나님으로부터 온 감동이라고 확신한다면 무시하기가 어렵다는 것입니다.

설령 그 감동을 받았을 때 강한 소원은 일어나지 않았을지라도, 기도하는 중에 감동을 받았고 성경이 이를 증명하고 있기에 하나님으로부터 기인된 것이라고 생각하기 쉽다는 것입니다.

비록 자신이 받은 감동과 비슷한 경우가 성경에 기록되어 있다할지라도, 그 감동이 선한 것이냐, 아니냐로 다시 한번 분별해야 합니다. 내가 받은 감동이 합력하여 선을 이루는 것이냐, 다른 사람에게 고통을 주는 것이냐로 분별해야 한다는 것입니다.

하나님은 선하십니다. 사랑하는 자녀가 고통당하는 것을 보시며 기뻐하는 분이 아니십니다. 합력하여 선을 이루는 분이십니다.

만약 자신의 감동대로 행했을 때 가정을 위기로 몰아붙이며, 환경을 어지럽게 한다면 하나님으로부터 온 감동이 아닐 수도 있습니다. 자신의 생각이거나 심지어 사탄이 넣어준 생각일 수 있다는 것입니다.

물론 때에 따라 하나님께서도 '너의 전 재산을 바치라'고 말씀하실 수도 있습니다.

"예수께서 이 말을 들으시고 이르시되 네게 아직도 한 가지

부족한 것이 있으니 네게 있는 것을 다 팔아 가난한 자들에게 나눠 주라 그리하면 하늘에서 네게 보화가 있으리라 그리고 와서 나를 따르라 하시니 그 사람이 큰 부자이므로 이 말씀을 듣고 심히 근심하더라" (눅 18:22-23)

성경에 보면 예수님께서 한 부자 청년에게 '재산을 팔고 나를 따르라'고 말씀하시는 장면이 나옵니다. 그런데 왜 예수님께서 그렇게 말씀하신 것일까요?

첫째, 그 젊은 부자에게는 재물이 독이 되고 있기 때문입니다. 하나님과 재물을 겸하여 섬길 수 없기 때문입니다 (마 6:24).

둘째, 예수님께서 그 부자에게 모든 재산을 가난한 자에게 나누어 주고 나를 따르라고 말씀하셨습니다. 그를 제자로 부르신 것입니다.

하나님께서 간혹 목회자나 사역자에게 이러한 요구를 하실 때가 있습니다. 그가 가진 재물이 독이 되고, 탐욕을 일으키는 도구가 될 때 이러한 요구를 하기도 하십니다. 하지만 생각보다 이러한 경우는 흔치 않습니다. 준비되지 않는 누군가에게 전 재산을 바치라는 말씀은 잘 하지 않으십니다. 그 일로 인해 가정과 관계가 파괴될 수 있으므로 하나님께서 이러한 감동은 잘 주시지 않는다는 것입니다.

어떤 교회에 전도사로 시무하는 분이 계셨습니다. 이분은 신학교를 다니면서 교육 전도사로 사역하고 있었습니다. 그런데 어느 날, 우연히 전도사님의 가정사를 듣게 되었습니다. 전도사님은 직장을 다니다가 하나님의 부르심을 받았다고 했습니다. 기도 가운데 확실한 사명을 받았다는 것입니다. 부인에게 자신의 부르심에 대해 함께 나눴지만, 부인은 신학교의 입학을 반대했다고 했습니다. 그 이후 전도사님은 부인과 상의하지 않고 일방적으로 회사에 사표를 내고 신학교에 입학해 버렸습니다. 얼마 후에 부인은 이혼을 요구했고, 결국 이혼을 하게 되었다는 이야기였습니다. 그 전도사님은 하나님께서 자신을 불렀다고 확신했습니다.

그런데 그 감동이 과연 하나님으로부터 기인된 감동이었을까요?

먼저 성경을 통해 분별해 보겠습니다.

마리아는 요셉과 결혼도 하기 전에 성령으로 임신하게 되었습니다(마 1:18). 이미 마리아는 가브리엘 천사에게 '네가 아이를 임신하게 되어 아들을 낳을 것이다. 그 이름을 예수라고 하여라'라는 음성을 들었습니다(눅 1:31). 그런데 문제는 마리아의 약혼자인 요셉은 이 사실을 전혀 모른다는 것입니다. 자칫하면 마리아가 큰 곤욕을 치를 수 있는 상황이었습니다. 이러한 상황에도 불구하고 마리아는 하나님의 음성을 붙잡고 잠잠히 기다렸습니다. 때가 이르자 요셉의 꿈에 천사가 나타나 하나님의 음성을 요셉에게도 전했습니다.

"다윗의 자손 요셉아, 네 아내 마리아 데려오기를 무서워하지 말

라. 그에게 잉태된 자는 성령으로 된 것이라. 아들을 낳으리니 이름을 예수라 하라."(마 1:20-21)

어쩌면 그 전도사님이 받은 감동은 하나님으로부터 기인된 것일 수도 있습니다. 설령 그렇다 할지라도 성급히 행동하지 않고 기다리는 시간을 가져야 했습니다. 마리아가 하나님의 음성을 붙잡고 잠잠히 기다렸던 것처럼 인내하는 시간을 가졌다면 하나님께서 환경을 바꿔 나가셨을 것입니다. 사모님의 마음을 만지시며 하나님의 방법대로 일하셨을 것입니다.

우리는 기도 중에 어떠한 감동을 받을 수 있습니다. 만약 자신이 받은 감동을 순종하므로 가족과 교회 공동체와 이웃과의 관계가 파괴된다면 하나님으로부터 온 감동이 아닐 수 있습니다. 자신의 이기적인 신앙의 유지를 위하여 다른 이들을 무너뜨리는 그 감동도 하나님으로부터 온 음성이 아닐 수 있습니다. 만약 어떤 감동을 받았을 때 그 감동이 그 사람의 인생 전체를 흔들며 어지럽게 하며, 환경을 극단적으로 바꾸는 것이라면 하나님의 감동이 아닐 가능성이 높다는 것입니다.

하나님은 질서와 화평의 하나님이십니다. 만약 그 감동을 순종할 때 다른 이들에게 고통과 상처를 주게 된다면 하나님으로부터 기인된 감동이 아닙니다. 물론 때에 따라 쓰기 좋은 그릇으로 빚어내기 위해 고난을 허락하실 수도 있습니다. 그러나 어떠한 감동을 순종할 때 다른 사람에게까지 이유 없는 고통과 손해를 끼치게 된다면 하나님께서 허락하신 고난과 감동이 아닐 수 있다는 것입니다.

하나님으로부터 온 감동은 분열과 분쟁, 다툼을 조장하지 않습니다. 그렇기 때문에 그 감동이 '선하냐 악하냐'를 통해 반드시 재차 분별해야 합니다. 협력하여 선을 이루는 것인지 아니면 다른 이들에게 고통을 주는 것인지로 분별해야 한다는 것입니다.

'맺어지는 열매'를 통해 분별해야 합니다.

성경을 통해, 기다림(소원)을 통해, 선하냐 악하냐를 통해 감동의 근원을 분별할 수 있다고 앞에서 말씀드렸습니다. 이뿐만 아니라 그 감동을 순종했을 때 맺어지는 열매를 통해서도 근원을 분별할 수 있습니다.

하나님으로부터 비롯된 감동에 순종했을 때는 선한 열매들이 맺어집니다.

첫째, 성령의 9가지 열매가 맺혀지게 됩니다. 성령의 9가지 열매인 '사랑, 희락, 화평, 오래 참음, 자비, 양선, 충성, 온유, 절제'는 하나님의 성품입니다. 성령의 열매를 맺게 하는 주체는 오직 성령님입니다. 우리의 육신으로는 성령의 열매를 결코 맺을 수 없습니다. 성령께서 내주하심으로 우리를 통치해 갈 때 성령의 열매들이 자연스럽게 맺어지는 것입니다. 성령의 열매는 우리를 쳐서 복종시키며 성령께 내어 드릴 때 맺어지는 열매입니다.

둘째, 믿음의 성장이라는 열매를 맺게 됩니다.

하나님의 감동을 투영 받은 우리의 영은 비로소 기지개를 켜고 깨어나 성장하기 시작합니다. 설령 감동에 순종한 결과가 좋지 않을지라도, 하나님의 감동은 영의 갈망을 채워주게 되므로 반드시 영적으로 성장하게 됩니다.

하나님의 감동은 선합니다. 반드시 열매를 맺습니다. 그 일을 순종했을 때 기쁨과 환희와 희열과 신앙의 성숙을 가져옵니다.

이와 반대로 사탄이 주입한 생각이라면 그 결과가 악하게 나타납니다. 만약 사탄이 주입한 생각과 영상을 지속적으로 투영 받게 된다면 환경과 관계가 파괴되는 것은 물론이거니와 종국에 하나님과의 관계도 단절되게 됩니다.

감동은 반드시 성경 안에서 조명을 받아야 합니다. 감동이 왔다 할지라도 잠잠히 기다리며 하나님께 묻는 시간을 가져야 합니다. 또한 감동이 선한지 악한지를 통해 분별해야 합니다. 마지막으로 감동에 순종했을 때 맺어지는 열매를 통해 감동의 근원을 분별할 수 있다는 것을 기억해야 합니다.

지금 이 순간. 하나님께 기도했으면 좋겠습니다.

하나님 아버지시여!

제가 받은 감동이 하나님께로 온 것인지를 분별할 수 있도록 분별의 은혜를 부어 주소서. 성경을 묵상함으로 성경 안에서 해답을 찾게 하소서. 성급히 행동하지 않게 하시며 잠잠히 기다릴 수 있는 인내를 허락하소서. 하나님을 닮은 성품으로 그리스도의 향기로 살아가게 하소서. 예수님의 이름으로 기도드립니다. 아멘.

> "오직 성령의 열매는 사랑과 희락과 화평과 오래 참음과 자비와 양선과 충성과 온유와 절제니 이같은 것을 금지할 법이 없느니라" (갈 5:22-23)

하나님께서 주신 감동의 분별방법

1. 성경을 통해 분별합니다.

"모든 성경은 하나님의 감동으로 된 것으로 교훈과 책망과 바르게 함과 의로 교육하기에 유익하니 이는 하나님의 사람으로 온전하게 하며 모든 선한 일을 행할 능력을 갖추게 하려 함이라"(딤후 3:16-17)

2. 시간을 두고 기다립니다.

"나의 영혼아 잠잠히 하나님만 바라라 무릇 나의 소망이 그로부터 나오는도다"(시 62:5)

"너는 여호와를 기다릴지어다 강하고 담대하며 여호와를 기다릴지어다"(시 27:14)

3. 그 감동이 선한 것인지 악한 것인지로 분별합니다.

"하나님은 모든 행위와 모든 은밀한 일을 선악 간에 심판하시리라"(전 12:14)

4. 맺어지는 열매를 통해 분별합니다.

"그들의 열매로 그들을 알지니 가시나무에서 포도를, 또는 엉겅퀴에서 무화과를 따겠느냐 이와 같이 좋은 나무마다 아름다운 열매를 맺고 못된 나무가 나쁜 열매를 맺나니 좋은 나무가 나쁜 열매를 맺을 수 없고 못된 나무가 아름다운 열매를 맺을 수 없느니라"(마 7:16-18)

성경을 통해 살펴보는 꿈의 3가지 종류

혹시 어젯밤에 꿈을 꾸셨습니까? 꿈을 꾸셨다면 어떤 꿈을 꾸셨습니까? 그 꿈이 선명하게 기억나십니까? 그동안 왜 꿈을 꾸는지 궁금하지 않으셨습니까?

꿈은 영의 활동의 무대입니다. 영의 상태를 투영하는 거울입니다. 우리의 혼과 육이 잠을 자는 동안에 이루어지는 영의 활동이라고 볼 수 있습니다. 우리의 혼과 육은 낮에는 활동하고, 밤에는 잠을 자면서 휴식을 취해야 합니다. 그러나 우리의 영은 쉬지도 졸지도 먹지도 않습니다. 혼과 육이 잠을 자는 동안에도 왕성하게 활동합니다. 단지 영이 활동하고 있다는 것을 우리의 혼과 육이 인지하지 못하고 있는 것이지요. 우리의 영은 훨씬 더 광범위한 영적인 영역에서 활동하고 있습니다. 그런 이유로 영이신 하나님께서 꿈을 통해 하나님의 뜻과 음성을 투영하기도 하십니다.

성경에도 꿈에 대해 중요하게 다루며 하나님의 음성을 전달하는 통로로 사용했던 기록이 많이 나옵니다. 하나님께서는 꿈을 통해 지시하시고 가르치셨습니다. 꿈을 통해 교정하시고 인도하셨습니다.

분명한 것은 꿈 가운데 하나님의 음성을 듣는 통로가 열려 있다는 것입니다. 문제는 모든 꿈이 다 하나님의 음성의 통로는 아니라는 것입니다. 꿈을 꾼 후 잘못 해석하여 낭패를 보기도 합니다. 이제 우리는 꿈꾸는 자에서 그 꿈을 해석하는 자로 성장해야 합니다. 하나님께서 꿈을 통해서도 말씀하실 수도 있기 때문입니다.

먼저 꿈의 내용을 정리해 보면 크게 3가지로 분류할 수 있습니다.

첫째, 아무 스토리도 없고 뭐가 뭔지 뒤죽박죽 도대체 이해할 수 없는 꿈입니다. 자신과 별로 연관도 없으며 주인공도 자신이 아닐 때도 많습니다. 마치 무협 소설처럼 황당한 내용일 때도 있습니다. 꿈을 꾸고 나면 기억날 때도 있고, 그렇지 않을 때도 있습니다. 흔히 이러한 꿈을 개꿈이라고 합니다. 생각보다 많은 사람들이 개꿈을 꿉니다.

둘째, 무의식이나 잠재의식의 연장선상에서 꾸는 꿈입니다. 평소 관심을 두었거나 염려하고 있던 내용이 꿈에서 재연되는 경우입니다. 힘들었던 문제가 꿈에서 극적으로 해결되기도 합니다. 어렸을 때의 희망이 꿈에서 실현되어 기뻐하다 갑자기 꿈에서 깨기도 합니다. 우리의 혼과 육은 잠을 자고 있지만 잠재의식 속에서 사고 활동이 계속되는 것입니다.

셋째, 영적인 꿈입니다. 너무나도 선명하고 명료한 내용이라 깨고 나서도 정확하게 기억이 나는 꿈입니다. 뭔가 심오한 뜻이 있을 것 같아 자꾸 신경이 쓰이는 꿈입니다. 자기와 연관되는 내용이 없는데도 이야기가 아주 일목요연하고 선명합니다. 바로 이러한 꿈이 자신의 영의 활동의 일부라고 보시면 됩니다. 우리의 혼과 육이 수면하는 동안 영이 활성화되어 활동하는 것입니다. 꿈을 통해 영이 활동하고 있는 것을 우리의 혼과 육이 선명하게 인식하는 것입니다. 이러한 꿈을 통해 하나님께서 말씀하시는 것입니다.

만약 하나님께서 꿈을 통해 말씀하신다면 몇 가지 특징이 나타납니다. 그 꿈이 하나님으로부터 온 것이라면 꿈을 꾸고 난 후에도 선명히 각인되어 뇌리에 깊게 심겨집니다. 성령께서 하나님의 뜻과 음성을 전하는 통로로서 꿈을 사용하시는 것이므로 우리의 혼과 육까지도 꿈의 영상을 선명히 기억하게 됩니다

첫 번째로 언급한 개꿈과, 두 번째의 잠재의식의 연장선상 속에서 꾸는 꿈은 그냥 지나쳐도 별문제는 없습니다. 특별하게 신경을 쓰지 않아도 괜찮습니다. 그러나 세 번째로 언급한 우리의 영의 활동을 나타내는 꿈인 경우 기도하며 분별해야 합니다. 하나님께서 꿈을 통해 무엇을 말씀하시려는지 기도하며 분별해야 합니다.

이렇듯 꿈은 자신의 영의 상태를 여실히 나타내는 거울입니다.

그런데 문제는 꿈이 하나님의 음성의 통로이지만 악한 영도 역사할 수 있다는 것입니다. 악한 영도 꿈속에서 자신을 드러내며 음

성을 주입할 수도 있다는 것입니다. 엄청난 눌림으로 꿈속에서 영적으로 묶을 수 있다는 것입니다. 꿈을 통해 사탄도 하나님의 음성인 것처럼 가장하여 투영할 수 있기 때문에 신중히 분별해야 합니다.

만약 현재 악한 영들로부터 공격받고 잠식당하고 있다면 주로 꾸는 꿈들은 눌리는 꿈일 것입니다. 억압받는 꿈입니다. 음란한 꿈입니다. 꿈을 꾸고 난 후에도 영적인 눌림과 공격이 있습니다. 우리의 영이 신음하며 고통을 당하고 있음이 꿈에서 여실히 나타나고 있는 것입니다.

꿈은 자신의 영의 상태를 그대로 보여주는 거울과도 같습니다. 현재 영적으로 눌려 있거나 하나님 안에서 보호받고 있지 못하다면 꿈조차도 눌리는 꿈을 꾸게 됩니다. 혹시 꿈에서 마귀나 귀신이 자주 등장하고 있습니까? 악한 영들이 자신을 죽이고자 달려드는 꿈을 자주 꾸고 계십니까? 음란한 꿈을 주기적으로 꾸고 계십니까?

현재 자신의 영의 상태가 거룩하지 못하며 어둠의 세력에게 눌려 있다는 증거입니다. 흔히 눌리는 꿈을 꾸고 나서 '꿈자리가 사납다'고 말하곤 합니다. 정확하게 맞는 표현입니다. 꿈자리가 사납다는 것은 자신의 영적인 상태가 거룩하지 못하며 현재 머무르고 있는 영적인 자리가 깨끗하지 못하다는 것입니다. 꿈자리가 사나운 꿈을 빈번하게 꾸는 사람의 경우 보편적으로 악한 영들에게 사로잡혀 자신의 영이 신음하고 있음을 그대로 보여주는 것입니다.

이와 반대로 영적인 상태가 거룩하다면 꿈조차도 선명하며 깨끗한 꿈을 꾸게 됩니다. 영이 거룩하면 거룩할수록 꿈을 통해 말씀하실 수도 있습니다.

무엇보다도 하나님께서 보여주신 꿈은 해석이 가능합니다. 만약 그 꿈이 너무나 선명해서 마치 하나님께서 말씀하고 계신 듯 느껴진다면 기도의 자리에서 하나님께 물으십시오.

하나님께서 주신 꿈이라면 반드시 꿈의 내용도 알려 주실 것입니다. 요셉처럼 말입니다. 설령 꿈을 꾸었던 당시에는 꿈의 의미를 깨닫지 못할지라도 기도할 때 해석될 수 있도록 지혜를 주실 것입니다.

"하나님이 말씀하시기를 말세에 내가 내 영을 모든 육체에 부어 주리니 너희의 자녀들은 예언할 것이요 너희의 젊은이들은 환상을 보고 너희의 늙은이들은 꿈을 꾸리라" (행 2:17)

내가 꾼 꿈! 제대로 분별하는 방법

지금은 꿈을 자주 꾸지 않지만, 예전에는 꿈을 참 많이 꾸었습니다. 그때 당시에는 꿈에 대해 깊이 생각해 본 적이 없었습니다. 좋은 꿈을 꾸었을 때는 그저 좋은 일이 일어나려나 보다 하며 대수롭지 않게 생각했습니다. 악몽을 꾸었을 때도 꿈은 반대라고 생각하면서 나름대로 위안받았습니다. 그래서 그런지 주변 사람들이 '하나님께서 꿈으로 말씀해 주셨다'는 말을 들을 때마다 심한 거부감을 느꼈습니다. '하나님은 꿈으로 절대 말씀하시지 않는다'는 고정관념으로 꿈을 통해 말씀하시는 하나님의 음성을 제한했었습니다.

그런데 그 당시 주로 가위에 눌리거나 악몽을 꾸었습니다. 낭떠러지에서 떨어지는 꿈이라든지, 누군가를 피해 끝없이 어디론가 도망치는 꿈을 주로 꾸었습니다. 가장 빈번하게 꾸었던 꿈은 악한 영이 죽이려고 달려드는 꿈이었습니다. 마귀에게 목이 졸려 여러 차례 죽기도 했었습니다. 가위에 눌리는 꿈을 꾸고 나면 하루 종일 심적으로, 육적으로 고통을 당하곤 했었습니다. 그때 당시 연이은 가족의 자살로 삶 저변에 악한 영들이 장악하고 있었기 때문에 그토록 눌리는 꿈을 주로 꾸었던 것입니다.

그런데 신기하게도 예수님을 믿으면서부터 꿈의 내용이 완전히 바뀌었습니다. 예전에는 마귀에게 시달리는 꿈을 주로 꾸었는데 믿음이 생기면서부터 뇌리에 선명하게 각인되는 꿈을 주로 꾸었습니다. 그 꿈이 얼마나 선명하고 확실한지 머릿속에 맴돌면서 꿈을 두고 기도할 정도였습니다.

성경에 등장하는 많은 사람들도 꿈을 꾸었습니다. 그들은 꿈을 통해 하나님의 음성을 전해 들었습니다. 그들이 꾼 꿈의 내용을 대략 정리해 보면 하나님의 계시, 지시, 경고, 암시가 담긴 꿈으로 분류할 수 있습니다.[25]

우리는 꿈을 통해 하나님의 음성을 전달받았던 대표적인 한 사람을 알고 있습니다. 바로 예수님의 육신의 아버지 요셉입니다. 요셉은 약혼녀인 마리아가 성령으로 잉태되었다는 말씀을 꿈을 통해 전달받았습니다. 또한 꿈에 나타난 천사를 통해 하나님의 계시의 말씀을 들었습니다.

"다윗의 자손 요셉아, 네 아내 마리아 데려오기를 무서워하지 말라. 그에게 잉태된 자는 성령으로 된 것이라. 아들을 낳으리니 이름

---

25 성경을 통해 살펴보는 꿈의 분류
　　1) 경고: 아비멜렉의 꿈, 라반의 꿈, 빌라도 아내의 꿈
　　2) 지시: 예수님의 육신의 아버지 요셉의 꿈, 동방박사의 꿈
　　3) 계시: 야곱의 아들 요셉의 꿈
　　4) 암시: 술 맡은 관원장과 떡 맡은 관원장의 꿈

을 예수라 하라. 이는 그가 자기 백성을 그들의 죄에서 구원할 자이심이라." (마 1:20-21)

요셉은 그 이후에도 여러 차례 꿈을 통해 하나님의 음성을 전달받았습니다. 헤롯 왕이 예수님을 죽이려고 할 즈음에, 꿈을 통해 애굽으로 피신하라는 지시를 받았습니다(마 2:13). 그 후 다시 고향으로 돌아가라는 지시도 꿈을 통해 받았습니다(마 2:19-21). 이렇듯 요셉은 하나님의 계시와 지시의 음성을 꿈으로 전달받았습니다. 요셉뿐만 아니라 예수님의 탄생을 경배했던 동방박사도 꿈을 통해 지시의 음성을 들었습니다. 그들은 '헤롯에게 돌아가지 말라'는 지시가 담긴 꿈을 꾼 후 헤롯을 피해 자신의 고국으로 돌아갔습니다(마 2:12).

또 다른 예로, 꿈속에서 하나님의 엄중한 경고를 받았던 사람도 있었습니다. 바로 아비멜렉입니다. 그랄 땅으로 이주한 아브라함은 자기 아내를 누이라고 소개했다가 아비멜렉에게 사라를 빼앗기게 됩니다. 이때, 하나님께서 아비멜렉의 꿈에 나타나셔서 경고하셨습니다.

"이제 그 사람의 아내를 돌려보내라. 그는 선지자라. 그가 너를 위하여 기도하리니 네가 살려니와 네가 돌려보내지 아니하면 너와 네게 속한 자가 다 반드시 죽을지니라." (창 20:7)

아비멜렉은 하나님의 경고의 음성을 꿈을 통해 전달받고 바로 아브라함에게 사라를 돌려보냈습니다.

야곱의 외삼촌이었던 라반도 마찬가지입니다. 몰래 야반도주한 야곱을 뒤따라 왔을 때 하나님께서 라반의 꿈에 현몽하셔서 '너는 삼가 야곱에게 선악 간에 말하지 말라'고 경고하셨습니다(창 31:24). 이렇듯 꿈은 하나님의 계시와 지시, 경고와 암시가 담긴 음성을 투영할 수 있는 통로입니다.

물론 모든 꿈이 하나님의 음성과 뜻을 담고 있는 것은 아닙니다. 우리의 생각이 모두 다 하나님의 생각은 아니듯 꿈도 마찬가지입니다. 우리가 일상에서 겪고 있는 일들, 그동안 알고 있었던 사람들, 잠재의식 속에 남아 있는 의식들, 이 모두가 꿈에 영향을 미치는 요소입니다. 이러한 연장선상에서 하나님의 음성이 아닌 자연적인 현상의 꿈도 있을 수 있다는 것입니다.

그러나 분명한 것은 꿈은 우리의 영의 활동의 일부이기 때문에 영적인 상태가 거룩하다면, 꿈을 통해 하나님의 음성을 투영 받을 수도 있다는 것입니다. 꿈은 현재의 영의 상태를 보여주는 거울이므로 자신의 영의 상태를 분별할 수도 있다는 것입니다.

하나님께서는 지금도 여전히 꿈을 통해 계시하시며 말씀하시고 계십니다. 우리의 영적인 통로가 거룩할 때 꿈을 통해서도 말씀하실 수 있습니다.

우리는 어제도 꿈을 꾸었습니다. 오늘도, 내일도, 모레도 아니 평생 꿈을 꾸며 살 것입니다. 이제는 요셉처럼 꿈꾸는 자에서 꿈을 해석하는 자로 성장했으면 좋겠습니다. 영적으로 거룩해져 꿈을 통해 하나님의 음성을 투영 받을 수 있었으면 좋겠습니다. 마지막 때를 준비하는 꿈 꾸는 요엘의 군대로 쓰임 받을 수 있었으면 좋겠습니다.

오늘 밤 꿈속에 하나님께서 현몽하셔서 '내가 너에게 무엇을 줄꼬, 너는 구하라'고 말씀해 주셨으면 참 좋겠습니다.

> "기브온에서 밤에 여호와께서 솔로몬의 꿈에 나타나시니라 하나님이 이르시되 내가 네게 무엇을 줄꼬 너는 구하라" (왕상 3:5)

내가 본 환상! 하나님의 음성일까?

얼마 전, 교회에서 금요 철야기도를 하고 있는데 어떤 자매님이 환상을 보았다며 갑자기 찾아왔습니다. 어떤 환상을 보았는지 물어

보았습니다. 교회의 빈자리에 앉아 있는 무수히 많은 천사를 보았다고 했습니다. 기도를 돕고 있는 천사도 보았다고 했습니다. '하나님께서 환상을 보여 주시는 이유가 무엇인 것 같으냐'고 물어보았습니다. 잘 모르겠다고 대답하는 자매님에게 하나님께서 영적인 세계를 열어주기를 원하시는 것 같다고 말해 주었습니다. 자매님에게 환상의 뜻을 이해하게 해달라고, 영적인 세계를 잘 분별하게 해달라고 안수해 주었습니다.

요즘 주변에서 하나님의 음성을 들었다는 성도님들을 심심치 않게 접할 수 있습니다. 우리 교회도 예외는 아니어서 환상을 보는 성도들이 많아졌습니다.

그런데 왜 요즘 들어 부쩍 환상과 예언적인 꿈을 꾸는 성도들이 많아지고 있는 것일까요? 바로 마지막 때이기 때문입니다. 마지막 때의 그때와 시는 하나님의 권한이므로 결코 알려고 하지 말라고 말씀하셨습니다. 성경의 예언대로라면 지금이 마지막 때로 들어가는 재난의 시작이라는 것입니다. 하나님께서 이 마지막 때에 성도들을 준비시키고 훈련하고 계신 것입니다.

요엘 2장 28절에 이렇게 기록되어 있습니다.

"내가 내 영을 만민에게 부어 주리니 너희 자녀들이 장래 일을 말할 것이며 너희 늙은이는 꿈을 꾸며 너희 젊은이는 이상을 볼 것이라"

하나님의 영이 부어지면 예언을 하고, 꿈을 꾸며, 환상을 볼 것이라고 말씀하셨습니다. 요엘 선지자는 오순절 마가 다락방의 사건이 일어나기 800여 년 전에 성령강림을 예언했습니다. 사실 요엘 선지자가 활동하던 구약시대에는 예언과 환상, 계시적인 꿈을 꾸는 것은 아주 특별한 일이었습니다. 그 당시의 성령의 역사는 선지자와 같은 특별한 종들에게 나타나는 현상이었습니다. 환상을 보고 예언을 하는 것은 평민들이 감히 경험할 수 없는 파격적인 사건이었습니다.

놀랍게도 이 놀라운 예언은 사도행전 2장에서 성취가 일어났습니다. 오순절 마가 다락방에서 120명의 성도에게 불같은 성령이 임하므로 바야흐로 성령의 시대로 접어들게 되었습니다. 요엘 선지자가 예언한 대로 성령님을 통해 하나님의 음성을 경험하게 되었습니다.

그런데 왜 하나님께서 예언과 환상, 계시적인 꿈을 부어주고 계신 것일까요? 영안을 열어 환상을 경험하게 하시는 것일까요? '나도 성령 체험을 하고 있다'고 자랑하라고 보여주시는 것일까요?

분명한 것은 하나님께서 환상을 보여 주시는 분명한 목적이 있다는 것입니다.

환상을 보여 주시는 첫 번째 목적은 믿음을 심어 주기 위해서입니다. 하나님의 살아계심을 증명하기 위해서입니다.

바로 다메섹 도상에서 환상 가운데 예수님을 만났던 회심 전 사도 바울이 이러한 경우입니다. 회심 전 사도 바울은 예수님을 핍박하는 사람이었습니다. 그리스도인들을 잡아 가두려고 다메섹으로 가던 중에 그는 환상을 경험했습니다. 홀연히 하늘로부터 빛이 둘러 비치더니 그 빛에 눈이 멀어 버렸습니다. 그는 육의 눈으로 환상을 경험한 것이 아니었습니다. 눈이 먼 상태로 영의 눈을 통해 환상으로 예수님을 보았습니다. 이 환상을 경험했을 당시의 사도 바울은 성령께서 내주하신 상태가 아니었다는 것입니다. 성령께서 내주하시지 않는 경우라 할지라도 외적인 환상을 경험할 수 있다는 것입니다. 때로는 불신자에게, 구원의 확신이 없는 성도에게도 환상을 통해 계시하실 수 있다는 것입니다. 성령께서 내주하기 전에 경험하는 환상은 주로 예수님을 증거하기 위한 목적일 때가 많습니다. 바울의 환상 속에 나타나신 예수님께서 이렇게 물으셨습니다.

"사울아, 사울아, 네가 어찌하여 나를 박해하느냐?"(행 9:4)

"주여! 당신은 누구시니이까?"(행 9:5)

"나는 네가 박해하는 예수라."(행 9:5)

바울은 환상을 통해 예수님을 목격하게 됩니다. 만약 환상을 경험하지 않았다면 그는 회심하지 못했을 것입니다. 환상을 통해 예수님의 실존을 확증 받았으며, 성령께서 내주하실 수 있는 통로가 열렸던 것입니다.

반면 성령께서 내주하신 후에는 사역에 따라, 혹은 훈련의 목적으로 환상을 열어 주기도 하십니다. 대부분의 경우 우리의 영이 거듭나기 시작하면서부터 성령님을 통해 영적 환상을 경험하게 되는 것입니다. 성령께서 환상을 통해 하나님의 비밀스러운 일들을 가르쳐 주시는 것입니다.

두 번째, 복음을 전하기 위한 목적으로 환상을 허락하십니다. 하나님의 일을 지시하기 위해서입니다.

사도행전 10장에 베드로가 환상을 보고 있는 장면이 나옵니다. 하나님께서 베드로를 이방인인 고넬료에게 보내기 위한 목적으로 환상을 열어 주셨습니다. '이방인에게 복음을 전하는 것을 결코 부정하게 생각하지 말라'는 하나님의 음성을 환상을 통해 투영하신 것입니다. 베드로는 환상을 통해 하나님의 뜻을 깨닫고 고넬료에게 복음을 전했습니다.

만약 베드로가 보자기 환상을 통해 하나님의 음성을 투영 받지 못했다면 이방인에게 복음을 전하는 것을 주저했을 것입니다. 그렇다면 어쩌면 지금 우리가 복음의 은혜를 누리지 못하고 있을지 모르겠습니다.

세 번째, 특별 계시를 주기 위한 목적으로 환상을 보여 주십니다. 사도 요한은 밧모섬에 유배되어 있던 중 환상을 통해 계시를 받았습니다. 환상을 보며 요한계시록을 기록했습니다. 하나님께서는 앞으로 일어날 일들을 계시하기 위해 환상이라는 통로를 사용하셨습니다.

에스겔과 다니엘도 환상을 보며 성경을 기록했습니다. 요한계시록과 에스겔서와 다니엘서를 통해 마지막 때를 어떻게 준비해야 하는지를 확실히 이해할 수 있게 되었습니다. 이렇듯 미래를 계시하는 도구로 환상을 사용하기도 하십니다. 하나님의 뜻을 조명해 주기 위해 환상을 보여 주십니다. 우리의 갈 길을 인도하시기 위해, 기도 내용을 확증하시기 위해 환상을 보여주시며 하나님의 음성을 투영해 주십니다.

네 번째, 마지막 때에 성도들이 환란을 겪게 될 것을 아시기에 하나님의 음성의 통로를 더욱 확장하고 계신 것입니다. 예언과 환상, 계시가 담긴 꿈은 하나님의 음성을 듣는 통로입니다. 성도들을 준비시키기 위한 목적으로 하나님의 음성을 듣는 방법에 대해 가르치고 계신 것입니다. 믿음을 잃어버리지 않도록 더욱 신실하게 일하고 계신 것입니다.

마지막으로, 하늘과 땅의 전쟁을 수행해야 할 용사들을 세워나가기 위함입니다. 마지막 때의 하나님의 군대는 기도의 용사, 영적 전쟁에 능한 용사들입니다. 바로 요엘의 군대입니다. 하나님의 음성을 듣고 분별하여 복음을 외칠 수 있는 정예부대인 것입니다. 지금 하나님께서는 예언과 환상, 계시적인 꿈들을 부으시며 하나님의 군대를 훈련시키고 계십니다.

행여라도 신령한 사람처럼 보이고 싶어 환상을 갈망하고 있다면 어려움에 직면할 수도 있다는 것을 기억해야 합니다. 복음의 열정과 하나님을 아는 지식을 넓히는 목적으로 환상을 갈망해야 합니다. 그렇지 않고 영적인 체험만을 치중하게 된다면 악한 영들이 투영하는 영상을 접할 수도 있기 때문입니다. 자칫 사탄이 보여주는 영상을 보며 하나님께서 보여주신 환상으로 착각할 수도 있기 때문입니다. 그렇기 때문에 환상을 볼 때 반드시 분별이 필요합니다.

만약 성령께서 강하게 통치하고 계신다면 하나님께서 보여주시는 환상인지, 사탄이 보여준 영상인지 쉽게 분별하게 됩니다. 그러나 그러한 성장단계에 이르기 전까지는 기도하며 분별해야 합니다. 영적인 세계를 경험하는 것을 무료할 때 찾는 간식쯤으로 생각해서는 절대로 안 됩니다. 영적인 체험에만 치중해서도 안 됩니다. 영의 세계는 하나님만을 의지하며 두려움으로 접근해야 합니다.

영적인 세계를 바르게 분별하기 위해 붙잡아야 할 것은 성경입니다. 영적인 체험이 성경보다 중시되어서는 안 됩니다. 아직 영적으로 미숙하다면 영적인 체험을 선호하기보다는 말씀과 기도, 예배를 통해 하나님을 아는 지식을 쌓아야 합니다. 체험적인 현상만을 우선시한다면 자칫 신비주의에 빠질 위험성도 있기 때문입니다. 사탄도 언제든지 광명의 천사로 가장해 현혹해 올 수 있기 때문입니다. 하나님께서 주신 환상인지, 사탄이 투영한 영상인지를 잘 분별해야 합니다. 분별하지 않고 사탄이 투영한 영상에 집착하기 시작한다면 영적으로 묶일 수도 있기 때문입니다.

하나님의 음성은 단지 들리는 영역에만 국한되지 않습니다. 보이는 것, 느끼는 것, 생각 가운데 떠오른 영상들, 하나님의 뜻이라고 생각되는 감동들 모두 하나님의 음성의 범주에 포함시킬 수 있습니다. 하나님의 음성은 이렇듯 다양하게 펼쳐져 있습니다.

환상은 우리가 의지적으로 보려고 해서 볼 수 있는 영역이 아닙니다. 육신의 눈으로 보는 육의 영역이 아닙니다. 성령님의 주도하에 볼 수 있는 영의 영역입니다. 제아무리 보려고 안간힘을 쓴다 할지라도 영안을 열어 주시지 않는다면 볼 수 없는 영적인 세계라는 것입니다.

만약 환상을 보여 주셨다면 깊이 묵상하면서 내포된 뜻이 무엇인지를 하나님께 물어야 합니다.[26] 환상을 보여주신 분명한 목적이

---

26 아나니아가 그랬습니다. 예수님께서 아나니아의 환상 중에 부르셨습니다. 환상을 보는 중에 나타나신 예수님께서 '사울(바울)에게 찾아가 안수하여 그의 시력을 회복시켜라'라고 말씀하셨습니다. 그러자 아나니아는 사울이 성도들을 핍박하고 많은 해를 입혔다면 항변했습니다. 환상 가운데 예수님과 대화를 나눈 것입니다. 이유를 묻고 확증했던 것입니다. 환상을 통해 하나님의 뜻을 깨달은 아나니아는 바울의 시력을 회복시키는 도구로 사용되었습니다(행 9:10-12).

있기 때문입니다.

> "이르시되 내 말을 들으라 너희 중에 선지자가 있으면 나 여
> 호와가 환상으로 나를 그에게 알리기도 하고 꿈으로 그와
> 말하기도 하거니와" (민 12:6)

환상의 3가지 종류와 분별방법

이미 오래전부터 하나님께서는 환상으로 선지자들에게 하나님
의 뜻을 보여 주셨습니다. 환상을 통해 하나님의 일하실 일들을 보
여 주셨습니다. 하나님의 세계와 베일에 가려져 있던 영적인 비밀
들을 풀어 주셨습니다(왕하 6:17). 미래적 계시들도 환상 속에 내포
시켜 알려 주셨습니다. 환상을 하나님과 소통하는 도구로 사용하셨
습니다(욜 2:28, 행 2:17).

성경 구석구석에 환상을 통해 하나님의 음성을 투영 받았던 사
람들이 많이 등장합니다. 사도 요한은 환상을 통해 요한계시록을
기록했습니다. 다니엘도, 예레미야도 환상을 보며 하나님의 심판을

경고했습니다. 에스겔은 환상의 선지자라고도 불릴 만큼 환상을 많이 경험했습니다.

신약시대에도 베드로, 사도 요한, 사도 바울, 아나니아 등 영안이 열린 사람들이 환상을 보았습니다. 수많은 하나님의 사람들이 환상을 경험했고 보여주신 환상을 근거로 성경을 기록했습니다.

그런데 인간의 이성과 고정관념, 혹은 신학적인 관점으로 '지금은 환상과 같은 신비적인 방법으로는 하나님께서 말씀하지 않아'라고 단정해 버린다면 환상을 경험하기가 어렵습니다. 걸림돌로 작용될 수 있습니다.

환상은 비단 성경이 기록된 시대에만 경험할 수 있는 것이 아닙니다. 어제나 오늘이나 영원토록 동일하신 하나님께서 현재도 환상을 통해 하나님의 음성을 전하고 계십니다.

물론 하나님의 음성은 성경을 통해 확증을 받는 것이 가장 안전합니다. 육체적 사인을 비롯한 꿈과 환상, 감동, 다른 여러 가지 통로를 통해 들려오는 음성들은 반드시 성경 안에서 확증 받아야 합니다.

그러나 하나님께서 다양한 통로를 통해 말씀하신다는 것을 인정한다면 하나님의 뜻을 더욱 풍성하게 전달받을 수 있습니다. 우리의 기질과 성품과 신학적 관점에 따라 하나님의 음성을 투영하시기 때문입니다.

하지만 환상과 계시를 받고, 예언하는 사람들이 하나님의 음성을 더 많이 듣는다고 단정해서는 안 됩니다. 우리의 기질대로, 선호하는 방법대로, 믿음의 분량만큼 음성을 투영하시기 때문입니다. 만약 더욱 풍성한 영적인 비밀을 깨닫기를 원한다면 꿈과 환상, 예언과 계시를 통해 하나님의 세계를 경험하는 것이 좋습니다. 앞에서 다룬 씨앗단계에서 언급한 방법으로는 영적세계를 경험하는 것에 다소 한계가 있기 때문입니다. 보이지 않는 영적세계를 경험하기 위해서는 반드시 우리의 영이 활성화 되어야 합니다. 우리의 영이 성장하고 활성화된다면 더욱 선명한 환상과 그 속에 내포된 의미도 파악할 수 있게 됩니다.

환상에는 영적 환상, 비몽사몽간 혹은 황홀경에서 보는 환상, 열린 환상 등 대략적으로 3종류로 분류할 수 있습니다.

> "사울이 길을 가다가 다메섹에 가까이 이르더니 홀연히 하늘로부터 빛이 그를 둘러 비추는지라 땅에 엎드려 들으매 소리가 있어 이르시되 사울아 사울아 네가 어찌하여 나를 박해하느냐 하시거늘 대답하여 주여 누구시니이까 이르시되 나는 네가 박해하는 예수라" (행 9:3-5)

첫 번째의 영적 환상은 육의 눈이 아니라 영의 눈으로 보는 것입니다. 사도행전 9장에서 회심 전 사도 바울이 예수님을 보았던 환상이 바로 영적 환상이었습니다. 그는 육의 눈으로 예수님을 보지 않았습니다. 예수님께서 '네가 왜 나를 핍박하느냐'라고 말씀하셨을 때 강력한 빛에 의해 그의 눈이 멀어 감겨 있었습니다. 그는 영의 눈을 통해 예수님을 보았습니다. 영안을 통해 환상을 경험한 것입니다.

> "이튿날 그들이 길을 가다가 그 성에 가까이 갔을 그 때에 베드로가 기도하려고 지붕에 올라가니 그 시각은 제 육 시더라 시장하여 먹고자 하매 사람들이 준비할 때에 황홀한 중에"(행 10:9-11)

둘째, 황홀경 혹은 비몽사몽의 상태에서 보는 환상입니다. 사도행전 10장에 베드로가 본 보자기 환상이 바로 이러한 경우에 해당됩니다. 그는 황홀한 중에 동일한 환상을 3번씩이나 보았습니다. 꿈인지 생시인지 모르는 상태로 보았습니다.

만약 황홀경의 경지에 들어가게 된다면 육체적 감각은 일시적으로 멈추게 됩니다. 그 순간 자신이 어디에 있는지 분간이 안 되기도 합니다. 의식이 아예 없는 것은 아니지만 자기 주변에서 어떤 일들이 일어나고 있는지 잘 인식하지 못합니다. 이때에는 육체적인 것보다 영적인 부분과 영역을 더 인지하게 됩니다.

"대답하되 두려워하지 말라 우리와 함께 한 자가 그들과 함께 한 자보다 많으니라 하고 기도하여 이르되 여호와여 원하건대 그의 눈을 열어서 보게 하옵소서 하니 여호와께서 그 청년의 눈을 여시매 그가 보니 불말과 불병거가 산에 가득하여 엘리사를 둘렀더라" (왕하 6:16-17)

세 번째 열린 환상입니다. 열왕기하 6장을 보면 엘리사 선지자가 아람 군대에 붙잡힐 위기에 봉착한 사건이 나옵니다. 엘리사 선지자를 붙잡기 위해 아람군대가 도단성을 에워싸며 진격해 들어오는 급박한 상황이었습니다. 이 광경을 본 엘리사의 사환은 두려움에 휩싸였습니다. 이때 엘리사는 기도했습니다.

"여호와여! 원하건대 그의 눈을 열어서 보게 하옵소서."(왕하 6:17)

하나님께서 엘리사의 사환의 눈을 열어 주셨습니다. 엘리사의 사환의 영안이 열렸습니다. 그는 영의 눈으로 불말과 불전차가 온 산에 가득하여 엘리사를 에워싸고 있는 모습을 보게 되었습니다.

열린 환상은 움직이고 있는 영적인 세계를 보는 경우입니다. 천사를 볼 수도 있고 악한 영들을 볼 수도 있겠습니다. 영적인 존재뿐만 아니라 영안이 열려 영의 세계를 보는 것입니다. 열린 환상은 눈을 뜨고 있든 감고 있든 상관없이 볼 수 있는 환상입니다. 눈을 뜨고 있는 상태로 동영상을 통해 영적인 세계를 보는 것입니다. 열린 환상은 영이 아주 맑고 거룩한 성도들이 경험할 수 있습니다. 어린

아이들이 열린 환상을 주로 경험하게 됩니다. 영적으로 깨끗하고 거룩하기 때문입니다.

만약 환상이 열리기 시작했다면 영안을 열어주신 하나님의 은혜에 감사하십시오. 이성적인 생각과 판단으로 제한하지 마십시오. 환상을 통해 하나님의 음성을 경험하게 해달라고 사모하며 기도하십시오. 영분별의 은사를 통해 환상을 분별하게 해달라고 기도하십시오. 그리할 때 환상을 통해 말씀하시는 하나님을 더욱 선명히 경험하게 될 것입니다.

> "하나님이 말씀하시기를 말세에 내가 내 영을 모든 육체에 부어 주리니 너희의 자녀들이 예언할 것이요 너희의 젊은이들은 환상을 보고 너희의 늙은이들은 꿈을 꾸리라" (행 2:17)

예언의 성장단계[27]와 분별하는 방법

진정한 예언은 하나님의 마음을 전하여 사람을 위로하며 세우는 것입니다. 마음을 찢고 회개하여 다시 하나님께로 돌아오도록 이끄는 것입니다. 하나님의 음성을 전하므로 그 영혼이 살아나 예수님 앞으로 인도되는 것이 바로 진정한 예언입니다.

하나님으로부터 온 예언은 마치 점치는 자가 길흉화복을 말하며 금전을 요구하는 그러한 저급한 수준이 아닙니다. 미래의 일들을 신비스럽게 말하며 하나님보다 오히려 자신을 숭배하도록 영적으로 묶는 저급한 행위도 아닙니다. 엄밀히 말해 이들은 예언자를 가장한 점술가에 가깝습니다.

성령님은 위로의 하나님입니다. 평안의 하나님입니다. 정죄와

---

27 예언이 성장하고 성숙하는 5단계
  1) 예언의 1단계: 성령이 임하므로 예언의 기름부음으로 예언하는 단계
    (행 2:17, 삼상 19:20, 행 19:6-7)
  2) 예언의 2단계: 예언의 영(성령의 충만함)이 임해 예언하는 단계
    (눅 1:67, 눅 1:41-43)
  3) 예언의 3단계: 예언의 은사로 예언하는 단계 (고전 12:10-11)
  4) 예언의 4단계: 대언의 영으로 예언하는 단계 (겔 37:4,7)
  5) 예언의 5단계: 성경을 쓰는 단계 (출 17:14, 렘 30:2)

수치감을 주시는 분이 결코 아닙니다. 성령님의 감동을 통해 흘러나온 예언은 사람의 눈으로는 도저히 발견할 수 없는 숨겨진 보화를 찾아내어 위로하는 것입니다. 허다한 허물과 갈기갈기 찢긴 영혼을 위로하고 권면하여 당당히 세우는 것입니다. '하나님의 자녀로 당당히 세우는 것' 이것이 바로 참된 예언입니다.

예언은 회개하고 돌이킬 것을 촉구하는 말씀을 담고 있습니다(욜 2:13). 눈물의 선지자라고 불렸던 예레미야, 이사야 등 수많은 선지자들이 '하나님께 돌아오라'고 외치고 또 외쳤습니다. 선지자들이 목 놓아 외쳤던 것은 바로 회개였습니다. 그들은 임박한 하나님의 심판을 선포하며 회개를 촉구했습니다.

예언은 교회를 견고히 세우기 위한 목적으로 하나님께서 허락하신 성령의 은사입니다(고전 12:10). 초자연적인 능력입니다. 성령님의 감동을 받아 하나님의 생각과 음성을 전하는 것입니다. 사회를 향해, 교회를 향해, 성도를 향해 하나님의 마음을 전하는 고귀한 은사입니다.

분명한 것은 예언도 다른 은사와 마찬가지로 씨앗이 땅에 뿌려져 발아되고 열매 맺는 것처럼 성장하고 성숙한다는 것입니다. 하나님의 음성을 듣는 것과 마찬가지로 예언도 씨앗, 성장, 성숙단계를 거치면서 하나님의 음성의 통로로 빚어지게 됩니다.

먼저 예언의 1단계에서는 성령께서 내주하시므로 위로하며 권면하며 사람을 살리는 예언을 말할 수 있습니다(고전 14:3). 예언의 씨앗단계에 속합니다.

만약 1단계에서 우리의 영이 성장하고 활성화되어 성령의 충만함을 받게 된다면, 다른 사람을 향한 예언을 할 수 있게 됩니다. 다른 사람에게 하나님의 위로와 사랑의 음성을 전할 수 있습니다. 그런데 2단계에서는 지속적인 예언보다 한시적으로 예언을 할 수 있습니다. 성령이 충만할 때 예언이 나오고 충만하지 않을 때에는 예언의 메시지를 받지 못하기 때문입니다. 사역으로 확장되기 위해서는 은사적인 기름부음이 필요합니다.

만약 2단계에서 예언의 은사가 부어진다면 예언 사역을 감당할 수 있는 단계에 이르게 됩니다. 이 단계가 바로 예언의 3단계로서 예언의 은사로 예언하는 단계입니다. 예언의 기름부음으로(예언의 1단계), 예언의 영으로(예언의 2단계) 예언하는 사람들은 주변에서 흔히 목격할 수 있습니다. 그러나 예언의 은사(예언의 3단계)를 통해 예언하는 사람들은 많지 않습니다.

예언의 4단계는 대언의 영으로 예언하는 단계입니다. 하나님께서 예레미야의 입에 손을 대시며 '내 말을 네 입에 두었노라'라고 말씀하셨습니다(렘 1:9). 에스겔 선지자에게도 '너는 이 마른 뼈들에게 대언하라'고 말씀하셨습니다(겔 37:4-10). 4단계에 이르렀다면 예언보다는 하나님의 음성을 대언한다고 표현하는 것이 더 적합합니다.

마지막 예언의 5단계는 성경을 쓰는 단계입니다. 성경은 성령님의 감동으로 쓰여진 일점일획도 어긋남이 없는 하나님의 완전한 말씀입니다. 성경을 받아 적기 위해 그들은 철저하게 하나님께 통치되어야만 했습니다. 모세가 그랬던 것처럼, 사도 바울이 그랬던 것처럼 하나님께 순복되어진 사람들이 하나님의 말씀을 받아 성경을 쓸 수 있는 단계까지 이를 수 있습니다.

다시 요약하자면 예언의 1단계는 하나님의 음성듣기에서 씨앗 단계에 속합니다. 예언의 2단계와 3단계는 하나님의 음성듣기의 성장단계에 속합니다. 예언의 4단계와 5단계는 성숙단계에 속합니다. 예언의 4단계와 5단계는 뒤편의 하나님의 음성듣기의 성숙단계에서 더 상세히 살펴보겠습니다.

예언의 1단계

예언의 1단계는 성령이 임하므로 예언하는 단계입니다. 고린도전서 14장 3절에 '예언하는 자는 사람에게 말하며 덕을 세우며 권면하며 위로하는 것'이라고 설명되어 있습니다. 다른 사람에게 덕을 세우며 위로하고 있다면 이미 1단계의 예언을 하고 있다는 것입니다.

또한 '예수의 증언은 예언의 영이라'(계 19:10)고 기록된 것처럼 현재 복음을 전하고 있다면 이미 광의의 예언을 하고 있는 것입니다. 현재 일상에서 권면하고 위로하며 덕을 세우고 있다면 이미 1단계의 예언을 행하고 있다고 생각하셔도 무방합니다.

성령님은 예언의 영으로 우리의 영 안에 내주하십니다. 그렇기 때문에 성령께서 내주하시는 그 순간부터 예언을 경험할 수 있습니다. 사울 왕이 그랬습니다.

> "사울이 라마 나욧으로 가니라 하나님의 영이 그에게도 임하시니 그가 라마 나욧에 이르기까지 걸어가며 예언을 하였으며 그가 또 그의 옷을 벗고 사무엘 앞에서 예언을 하며 하루 밤낮을 벗은 몸으로 누웠더라 그러므로 속담에 이르기를 사울도 선지자 중에 있느냐 하니라" (삼상 19:23-26)

사울 왕에게 하나님의 영이 임하니 사울은 예언을 하기 시작했습니다. 사울은 사무엘 선지자가 있는 라마 나욧이라는 곳에 도착할 때까지 걸어가며 예언을 했습니다. 심지어 사무엘 앞에서 옷을 벗은 채로 하루 종일 예언을 했습니다. 그래서 속담에 '사울도 예언자 중 한 사람인가?'라는 말이 생겨났습니다. 비단 사울만이 아닙니다. 사울 왕의 수하에 있던 군사에게도 하나님의 영이 임해 예언을 했습니다(삼상 19:20). 라마 라욧이라는 예언의 영이 충만한 곳에서 하나님의 영이 임하니 예언을 하게 된 것입니다.

> "바울이 그들에게 안수하매 성령이 그들에게 임하시므로 방언도 하고 예언도 하니 모두 열두 사람쯤 되니라" (행 19:6-7)

사도 바울에게 안수를 받았던 사람들도 성령이 임하면서 예언을 했습니다.

바울은 에베소교회에서 몇몇 제자들을 만났습니다. 바울이 그들에게 물었습니다.

"여러분은 믿을 때에 성령을 받았습니까?"(행 19:2)

바울의 이 질문에 그들은 '성령이 계시다는 것조차 들어 본 적이 없다'고 말했습니다. 바울은 그들에게 예수님을 증거하며 안수를 했습니다. 그러자 성령이 임하셨고 그 결과 방언과 예언을 하게 되었습니다. 성경에 열두 사람쯤이 성령을 받고 예언을 했다고 기록되어 있습니다(행 19:7). 이전에 한 번도 예언한 적이 없었던 평범한 사람들에게 성령님이 임하시니 예언을 하게 된 것입니다. 현재 성령께서 내주해 계신다면 우리도 예언을 할 수 있다는 이야기입니다. 성령께서 임하시면 예언을 할 수 있다는 내용을 이미 요엘 선지자가 예언했습니다.

"그 후에 내가 내 영을 만민에게 부어 주리니 너희 자녀들이
장래 일을 말할 것이며 너희 늙은이는 꿈을 꾸며 너희 젊은
이는 이상을 볼 것이며" (욜 2:28)

요엘 선지자는 성령강림의 역사적인 사건이 일어나기 800여년 전에 이미 성령강림을 예언했습니다. 사실 요엘 선지자가 활동하던

구약시대에는 예언하는 것은 아주 특별한 일이었습니다. 예언은 기름 부음을 받은 왕이나 제사장, 선지자 등 특정 계층의 사람에게 나타나는 현상이라고 생각했습니다. 그 당시에 예언과 환상, 계시적인 꿈을 꾼다는 것은 파격적인 사건이었습니다.

그런데 요엘 선지자의 이 예언은 오순절 날 마가의 다락방에서 120명의 성도에게 성령께서 내주하시게 됨으로 실제로 성취되었습니다(행 2:1-4). 성령강림의 사건으로 말미암아 바야흐로 성령의 시대로 접어들게 되었습니다. 이제 예수님을 구주로 믿고 영접하게 될 때 성령께서 우리의 영 안에 내주하시며 구원을 이루어 나가십니다. 구원을 이루어 나가는 과정에서 예언과 환상, 계시적 꿈을 통해 하나님의 음성을 투영하시는 것입니다.

현재 일상에서 복음을 전하며, 다른 사람을 위로하고 권면하며 세우고자 헌신하고 있다면 이미 1단계의 예언을 하고 있는 것입니다. 사실 그동안 일상 속에서 1단계의 예언을 수없이 경험하고 있었습니다. 그것이 예언인지 아닌지 잘 분간하지 못했던 것입니다.

1단계의 예언에 대해 구체적으로 예를 들어 설명해 보겠습니다.

어떤 성도가 질병으로 죽어가고 있는 자녀를 붙들고 이렇게 기도할 수 있습니다.

"하나님, 우리 아이가 많이 아파요. 제발! 제발! 우리 아이를 살려 주세요."

그런데 기도 가운데 성령님께 '너의 자녀가 치유되리라, 이제 곧 낫게 되리라. 걱정하지 말라'라는 감동을 받았다고 가정해 보겠습니다.

또한 어떠한 문제를 두고 기도할 때 이러한 감동을 받았을 수도 있었을 것입니다.

"아들아, 두려워 말라. 내가 그 일을 해결할 것이니 이제 온전케 되며 회복되리라."

성령님께 이러한 감동을 받았다면 이것은 예언일까요? 예언이 아닐까요?

예언이 맞습니다. 성령께서 미래의 일을 말씀하시며 위로의 음성을 주고 계시기 때문에 분명 예언에 속합니다. 광의의 예언의 범주에 속하는 것입니다. 성령께서 내주하셨다면 쉽게 경험할 수 있는 예언입니다. 내주하신 성령님을 통해 예언의 기름 부음이 흘러 나오므로 미래의 일에 대해 확신이 생기며 알게 되기도 합니다. 하나님으로부터 이러한 예언적인 응답이나 확신을 받고 있다면 이미 예언을 통해 하나님의 음성이 투영되고 있는 것입니다.

예언의 2단계

예언의 2단계는 예언의 영이 임해 예언하는 단계입니다. 예언의 1단계인 광의의 예언을 경험하고 사모할 때 우리 안에 예언적인 기름 부음이 흘러넘치게 됩니다. 만약 1단계에서 예언적인 기름 부음이 충만히 채워진다면 예언의 영이 임할 수도 있습니다. 이미 우리 영 안에 성령께서 예언의 영으로, 계시의 영으로, 지혜의 영으로 내주해 계시기 때문입니다. 성령님께서 우리 안에 충만하게 임하시게 된다면 그때부터 다른 사람에게 예언을 말할 수 있게 됩니다.

그러나 아직 예언의 기름부음이 충만히 부어지지 않았기 때문에 2단계에서 예언 사역을 하는 것이 쉽지 않습니다. 일회성, 혹은 간헐적으로 예언을 하는 단계이기 때문입니다.

성경 곳곳에 성령이 충만할 때 예언을 했던 사례가 언급되어 있습니다.

"그 부친 사가랴가 성령의 충만함을 받아 예언하여 이르되"
(눅 1:67)

사가랴는 나이 많은 부인인 엘리사벳이 임신할 것이라는 천사의 말을 믿지 못했습니다. 그 결과 사가랴는 세례 요한이 태어날 때까지 말을 못하게 됩니다. 그런데 세례 요한이 태어난 후에 사가랴가 입이 열리면서 성령의 충만함을 받고 예언을 하게 됩니다. 사가랴의 예언은 하나님께서 보내실 그리스도를 찬양하는 내용이었습니다. 예언의 핵심은 바로 예수님을 증언하는 것이었습니다(눅 1:67-80).

사가랴의 부인인 엘리사벳 역시도 성령이 충만하여 예언을 했습니다.

"엘리사벳이 마리아가 문안함을 들으매 아이가 복중에서 뛰 노는지라 엘리사벳이 성령의 충만함을 받아 큰 소리로 불러 이르되 여자 중에 네가 복이 있으며 네 태중의 아이도 복이 있도다"(눅 1:41-42)

엘리사벳의 예언의 핵심도 예수님에 관한 내용이었습니다. '예수의 증언은 예언의 영이라'(계 19:10), 성령이 충만할 때 예수님을 증언할 수 있으며, 예수님을 증언하는 것 자체가 예언이라는 것입니다.

비단 이들뿐만 아니라 성령의 충만함을 입고 예언을 했던 사람들이 많았습니다. 성령의 충만함을 입은 제자들은 담대히 하나님의 말씀을 전했습니다. 복음을 전했습니다(행 4:31). 스데반도 성령이 충만하여 돌에 맞아 죽어가는 상황 속에서도 담대히 예수님을 증거했습니다(행 7:55-56). 사도 바울 역시도 하나님의 사역을 방해하고 있는 마술사를 꾸짖으며 담대하게 예수님을 증언했습니다(행 13:9-12).

성령의 충만함을 받게 된다면 복음을 전할 수밖에 없습니다. 성령이 충만할 때 예언의 영이신 성령께서 강력하게 역사하실 수 있는 영적인 통로가 확장됩니다. 예언의 영도 충만히 채워져 예언을 할 수 있게 됩니다.

사가랴나 엘리사벳이 바로 예언의 2단계에 속하는 사람들입니다. 그들은 비록 예언자는 아니었으나 성령이 충만해짐으로 예언의 영이 활성화되어 예언하게 된 것입니다. 이렇듯 예언의 2단계는 성령의 충만함으로 인해 예언의 영이 부어져 한시적으로 혹은 순간적으로 예언할 수 있는 단계입니다.

무엇보다도 예언의 2단계는 실수하는 단계라는 것을 기억해야 합니다. 예언의 1단계는 성령께서 내주하신 성도라면 누구든지 경험하고 있는 광의의 예언이었습니다. 주로 복음을 전하며 다른 사람을 위로하는 통로로서 예언을 경험하고 있기 때문에 크게 문제가 되지는 않습니다.

그런데 예언의 2단계부터는 예언으로 인해 문제가 생길 수도 있다는 것입니다. 예언의 영이 부어지면 말하지 않고서는 견딜 수 없는 상태가 되기도 합니다. 뭔가 말해야 하는 거룩한 부담감으로 예언을 하기 시작합니다.

그런데 문제는 영적인 통로가 거룩하지 않아 성령님의 음성이 또렷하게 들리지 않는다는 것입니다. 마음이 불같이 타올라 말하지 아니하고서는 견딜 수 없는 상태가 되지만 성령님의 음성을 정확히 듣지는 못한다는 것입니다. 만약 2단계에서 무분별하게 예언을 쏟아내게 된다면 어려움에 봉착될 수 있습니다. 예언이 성취가 일어나지 않으므로 큰 곤란을 겪게 되기도 합니다. 예언은 했지만, 하나님의 마음과 뜻을 정확히 깨닫지 못한 상태로 전하게 되므로 예언을 쏟아 붓고 스스로 힘들어지기도 합니다.

2번째 단계에서 예언하는 경우를 두 가지로 분류해 볼 수 있습니다. 첫 번째, 성령이 충만해짐으로 예언의 영이 활성화되어 예언을 하는 경우입니다. 앞서 언급한 사가랴나 엘리사벳의 경우입니다. 예언의 영이 순간적으로 임해 예언한 경우이므로 예언의 영이 소멸되면 예언도 할 수 없습니다. 성령이 충만하면 예언을 할 수 있고 소진되면 예언을 할 수 없는 경우입니다.

두 번째, 예언 사역의 지평을 열어주기 위해 예언의 영을 부어주시는 경우입니다. 이때부터 예언사역자로 세우기 위한 하나님의 본격적인 훈련이 시작됩니다. 보통 2단계를 훈련단계, 실수할 수 있는 단계라고 생각하시면 됩니다. 문제는 이러한 훈련의 단계를 거치지 않고서는 돌파가 일어나지 못한다는 것입니다. 예언사역자로 발돋움하기 위해 반드시 예언의 영으로 예언을 하는 단계를 거쳐야 한다는 것입니다.

어머니의 배 속에 있던 아이가 태어나자마자 바로 걸을 수 없습니다. 젖을 먹는 시기를 지나, 기어다니는 시기를 거칠 때 아이가 똑바로 앉아 있을 수 있습니다. 앉아 있는 훈련을 할 때야 비로소 두 발로 서서 걸을 수 있는 것입니다.

예언도 마찬가지입니다. 실수하고 넘어지고 때로는 상처를 입을지라도 다시 일어나 전진해야 합니다. 예언으로 인해 곤욕스러운 일들을 경험하게 될지라도 오직 하나님만을 신뢰하며 나아갈 때 반드시 성장하게 됩니다.

하나님께서는 결코 실언하지 않으십니다. 만약 예언의 성취가 일어나지 않았다면 하나님의 문제가 아닙니다. 예언을 한 당사자의 문제입니다. 하나님의 음성을 제대로 듣지 못한 상태로 성급히 예언한 본인의 책임입니다. 예언 사역을 하기 위해서는 가장 먼저 하나님의 음성을 듣는 통로를 거룩히 지켜야 합니다. 거룩해진 통로를 통해 하나님의 거룩한 음성이 흘러 나갈 수 있기 때문입니다.

행여라도 2단계에서 예언을 하다 문제가 생겼다면 하나님을 원망하지 마십시오. 결코 변명하려 하지 마십시오. 자신의 문제라는 것을 인정하십시오. 예언을 하다 성취가 일어나지 않아 곤욕스럽다면 거룩한 통로로 다시 빚어달라고 부르짖으십시오. 그 겸손의 기도를 들으신 하나님께서 예언의 은사를 부어 3단계로 도약시켜 주실 것입니다. 하나님의 음성을 전하는 통로로 당당히 세워 나가실 것입니다.

예언의 3단계

예언의 3단계는 예언의 은사로 예언하는 단계입니다(고전 12:10). 본격적으로 하나님의 음성을 전달하는 통로로 쓰임을 받게 되는 단계입니다.

예언의 1단계는 주로 위로하시며 권면하시는 성령님의 음성을 듣게 됩니다. 때때로 하나님의 위로의 음성을 다른 사람에게 전하는 통로로 사용되기도 합니다. 주로 1단계에서는 성도 상호 간에 위로하며 복음을 전하면서 성장하게 됩니다. 성령님께서 내주해 계신다고 확신하고 있다면 이미 1단계의 예언을 경험하고 있다고 판단하서도 무방합니다.

예언의 2단계는 예언의 깊이가 조금 깊어졌지만, 일회성의 예언이 많습니다. 하나님께서 상황과 필요에 따라 한시적으로 예언의 도구로 사용하시기 때문입니다. 예언의 영이 부어질 때마다 예언하게 되므로 예언자라고 부르기에는 뭔가 부족한 단계입니다.

하지만 3단계부터는 본격적인 사역으로 확장되게 됩니다. 예언의 은사를 가지고 예언하게 된다면 예언의 깊이도 상당히 깊어집니다. 물론 3단계에서도 각자의 기름 부음의 정도에 따라 예언의 성취도나 정확성에 차이가 나기도 합니다. 특이한 것은 하나님의 음성을 듣는 횟수도 빈번해진다는 것입니다. 다양한 통로를 통해 하나님의 마음과 뜻을 깨닫게 해주시기 때문입니다.

때로는 감동으로, 환상으로, 꿈으로, 계시로, 스쳐 가는 생각으로 하나님의 음성을 투영해 주십니다. 순간순간 떠오르는 생각들, 스쳐 지나가는 영상 속에서도 하나님의 음성을 투영 받게 됩니다. 간혹 성령님의 직접적인 음성을 듣고 예언하기도 합니다. 만약 이 단계에서 환상이 동반된다면 보는 영역이 확장된 '선견자적 사역'이 열릴 수 있습니다. 하나님의 음성을 듣는 통로가 확장되면서 본격적으로 영이 성장하며 활성화되기 시작합니다. 이러한 훈련을 거치면서 예언 사역을 감당할 수 있는 단계로 성장하게 됩니다.

예언의 은사를 가지고 예언했던 인물들이 성경에 기록되어 있습니다. 바로 빌립의 네 딸과 아가보라는 예언자입니다.

> "빌립에게는 결혼하지 않은 네 딸이 있었습니다. 그들은 모두 예언하는 사람이었습니다. 우리가 여러 날, 그 곳에 머물고 있는 동안, 아가보라는 예언자가 유대에서 내려왔습니다." (행 21:9-10, 쉬운)

성경을 보면 빌립의 네 딸은 '예언하는 사람'으로, 아가보는 '예언자'로 표현되어 있습니다. 빌립의 네 딸은 이미 '예언하는 사람'이라고 세간 사람들에게 알려져 있었다는 것입니다. 만약 간헐적으로 예언을 했다면 '예언하는 사람'으로 기록되지 않았을 것입니다. '예언하는 사람'은 예언의 은사를 가지고 예언한다는 의미일 것입니다.

성경에 '예언자'라고 기록된 아가보 역시도 이미 예언 사역을 감당하고 있었습니다. 아가보 예언자는 성령의 감동을 받아 온 세상에 큰 기근이 닥칠 것이라는 예언도 했었습니다. 실제로 글라우디

오가 황제가 되었을 때 그의 예언은 성취되었습니다(행 11:28).

그런데 여기서, 예언의 은사를 받았다 할지라도 모든 사람이 다 예언자로 성장하는 것은 아니라는 것입니다. 빌립의 네 딸은 예언의 은사를 받아 예언했지만 '예언하는 사람'으로 소개되었지 '예언자'로 불리지는 않았습니다. 예언의 은사를 받았다 할지라도 아가보처럼 예언자로서의 사명을 감당하지 못할 수도 있다는 것입니다.

또한 예언의 은사를 받았다 할지라도 바로 예언할 수 있는 것은 아니라는 것을 기억해야 합니다. 예언자로 성장하기 위해서는 상당기간 동안 훈련되고 연단 되어져야 합니다. 성령께서 스승 되셔서 가르치시며 수많은 훈련의 과정을 거치게 하십니다. 때로는 실족하며 넘어지기도 할 것입니다. 그러한 훈련과정에서 하나님의 음성을 제대로 분별하는 방법을 체득하게 됩니다.

분명한 것은 성령께서는 은사를 씨앗의 형태로 주신다는 것입니다. 은사를 주신 후부터 본격적인 훈련과 연단의 과정 속에서 예언자로 세워나가시는 것입니다.

> "예언하는 자는 사람에게 말하여 덕을 세우며 권면하며 위로하는 것이요" (고전 14:3)
> "예언은 언제든지 사람의 뜻으로 낸 것이 아니요 오직 성령의 감동하심을 받은 사람들이 하나님께 받아 말한 것임이라" (벧후 1:21)

예언사역자로 성장하기 위한 구체적인 영성훈련

예언의 은사를 받고 난 후 초기의 훈련은 자신의 삶을 하나님 중심의 삶으로 전환하는 훈련을 성령께서 행하십니다. 하나님과 동행하는 훈련, 하나님의 음성을 듣는 훈련, 거룩한 통로로 빚어지는 훈련 등을 통해 음성을 듣는 통로를 점진적으로 확장시켜 나갑니다.

예언 사역은 다름 아닌 영의 통로로부터 흘러나오는 하나님의 음성을 다른 사람에게 전하는 사역입니다. 만약 영적인 통로가 거룩하지 못한 상태에서 혼적인 생각과 육체의 소욕이 가미된 예언을 한다면 그로 인해 많은 문제가 파생될 수 있습니다. 많은 이들을 혼란스럽게 할 수 있습니다. 그런 연유로 예언사역자로 쓰임 받기 위해서는 수많은 훈련과 연단이 반드시 필요합니다.

예언의 은사가 성장단계로 돌입될 무렵부터는 구체적인 훈련이 필요합니다. [28]

첫째, 기도 분량을 절대적으로 늘려야 합니다. 일방통행이 아닌

---

[28] 「하나님의 선물, 방언의 숨겨진 비밀 pp.93-101 참조, 에스더권 지음」

쌍방통행의 기도를 통해 하나님의 마음을 받는 피나는 기도훈련을 시작해야 합니다. 기도를 통해 하나님의 눈물을 받아야 합니다. 천하보다 귀한 영혼을 향한 아버지의 사랑을 받아야 합니다. 기도를 통해 하나님의 마음을 받고 그 사랑을 타인에게 전하는 것이 바로 예언의 기초가 되어야 합니다.

둘째, 생각차단훈련을 해야 합니다. 밀물처럼 밀려오는 생각의 홍수 속에서 생각을 차단하는 훈련을 하지 않는다면 성령님의 음성을 전하는 통로로 사용될 수 없습니다. 신기한 것은 생각차단훈련을 하면 할수록 혼적인 생각이 점점 더 사라진다는 것입니다. 그로 인해 상대적으로 성령님의 음성이 더 크게 투영되기 시작합니다. 자신의 혼적인 생각을 잠잠히 다스리는 훈련을 하지 않는다면 순도 높은 예언의 도구로 사용될 수 없습니다. 자신의 생각을 가미한 예언을 하는 거짓예언자로 전락될 수도 있습니다.[29]

셋째, 세상의 소리를 차단해 나가야 합니다. 어느덧 이 세상의 신으로 부상한 사탄은 TV나 인터넷을 통해 악의 기운들을 쏟아붓고 있습니다. 보고, 듣고, 만지고, 느끼는 영역의 상당 부분이 이미 사탄의 영향력 아래에서 움직이고 있습니다. 사탄은 각종 매체를

---

29 참예언자와 거짓예언자를 분별하는 방법
  1) 예언의 대가로 재물을 요구하고 있는가? (마 10:8)
  2) 예수님이 육체로 오신 것을 하나님임을 시인하고 있는가? (요일 4:2)
  3) 성령의 열매가 나타나고 있는가? 육체의 열매가 나타나고 있는가? (갈 5:19-23)

통해 음란, 중독, 자살, 마약, 살인, 불순종의 영들을 쏟아붓고 있습니다. 만약 세상 속에서 뿜어져 나오는 사탄의 음란한 소리들을 그대로 흡수한다면 어느 순간 하나님의 음성은 소멸되고 사라질 것입니다.

넷째, 3가지 통로로부터 흘러나오는 생각을 분별해야 합니다. 어떤 생각이 불현듯 떠오를 때 그 생각이 하나님으로부터 기인된 것인지, 내 생각인지, 사탄이 투영한 생각인지를 분별하는 훈련은 매우 중요합니다. 하나님께서도 갑자기 떠오르는 생각, 떠오르는 영상으로 음성을 주실 수도 있기 때문에 생각을 분별하지 않는다면 자칫 자신의 생각과 사탄이 주입한 생각이 예언 속에 가미될 수도 있습니다. 생각을 분별하는 훈련을 계속해 나간다면 성령님의 도움으로 생각의 통로와 근원을 분별하게 됩니다. 이러한 훈련을 통해 자신의 혼적인 생각이 가미된 예언을 하는 오류를 줄여 나갈 수 있습니다.

다섯째, 겉사람의 기질을 복종시키는 훈련을 해야 합니다. 만약 겉사람의 기질이 복종 되지 않은 상태로 예언하게 된다면 속사람이신 성령님의 음성이 흘러나오는 통로를 제한할 수 있습니다. 불끈불끈 솟아 올라오는 겉사람의 기질을 쳐서 속사람이신 성령님의 음성에 복종시켜야 합니다. 그리할 때 속사람이신 성령님의 감동이 거침없이 흘러나와 흠이 없는 예언으로 승화되기 시작합니다.

여섯째, 모든 것을 성령님께 물어야 합니다. 성령님은 말씀하시고 또 말씀하시는 하나님이시기 때문에 묻고 또 물을 때 응답해 주십니다. 성령님께 물을 때마다 하나님의 음성을 듣는 통로들이 확장되므로 예언의 도구로 사용될 수 있습니다.

마지막으로, 예언자로 성장하기 위해서는 반드시 성경을 묵상하며 심령에 깊이 담아 놓아야 합니다. 성경이 바로 예언의 근원이며 기반입니다. 참된 예언은 결코 성경의 원리를 벗어나지 않습니다. 성경의 관점에서 빗나간 예언은 바르지 못한 예언입니다. 참예언과 거짓예언도 성경적인 관점에서 분별해야 합니다.

예언은 하나님의 음성을 듣는 하나의 통로입니다. 예언을 포함하여 하나님의 음성을 듣는다는 것 자체가 성경을 무시하는 행위로 이어져서는 안 됩니다. 오히려 성경을 확증하며 적용하는 것으로 예언이 행해져야 합니다.

또한 예언사역자로 빚어내는 과정에서 반드시 연단의 과정을 허락하십니다. 예언사역자는 하나님의 음성을 흘려보내는 통로입니다. 예언사역자에게 먼저 하나님의 생각과 마음을 투영시키십니다. 그 땅을 향한, 민족을 향한, 공동체를 향한, 성도 개인을 향한 하나님의 생각과 마음이 예언사역자의 영적인 통로를 통해 흘러 나가게 됩니다.

예언사역자의 통로를 통해 간접적으로 하나님의 음성을 경험하는 것입니다. 때에 따라 예언을 받는 사람의 마음의 통로가 되어 그들을 위로하며 세워야 합니다. 예언을 받는 사람의 아픔과 고통, 상한 마음이 예언사역자의 심령 안에 투영될 때 그들을 세우는 통로로 사용될 수 있습니다. 예언을 받는 사람의 고통과 아픔이 고스란히 예언사역자에게 투영되지 않는다면 어떻게 그들의 마음을 위로할 수 있겠습니까? 얼마나 아픈지, 얼마나 고통스러운지, 그 마음을 제대로 읽지 못한다면 어떻게 하나님의 마음을 전할 수 있겠습니까? 누군가의 상처와 아픔과 고통을 이해하는 만큼 하나님 앞으로 그들을 인도할 수 있다는 것입니다.

분명한 것은 고난의 분량만큼 성장한다는 것입니다. 고통의 분량만큼 성숙한다는 것입니다. 고독의 분량만큼 하나님의 임재를 경험할 수 있다는 것입니다.

때때로 하나님께서는 예언사역자를 성장시키는 과정에서 감당할 수 없는 고난과 고통, 고독도 허락하십니다. 순도 높은 예언의 통로로 사용하기 위해 뜨거운 불 속에서 연단 하시는 것입니다. 얼마나 연단 받고, 훈련 되었느냐에 따라 하나님이 쓰시기에 합당한 거룩한 통로로 빚어질 수 있기 때문입니다.

> "사랑을 추구하며 신령한 것들을 사모하되 특별히 예언을
> 하려고 하라" (고전 14:1)

성령의 은사와 하나님의 음성과의 관계

나는 그동안 신앙생활을 하면서 은사를 사모하지도 관심을 두지도 않았습니다. 오히려 영적인 세계나 방언에 대해 열광하는 분들을 볼 때마다 '말씀이 중요하지 은사 하나 가지고 왜 그리 난리야' 하며 판단하고 정죄했습니다. 기도하다 하나님의 음성을 들었다는 분을 비웃고 심지어 핍박까지 했습니다. 그동안 성령을 모독하는 죄를 지으면서도 그것이 죄인 줄도 모르고 의로운 척하고 살았던 것입니다. 그때를 떠올려 보면, 그동안 은사에 대해 얼마나 무지했으며, 얼마나 교만한 마음을 가졌었는지 뼈에 사무치도록 깨닫고 있습니다.

분명한 것은 은사는 하나님께서 주시는 고귀한 선물이라는 것입니다. 은사를 선물로 받았다면 감사해야 합니다. 주변에 은사를 받고 싶어도 받지 못하는 사람들이 너무나 많습니다.

"하나님! 능력을 주시옵소서. 제발! 권능을 주시옵소서."

능력 달라고 금식하며 부르짖는 종에게 은사를 주지 않으실 수도 있습니다. 반대로 은사에 대해 전혀 관심이 없는 사람에게 거저 주기도 하십니다. 은사는 성령님의 필요에 따라, 주권에 따라 나눠 주시는 선물이기 때문입니다.

"각 사람에게 성령을 나타내심은 유익하게 하려 하심이라 어떤 사람에게는 성령으로 말미암아 지혜의 말씀을, 어떤 사람에게는 같은 성령을 따라 지식의 말씀을, 다른 사람에게는 같은 성령으로 믿음을, 어떤 사람에게는 한 성령으로 병 고치는 은사를, 어떤 사람에게는 능력 행함을, 어떤 사람에게는 예언함을, 어떤 사람에게는 영들 분별함을, 다른 사람에게는 각종 방언 말함을, 어떤 사람에게는 방언들 통역함을 주시나니 이 모든 일은 같은 한 성령이 행하사 그의 뜻대로 각 사람에게 나누어 주시는 것이니라"(고전 12:7-11)

성령의 은사는 9가지로 분류할 수 있습니다. 지혜의 말씀의 은사, 지식의 말씀의 은사, 믿음의 은사, 병 고치는 은사, 능력 행함의 은사, 예언의 은사, 영분별의 은사, 방언의 은사, 방언통변의 은사 등이 있습니다.

무엇보다도 성령님께서 각종 은사를 선물로 주시는 목적이 무엇인지를 깨달아야 합니다.

첫째, 공동의 유익을 얻기 위해서입니다(고전 12:7). 분명한 것은 은사를 통해 죽어가는 영혼을 살릴 수 있다는 것입니다. 복음이 보다 더 용이하게 전파될 수 있습니다. 은사는 복음을 전하기 위한 강력한 도구입니다.

둘째, 하나님의 음성을 영혼들에게 전달하는 통로로 은사가 사용될 수 있습니다. 예를 들어 예언의 은사를 통해 하나님의 마음과 생각이 담긴 메시지를 전할 수 있습니다. 방언통변의 은사를 통해 방언에 담겨진 비밀과 숨겨진 계시들이 풀어질 수 있습니다. 영분별의 은사를 통해 영적으로 묶여있는 영혼들을 자유케하여 하나님께로 인도할 수 있습니다.

다른 은사들도 마찬가지입니다. 지식의 말씀의 은사를 가진 사람이 심방을 가게 되었을 때 성령님께 이렇게 물을 수 있습니다.

"하나님, 이 가정에 무슨 문제가 있습니까? 이 가정에 어떠한 말씀을 주시렵니까?"

지식의 말씀의 은사를 통해 성령께서 그 가정의 상황과 환경을 보여 주실 수 있습니다. 지식의 말씀의 은사는 어떠한 사람이나 상황에 관한 지식이 초자연적인 계시로 알게 되는 은사입니다. 자신이 알려고 노력하지 않아도 성령께서 깨닫게 하시며 보여 주시므로 저절로 알게 되는 것입니다. 때로는 내면의 음성을 통해, 환상을 통해, 말씀을 통해, 감동을 통해 초자연적으로 계시해 주십니다. 지식의 말씀의 은사를 통해 알게 된 지식을 전한다면 치유와 회복이 일어날 수 있습니다.

또한 지혜의 말씀의 은사가 임했다면 어떠한 상황에 적합한 성경 말씀을 조명해 주시며, 그 말씀을 삶에 적용할 수 있는 지혜도 주십니다. 보통의 경우, 지식의 말씀의 은사는 지혜의 말씀의 은사와 함께 부어질 때가 많습니다. 초자연적으로 알게 된 지식을 지혜의 말씀의 은사를 통해 적용하는 것입니다.

은사는 서로 상호보완하며 유기적으로 움직입니다. 어떠한 은사가 임해 사역을 하고 있다면 한 가지 은사만으로는 영혼들을 제대로 섬길 수가 없습니다.

예를 들어, 예언의 은사가 임했다 할지라도 단독으로 예언사역을 감당할 수 없습니다. 예언의 은사는 반드시 영분별의 은사와 함께 움직여야 합니다. 또한 지식의 말씀의 은사나 지혜의 말씀의 은사로 인해 계시된 지식이나 지혜가 있을 때 더욱 풍성하고 정확한 예언을 할 수 있게 됩니다. 드물기는 하지만 간혹 성령의 9가지 은사가 모두 나타나는 경우도 있습니다. 이렇듯 은사를 겸손하게 사용할 때 많은 영혼을 살리는 강력한 기폭제가 될 수 있습니다. 하나님의 음성 없이 은사를 행한다면 영혼들을 제대로 회복시킬 수 없습니다. 하나님의 능력으로 치유해야 하므로 성령님의 음성에 귀 기울이며 사역에 임해야 합니다.

만약 은사를 자주 사용하게 된다면 하나님의 음성을 듣는 통로도 함께 확장됩니다.

신유의 은사를 예로 들어 보겠습니다. 질병으로 고통받고 있는 누군가를 치유할 때 이렇게 선포할 때가 있을 것입니다.

"예수 이름으로 명하노니 더러운 질병은 떠나가고 고침을 받을 지어다. 일어나 걸을지어다!"

만약 성령께서 음성을 주지 않는다면 그가 일어나 걸을지 걷지 못할지 어떻게 알 수 있겠습니까? 물론 믿음으로 선포할 수 있을 것입니다. 그러나 성령께서 '그가 일어나 걸을 것이라'는 감동을 주셨기 때문에 담대하게 선포할 수 있다는 것입니다.

사람을 통해 은사가 사용되지만, 그 능력의 원천은 바로 하나님입니다. 설령 믿음으로 질병을 꾸짖었을지라도 하나님께서 역사하지 않는다면 병이 치료될 수 없습니다. 신유사역자가 하나님의 음성을 듣지 못한다면 은사를 통해 하나님의 능력을 나타나기가 어렵다는 것입니다.

지식의 말씀의 은사도 마찬가지입니다. 하나님의 음성을 투영받지 못한다면 어떻게 초자연적인 지식이 계시될 수 있겠습니까? 방언통변의 은사도 성령께서 방언을 통변해 주실 때에만 통변이 일어나는 것입니다. 성령님의 음성을 듣고 방언을 통변하는 것이므로 음성을 듣지 못한다면 당연히 통변도 할 수 없는 것입니다.

결론적으로 성령님의 음성에 따라 사역하는 훈련을 하게 된다면 하나님의 음성을 듣는 통로도 확장되게 됩니다. 은사사역을 감당할 수 있도록 성령께서 다양한 방법으로 음성을 투영시키기 때문입니다. 신기한 것은 은사가 활성화될수록 하나님의 음성도 잘 투영된다는 것입니다. 성령의 은사와 하나님의 음성을 듣는 것과는 절대 무관하지 않기 때문입니다.

무엇보다도 은사는 갈고 닦아야 합니다. 은사가 활성화되어 영혼을 치유하는 도구로 사용되기 위해 하나님의 음성을 듣는 훈련을 반드시 해야 합니다. 정금같이 빚어져 하나님의 뜻과 생각이 투영될 수 있도록 훈련해야 합니다.

처음 받은 은사는 씨앗과도 같은 상태입니다. 땅에 심겨진 씨앗에 물과 양분을 주어 발아시켜야 합니다. 물론 싹이 움트도록 이끄는 분은 성령님이십니다. 그러나 그 씨앗이 제대로 성장할 수 있도록 땅을 기경하고 경작하는 것은 우리의 몫입니다.

먼저 이제 막 움튼 씨앗의 뿌리가 땅속 깊이 내리지 못하도록 방해하는 요소들이 있다면 하나하나 제거해야 합니다. 씨앗이 잘 발아될 수 있도록 자갈이나 거친 돌들을 제거하는 일부터 시작해야 합니다. 그래야 튼실한 열매를 맺는 장성한 나무로 성장할 수 있습니다.

만약 분노나 미움, 시기 질투의 마음이 불일 듯 일어날 때 하나님 앞에 그 문제를 들고 나가십시오. 교만한 생각이 공격해 올 때 스스로를 지켜내기 위해 낮은 자리에서 몸부림쳐야 합니다. 미움과 분노를 내려놓고, 용서하며 안아 주어야 합니다. 겉사람의 기질들을 복종시켜 나가는 훈련을 해야 합니다.

또한 성령께서 은사를 주실 때 성령의 열매를 맺고 있는 성화된 사람에게만 주시는 것은 아닙니다. 육신에 속한 성도에게도 은사를 선물로 주실 수 있습니다. 은사는 사역에 따라, 필요에 따라, 사모함에 따라 성령께서 선물로 주시기 때문입니다.

그런데 문제는 은사를 통해 영적인 통로가 확장될 때 하나님의 음성도 잘 투영되지만, 사탄의 음성도 쉽게 투영될 수 있다는 것입니다. 하나님은 영으로 존재합니다. 사탄도 그렇습니다. 만약 은사를 통해 하나님의 음성을 듣는 영적인 통로가 확장되었다면 사탄도 여지없이 자신의 음성을 주입하며 공격해 들어올 수 있다는 것입니다.

사탄은 은사사역자로 발돋움하고 있는 사람들을 향해 마치 먹잇감을 움켜진 사자처럼 물어뜯기 시작합니다. 특별히 은사를 통해 하나님의 능력이 나타날 때부터 사탄의 공격은 그야말로 최고조를 이룹니다. 은사자에게 교만한 생각을 불어 넣습니다. 은사를 통해 하나님의 영광이 나타날 때 사탄은 자기 영광을 받고 싶은 생각을 주입합니다. 만약 사탄의 이러한 공격에 방어벽이 무너지게 된다면, 은사자는 마치 자신이 하나님인 것처럼 교만함으로 은사를 남발하게 됩니다.

만약 은사자들이 죄나 교만으로 인해 그 통로가 더럽혀진다면, 하나님의 통로가 아니라 사탄의 통로로 전락할 수 있다는 것을 기억해야 합니다. 은사자들은 은혜를 받은 사람들로 인해 높임을 받게 되므로 교만해지기가 쉽습니다. 교만한 마음과 자기 영광이 바로 은사자들을 넘어지게 합니다.

그래서 하나님께서는 은사를 받은 사람이 교만해졌을 때 회복시키기 위해 책망의 음성을 계속 투영시켜 주십니다.

"내 아들아, 내 딸아, 결코 교만하지 말라. 내가 받을 영광을 네가 다 받고 있구나. 더 낮은 자리로 내려오너라."

만약 은사자의 영적인 통로가 더러워져 성령님의 책망의 음성을 듣지 못한다면 다른 사람을 통해서라도 음성을 전달하십니다. 그런데도 계속 무시한다면 근심하시기 시작합니다. 예수님이 앉으셔야 할 영광의 자리에 자신이 계속 앉아 있다면 종국에는 성령께서 소멸되십니다. 은사자의 영 안에 내주하셨던 거룩하신 성령님께서 떠나가시는 것입니다. 문제는 설령 성령께서 소멸되었을지라도 은사의 통로는 여전히 남아 있는 경우가 많다는 것입니다.

이때부터 사탄은 은사자의 확장된 통로를 자신의 것으로 만들기 위해 역사하기 시작합니다. 자신의 종으로 만들기 위해 본격적으로 공격하기 시작합니다. 은사를 통해 확장된 영적인 통로를 하나하나 사탄이 잠식해 나가면서 사탄의 음성을 투영하기 시작합니다. 하나님의 음성을 들을 수 있는 '영의 귀'를 봉쇄해 버립니다. 이들은 이미 성령께서 소멸된 상태이므로 음성의 분별도 제대로 할 수 없습니다. 사탄이 주입한 생각을 하나님의 음성으로 착각한 채 은사사역을 계속해 나가는 것입니다. 불법과 불의의 종으로 잠식해 나가면서 사탄은 그들에게 자신의 능력을 쏟아 부어 줍니다. 이들을 거짓예언자, 불법의 종, 삯꾼 목자로 잠식해 나가면서 지옥으로 인도하는 세상의 꼴들을 쏟아붓는 것입니다.

결코! 은사를 통해 누군가를 환호하게 만드는 것에 현혹되지 말아야 합니다. 은사자는 두렵고 떨리는 마음으로 사역을 감당해야 합니다. 하나님의 영광을 자신이 가로채고 있는지 늘 경계해야 합니다. 사람들에게 추앙받는 것이 오히려 자신을 사탄의 종으로 전락시키는 사망의 덫이 될 수 있다는 것을 기억해야 합니다. 은사를 통해 나타나는 능력과 기적, 그 자체로는 축복이 아닙니다. 더욱 훈련하고 연단되어 영혼을 살리는 겸손한 하나님의 도구로 사용되는 것이 바로 진정한 축복입니다.

부탁하건대, 눈동자처럼 지켜보고 계시는 하나님에게서 시선을 떼지 마십시오. 오직 하나님만을 신뢰하십시오. 자신을 쳐서 복종시키십시오. 가장 낮은 자리에 앉으십시오. 겸손의 왕이신 예수님의 겸손을 본받을 때 사탄은 일곱 길로 도망칠 것입니다.

> "그분은 하나님과 똑같이 높은 분이셨지만, 결코 높은 자리
> 에 있기를 원하지 않으셨습니다. 오히려 높은 자리를 버리
> 시고, 낮은 곳으로 임하셨습니다. 사람의 모습으로 이 땅에

오시고 종과 같이 겸손한 모습을 취하셨습니다."(빌 2:6-7,
쉬운)

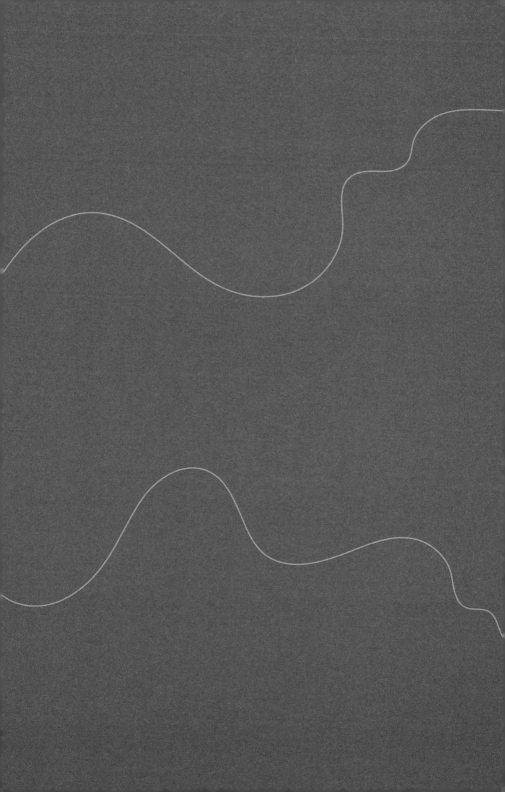

PART
2

들리는 하나님의 음성

3

'성숙단계'에서의 하나님의
음성듣기와 분별

**"말하는 이는 너희가 아니라 너희 속에서 말씀하시는 이
곧 너희 아버지의 성령이시니라"**(마 10:20)

더 이상 하나님의 음성을 듣는 것은 신비하고 이상한 일이 아닙니다. 자녀들과 소통하며 동행하기 위해 성령님께서 우리의 영 안에 내주하셨기 때문입니다. 하나님의 음성을 듣는 것은 하나님의 자녀라면 어쩌면 당연한 일입니다. 권리이며 특권입니다.

예수님께서도 하나님 아버지의 음성을 듣기 위해 늘 기도하셨습니다. 하나님의 음성을 듣고 난 후에야 비로소 사역의 현장으로 나가셨습니다(요 8:26-29). 죽은 나사로를 살리실 때도 하늘을 보시며 이렇게 기도하셨습니다.

"아버지여! 내 말을 들으신 것을 감사하나이다. 항상 내 말을 들으시는 줄을 내가 알았나이다. 그러나 이 말씀 하옵는 것은 둘러선

무리를 위함이니 곧 아버지께서 나를 보내신 것을 그들로 믿게 하려 함이니이다." (요 11:41-42)

늘 기도의 자리에서 하나님 아버지의 음성에 귀를 기울이셨습니다. 우리도 예수님의 이러한 모습을 배워야 합니다. 영혼들을 섬기기 전에 '주여, 말씀하소서. 저희가 듣겠나이다'하는 겸손한 마음을 가져야 합니다. 사역의 현장에서 온전한 열매를 맺기 위해 하나님의 뜻을 알고 영혼들을 섬겨야 합니다.

이미 앞에서 어떠한 통로를 통해 하나님의 음성을 듣게 되며, 어떻게 분별하는지에 대해 대략적으로 살펴보았습니다. 씨앗단계에서는 주로 외부적 환경이나 다른 사람을 통해 하나님의 음성을 경험할 수 있었습니다. 씨앗단계는 우리의 영 안에 내주하신 성령께서 다양한 방법으로 음성을 들려주시는 단계입니다. 씨앗이 발아되어 움트기 시작하는 단계이기 때문에 음성의 분별이 잘되지 않는 시기입니다. 영적인 돌파가 일어나지 않은 상태이므로 때로는 사탄의 공격을 받고 실족하며 무너지기도 합니다. 그렇기 때문에 씨앗단계에서는 어떠한 음성을 들었을 때나 중대한 결정을 해야 하는 상황이라면 즉흥적으로 행동하기보다 시간을 두고 기도하며 확증을 받아야 합니다.

좀 더 성장하여 성장단계에 이르게 된다면 성령님의 내면의 음성을 경험하게 됩니다. 꿈이나 환상, 영으로부터 흘러나오는 감동,

혹은 예언적인 하나님의 음성 등을 경험합니다. 음성을 듣는 통로가 확장되면서 외적인 방법뿐만 아니라 내면에서 올라오는 성령님의 음성이 투영되기 시작합니다.

씨앗단계에서는 들은 음성을 분별하는 훈련이 가장 우선시되어야 합니다. 자칫 사탄의 음성을 따라갈 수 있기 때문입니다. 미혹될 수도 있기 때문입니다.

그러나 영적인 성장이 일어난 성장단계에서는 음성의 분별뿐만 아니라 음성을 듣는 통로의 확장 훈련이 추가되어야 합니다. 그것이 바로 성장단계에서의 '영적 돌파를 위한 5단계 영성훈련'이었습니다. '하나님의 음성듣기 5단계의 훈련'이었습니다. 하나님의 품 안에서 자유하며 안식하는 단계를 거쳐 순종과 행함의 단계, 내려놓음의 단계, 선순환의 단계의 훈련을 통해 하나님의 음성을 더 선명히 들을 수 있습니다.

성장단계를 거치면서 우리의 영이 하나님과 친밀한 관계로 진전이 되기 시작합니다. 하나님의 음성을 듣는 것은 하나님과의 친밀함과 무관하지 않습니다. 하나님을 사랑할수록, 하나님과의 관계가 친밀해질수록 아버지의 음성을 듣기 위해 귀를 쫑긋 세우게 됩니다.

특이한 것은 하나님의 음성이 투영될수록 죄와의 치열한 싸움이 시작된다는 것입니다. 하나님은 거룩한 영이시기 때문에 하나님의 음성이 투영되기 시작할 때부터 그동안 죄로 보이지 않았던 죄들이 선명해집니다. 그때부터 하나님께서는 거룩한 행보를 우리에게 요구하십니다. 현재 죄와의 치열한 싸움이 시작되었고, 거룩해지기 위해 몸부림치고 있다면 성숙의 단계로 접어들었다는 증거입니다.

세미한 음성을 듣기 위한 4단계 영성훈련

믿음의 조상이라고 일컫는 아브라함은 '너는 너의 고향과 친척과 아버지의 집을 떠나 내가 네게 보여 줄 땅으로 가라'는 하나님의 음성을 들었습니다(창 12:1). 하나님의 음성에 순종한 아브라함은 별과 같이 셀 수 없는 이스라엘의 민족의 아버지가 되었습니다.

어린 사무엘에게도 '사무엘아, 사무엘아, 사무엘아' 하며 3번을 부르셨습니다. 하나님께서 부르실 때마다 사무엘은 엘리 제사장에게 다가가 '주여, 부르셨습니까'하고 물었습니다. 하나님의 음성을 한 번도 경험한 적이 없었던 사무엘이었기에 그 음성이 하나님의 음성인지 전혀 인식하지 못했던 것입니다. 하지만 사무엘이 '여호와여, 말씀하옵소서. 제가 듣겠나이다' 하며 영의 귀를 열고 하나님을 찾았을 때 하나님의 음성이 투영되기 시작했습니다(삼상 3:10).

성경에 많은 믿음의 선진들이 등장합니다. 모세, 다윗, 엘리야, 예레미야, 이사야, 심지어 성경에 사기꾼으로 묘사된 야곱까지도 하나님의 음성을 듣는 삶을 살았습니다. 그런데 이들 모두 하나님의 음성을 처음부터 선명히 듣지는 못했습니다. 고난과 연단과 훈련 속에서 하나님의 음성을 선명히 듣게 되었고, 그 결과 하나님의 큰 종으로 사용될 수 있었습니다.

분명한 것은 하나님의 음성은 처음부터 선명히 들을 수 없다는 것입니다. 그 어떤 훈련보다도 자신을 거룩한 통로로 빚어나가는 훈련이 필요합니다. 영의 귀가 열리고 분별의 능력이 강화될 때 세미한 음성으로 혹은 우레와 같은 음성으로 다가올 것입니다.

하나님의 음성듣기의 성숙단계는 연마단계라고 인식하시면 되겠습니다. 훈련과 연단의 시기를 거쳐 더욱 섬세하고 세미한 음성을 듣기 위해 세공하는 단계입니다.

지금부터는 성숙단계에서의 세미한 음성을 듣기 위한 4단계 영성훈련에 대해 나눠 보겠습니다. 모세와 사도 바울의 삶을 통해 그들은 어떠한 방법으로 하나님의 음성을 듣게 되었는지, 어떠한 훈련을 통해 거룩한 통로로 빚어지게 되었는지에 대해 살펴보겠습니다.

성숙단계의 영성훈련 1단계
'경건과 거룩의 훈련'

성경에 모세는 하나님과 얼굴과 얼굴을 맞대어 대화를 한 사람으로 기록되어 있습니다.

> "사람이 자기의 친구와 이야기함 같이 여호와께서는 모세와
> 대면하여 말씀하시며 모세는 진으로 돌아오나 눈의 아들 젊
> 은 수종자 여호수아는 회막을 떠나지 아니하니라" (출 33:11)

어느 날, 하나님께서 이방 여인을 아내로 삼았다고 모세를 비방하고 있는 아론과 미리암에게 단호하게 말씀하셨습니다.

"내 말을 들어라. 너희 가운데 예언자가 있으면, 나 여호와가 환상으로 나를 그에게 보여 주고, 꿈으로 그에게 말할 것이다. 그러나 내 종 모세에게는 그렇게 하지 않았다. 그는 나의 모든 백성을 충성스럽게 보살피고 있다. 나는 그와 얼굴과 얼굴을 맞대어 말하고, 숨은 뜻으로 말하지 않고 분명히 말하노라. 그는 나 여호와의 모습까지 보았다. 그런데 어찌하여 너희는 아무 두려움도 없이, 내 종 모세를 비방하느냐?" (민 12:7-8)

다른 예언자들에게는 환상과 꿈으로 말하지만, 모세에게만은 하나님의 얼굴까지 보여주시며 말씀하셨습니다. 아마도 모세는 아주

특별한 능력을 소유한 사람이었나 봅니다. 우리와는 전혀 다른 성정을 가진 사람이었나 봅니다.

그런데 출애굽기를 보면 모세가 이집트 왕궁에서 살았던 40살까지 하나님의 음성을 들었다는 기록이 전혀 없습니다. 오히려 자신의 생각과 감정대로 살아왔던 지극히 평범한 인물이었습니다. 심지어 사람을 쳐서 죽을 만큼의 폭발적인 분노를 소유했던 사람이었습니다(출 2:11-12). 지극히 평범한 삶을 살며 하나님의 음성을 듣지 못했던 모세가 인생의 후반기인 80세에 이르러서는 하나님의 음성을 선명히 듣게 되었습니다. 뿐만 아니라 하나님의 얼굴을 대면하여 대화까지 나누는 특별한 사람이 되었습니다.

인생의 중반기였던 40살에서 80살까지 모세에게 도대체 무슨 일이 일어났던 것일까요?

모세의 나이가 80살이 되던 어느 날, 모세는 미디안 광야에서 장인의 양 떼를 돌보고 있었습니다. 모세는 양 떼를 끌고 호렙산에 이르렀는데 그곳에서 이상한 광경을 보게 됩니다. 떨기나무에 불이 붙었는데 떨기나무가 타지 않고 그대로 있었던 것입니다. 그 희한한 광경을 자세히 보려고 떨기나무 쪽으로 다가가던 모세는 깜짝 놀랐습니다. 떨기나무 가운데서 한 음성이 들렸기 때문입니다.

"모세야! 모세야!"

이 음성에 모세는 '내가 여기 있나이다'라고 대답했습니다. 하나님께서 모세에게 또 말씀하셨습니다.

"이리로 가까이 오지 말라. 네가 선 곳은 거룩한 땅이니 네 발에서 신을 벗으라.[30] 나는 네 조상의 하나님이니 아브라함의 하나님, 이삭의 하나님, 야곱의 하나님이니라."(출 3:5-6)

모세에게 '나는 네 조상 아브라함과 이삭과 야곱의 하나님'이라고 하나님 자신을 소개하셨습니다. 이때부터 본격적으로 모세와 하나님과의 대화가 시작되었습니다.

여기서 주목할 점은 모세의 하나님의 음성듣기는 왕궁에서 시작되지 않았다는 것입니다. 미디안 광야에서 본격적으로 하나님의 음성을 듣기 시작했습니다(출 2:15). 세례 요한도 세상과 철저히 분리된 광야에서 하나님의 음성을 듣기 시작했습니다.[31]

---

30 '네가 선 곳은 거룩한 땅이니 네 발에서 신을 벗으라'(출 3:5): 고대 근동 지방에서는 자유인만 신을 신고 좋은 신을 신고 다니지 않았습니다. '네 신을 벗어라'라는 뜻은 나의 종으로 살라는 의미입니다. 죄악을 벗어 버리라는 의미입니다. 불순종을 벗어 버리라는 의미입니다. 모든 주권을 내려놓고 오직 하나님의 말씀에만 순종하라는 의미도 내포되어 있습니다. 80살이 된 모세에게 나타나신 하나님께서 '네 발에서 신을 벗어라'하시며 모세를 하나님의 종으로 부르셨습니다. 하나님께서는 모세의 후계자인 여호수아에게도 '네 발에서 신을 벗으라'고 말씀하셨습니다(수 5:15). 하나님의 거룩한 존전 앞에 신을 벗는 모세와 여호수아처럼, 자신의 모든 주권을 내려놓고 종의 신분으로 살아갈 때 하나님의 거룩하신 음성은 더 선명히 투영됩니다.

31 "안나스와 가야바가 대제사장으로 있을 때에 하나님의 말씀이 광야에 있는 사가랴의 아들 요한에게 내렸습니다."(눅 3:2, 쉬운)
세례 요한도 광야에서 하나님의 음성을 듣기 시작했습니다. 그 당시 안나스와 가야바는 대제사장으로 하나님의 사역을 감당하고 있었습니다. 아마도 세상 사람들은 안나스나 가야바 대제사장에게 하나님의 음성이 투영될 것이라고 생각했을지도 모르겠습니다. 예수님께서 세상의 재물과 하나님을 겸하여 섬길 수 없다고 단호히 말씀하셨습니다(마 6:24). 하나님께서는 세상과 구별된 삶을 살고 있지 않는 안나스와 가야바에 사도 바울도 마찬가지입니다.

> "또 나보다 먼저 사도 된 자들을 만나려고 예루살렘으로 가
> 지 아니하고 아라비아로 갔다가 다시 다메섹으로 돌아갔노
> 라"(갈 1:17)

다메섹 도상에서 예수님을 목격했던 바울은 복음을 전파하고 싶
은 열정이 넘쳤을 것입니다(행 9:20). 하지만 곧바로 사역을 허락하
지 않으셨습니다. 오히려 바울을 아라비아 광야로 몰아넣으셨습니
다.

그런데 광야란 어떤 장소일까요?

광야의 사전적 의미는 '텅 비고 아득하게 너른 들'로 정의되어 있
습니다. 물론 모세는 실제 아득하게 넓은 들이었던 미디안 광야에
서 양을 치며 살았습니다. 그러나 여기에서 설명하고 있는 광야는
실제 광야나 골방을 의미하지 않습니다. 광야는 세상과 분리된 삶
을 의미합니다. 광야에 머문다는 것은 세상과 구별된 삶을 살아간
다는 의미입니다. 신기한 것은 광야에서부터 하나님의 역사가 일어

게는 말씀하지 않으셨습니다. 오히려 세상과 야합하고 있는 대제사장보다 광야에서
하나님의 마음을 시원하게 하고 있는 세례 요한에게 말씀하셨습니다.

나기 시작한다는 것입니다.

이집트 왕자로 살았던 모세에게, 다메섹 도상에서 예수님을 목격했던 바울에게 곧바로 하나님의 음성을 투영하지 않으셨습니다. 곧바로 사역으로 이끌지 않으셨습니다. 이들을 좀 더 성장시키며 성숙시키기를 원하셨습니다. [32]

무엇보다도 광야에서 경건과 거룩의 훈련을 시키셨던 이유는 바로 사명 때문이었습니다. 모세는 성경을 기록해야 하는 사명이 있었습니다. 하나님의 대언의 통로로서 이스라엘 민족을 출애굽 시켜야 하는 거룩한 사명이 있었습니다.

사도 바울도 마찬가지입니다. 만약 바울이 광야훈련을 받지 않았다면 성경을 기록하는 거룩한 통로가 되지 못했을 것입니다. 권능의 사도가 되지 못했을 것입니다. 세상의 모든 것을 배설물로 여긴다는 신앙고백을 하지 못했을 것입니다. 아마도 바울은 아라비아 광야에서 '하나님의 복음을 위하여 택정함을 받은 사도(로마서 1:1)'

---

32 성장단계에서도 하나님의 음성을 듣고 있기 때문에 충분히 사역을 감당할 수 있습니다. 꿈과 환상, 감동, 영으로부터 흘러나오는 성령님의 직접적인 음성도 성장단계에서 경험할 수 있습니다. 그러나 영으로부터 흘러나오는 성령님의 음성을 대언하기 위해서는 반드시 거룩성을 입는 훈련이 필요합니다. 하나님은 거룩하신 영이기 때문에 우리의 영의 통로가 거룩하지 않다면 하나님의 음성을 대언할 수 없습니다. 하나님의 대언의 도구로서 죽어가는 영혼을 하나님께로 인도할 수 없다는 것입니다. 우리의 영의 통로가 거룩할 때 하나님의 음성 역시도 선명하게 울려 퍼지게 되는 것입니다.
결론적으로 성장단계와 성숙단계 모두 다 사역은 할 수 있지만, 모세나 사도 바울과 같이 거룩한 사명을 감당하기 위해 더 강도 높은 훈련을 하나님께서 요구하신다는 것입니다.

로 세워지는 훈련을 받았을 것입니다.

하나님께서는 거룩한 사명을 가진 모세와 바울에게 광야에서 경건과 거룩의 훈련을 행하셨습니다.[33] 하나님께서 쓰기에 합당한 거룩한 그릇으로 빚어내기 위한 훈련입니다. 이들을 향한 하나님의 거룩한 행보는 바로 광야에서부터 시작되었습니다.

나의 광야훈련은 멕시코의 선교사로 파송을 받은 직후부터 시작되었습니다.

나는 중보기도자입니다. 하나님께서 사명을 주실 때 '무릎으로 부흥을 일으키라'고 말씀하셨습니다. 하나님의 음성에 '아멘!' 하는 그 순간부터 골방으로 인도하셨습니다. 하나님의 마음을 받기 위하여, 하나님의 눈물을 담기 위하여, 예수님의 심장을 갖기 위하여 골방에서 목에 피가 나도록 기도했습니다.

골방의 기도훈련이 시작될 그 무렵부터 세상 속에서 서서히 분리되기 시작했습니다. 세상과 구별되기 시작했습니다. 골방에 머물렀던 7년여 동안 세상의 친구들은 하나둘씩 멀어져갔습니다. 그

---

33 우리가 의도적으로 노력한다고 해서 거룩성이 입혀지는 것이 아닙니다. 하나님을 갈망함으로 나아올 때 거룩하신 영이신 하나님께서 자녀인 우리와 소통하기 위해 거룩의 영, 성결의 영으로 덮어주시는 것입니다. 마치 우리가 죄인이었으나 예수 그리스도의 복음을 받아들임으로 의인으로 칭함 받는 것과 같은 원리입니다. 경건과 거룩한 삶을 통해 하나님과 친밀한 관계를 형성하기 열망한다면 하나님께서 우리에게 거룩성을 입혀 나가는 것입니다. 거룩성이 입혀지는 것은 하나님의 주권입니다.

렇게도 친했던 지인들에게 예수님께 미친 광신자라며 외면당했습니다. 입만 열면 하나님 이야기만 한다며 어느새 친구들 모임에서도 서서히 잊혀져갔습니다. 때로는 전화 한 통 걸려오지 않는 애꿎은 수화기만 올렸다 내렸다 했습니다.

그런데 신기한 것은 세상을 향해 열려있던 문들이 하나하나 닫힐 때마다 하늘의 문은 서서히 열리기 시작했습니다. 세상과의 분리가 일어날 때마다 하나님의 위로의 음성은 더 크고 선명히 들리기 시작했습니다.

"사랑하는 딸아, 고난 중에서도 나를 찬양할 수 있는지, 고통 가운데에서도 나를 바라볼 수 있는지, 골방의 고독 가운데에서도 나를 온전히 신뢰할 수 있는지, 지금 내가 훈련하고 있단다. 기운을 내거라. 내가 너를 사랑하도다."

골방에서 울려 퍼졌던 하나님의 이 음성은 세상의 화려한 것들이 무가치하게 느껴질 만큼 강력했습니다. 모든 것들을 잃을지라도 하나님만 계신다면 축복된 인생이라는 생각이 들었습니다. 세상의 모든 것들을 배설물로 여기기에 충분했습니다.

그렇게 좋아했던 TV도 보지 않았습니다. 세상에서 쏟아져 나오는 소음들이 하나님의 음성의 통로를 차단한다는 것을 알았기 때문에 미련 없이 버릴 수 있었습니다.

수년이 흐른 지금도, 여전히 나는 골방에 머물러 있습니다. 멕시코의 광야에 있습니다. 세상과 철저히 분리되고 구별된 채 하루를 시작하고 하루를 마감합니다. 그러나 지금 그 어느 때보다도 행복합니다. 이제 내 안에서 울려 퍼지는 아버지의 위로의 음성이 있었기 때문입니다. 그것만으로도 충분히 행복할 수 있다는 것을 깨달았기 때문입니다.

무엇보다도 모세의 40년의 광야 생활은 경건과 거룩성을 훈련하는 최적의 환경을 제공해 주었습니다. 광야에서 모세는 하나님의 음성을 듣기 시작했습니다. 하지만 설령 모세가 하나님의 음성을 듣는 단계로 성장했다 할지라도 그에게 맡겨진 거룩한 사명을 감당할 정도로 성숙되지는 않았습니다. 광야에서 경건과 거룩의 훈련을 받은 모세였지만 때때로 하나님의 명령에 반발하기도 했습니다.

"나는 지금 너를 파라오에게 보내려 하니, 가거라! 가서 내 백성 이스라엘 사람들을 이집트에서 인도해 내어라!"(출 3:10)

하나님의 이 말씀에 모세가 이렇게 대답합니다.

"제가 누구인데 그런 일을 합니까? 어찌하여 제가 파라오에게 가서 이스라엘 백성을 인도해 내야 합니까?"(출 3:11)

그래서 하나님께서는 모세에게 두 번째 훈련을 감행하십니다. 바로 순종의 훈련이었습니다.

성숙단계의 영성훈련 2단계
'순종의 훈련'

모세는 40년 동안 광야와 골방에서 경건과 거룩의 훈련을 받았습니다. 그 결과 하나님의 음성을 선명히 듣게 되었습니다. 하지만 모세를 곧바로 사역으로 이끌지 않으셨습니다. 모세에게 순종의 훈련을 감행하셨습니다.

"하나님! 만약 이스라엘 백성이 내 말을 믿지 않거나 따르지 않으면 어떻게 합니까? 만약 그들이 여호와께서는 너에게 나타나지 않으셨다고 하면 어떻게 합니까?"(출 4:1)

하나님의 명령[34]에 계속 자신의 입장을 고수하고 있는 모세에게 이렇게 물으셨습니다.

"모세야, 네 손에 있는 것이 무엇이냐?"(출 4:2)

모세가 대답했습니다.

"지팡이니이다."(출 4:2)

"그것을 땅에 던져라!"(출 4:3)

모세가 지팡이를 땅에 던지자, 지팡이가 뱀이 되었습니다. 모세는 뱀을 피해 달아났습니다. 뱀을 피해 달아난 모세에게 말씀하셨

---

34 "나는 지금 너를 파라오에게 보내려 하니, 가거라! 가서 내 백성 이스라엘 사람들을 이집트에서 인도해 내어라!"(출 3:10, 쉬운)

습니다.

"네 손을 내밀어 그 꼬리를 잡으라!"(출 4:4)

하나님께서 모세를 향해 '뱀의 꼬리를 잡으라'고 말씀하셨습니다. 보통 뱀을 잡을 때는 머리를 먼저 잡습니다. 뱀의 꼬리를 잡는다면 그 뱀이 돌아서 물 수도 있기 때문입니다. 40년 동안 광야 생활을 했던 모세는 광야의 뱀독이 얼마나 무서운지 잘 알고 있었을 것입니다. 순종하기 어려운 명령 앞에 아마도 이러한 생각을 했을지도 모르겠습니다.

'왜 하나님께서 뱀의 머리가 아니라 꼬리를 잡으라 말씀하시지?'

분명 갈등했을 것입니다. 자칫 뱀의 꼬리를 잡다가 물리면 죽을 수도 있기 때문입니다. 그러나 모세는 하나님의 말씀 앞에 자신의 생각을 복종시켰습니다. 하나님의 음성에 순종하여 뱀의 꼬리를 손으로 잡습니다. 그 순간 그 뱀은 다시 지팡이가 됩니다.

모세는 하나님의 말씀에 자신을 쳐서 복종시키는 순종의 훈련을 광야에서 받았습니다. 이러한 순종의 훈련을 통해 모세는 바로 왕에게 가는 것이 부담스러웠지만 하나님의 말씀에 순종할 수 있었던 것입니다.

그런데 왜 하나님께서 이러한 훈련을 하시는 것일까요?

때로는 하나님께서 인간의 생각과 상황을 뛰어넘는 순종을 요구하실 때가 많습니다. 모세에게 '뱀의 꼬리를 잡으라' 말씀하신 것처럼 말입니다. 만약 순종의 훈련을 하지 않는다면, 하나님의 거룩한 통로로 사용될 수 없습니다. 하나님의 말씀에 순종하지 않는다면 사명도 감당할 수 없습니다. 종은 오로지 주인의 명령에 순복해야 합니다. 주인이 무엇을 시키든 종은 무조건 복종해야 합니다.

만약 순종의 훈련을 하지 않고 사역에 임한다면 자신이 원하는 사역만을 고집할 수 있습니다. 하나님과 무관하게 자신이 원하는 곳과 원하는 때를 고집하는 것입니다. 자신의 환경과 상황에 하나님을 맞추려 하는 불의한 종의 모습이 나타날 수도 있습니다. 그래서 하나님은 우리를 사용하시기 전에 순종의 훈련을 행하시는 것입니다.

여기서, 성장단계에서의 순종의 훈련[35]과 성숙단계에서의 순종의 훈련을 하는 목적이 다르다는 것을 기억하셔야 합니다.

성장단계에서의 순종의 훈련은 영적인 성장을 위한 훈련이었습니다. 겉사람과 속사람의 싸움에서 겉사람의 기질들을 내려놓기 위한 훈련이었습니다. 순종은 속사람(우리의 영, 성령)을 강건하게 만드

---

35 성장단계에서의 하나님의 음성듣기 5단계 영성훈련
  1) 1단계: 하나님 품안에서 자유하며 안식하는 단계
  2) 2단계: 순종의 단계
  3) 3단계: 행함의 단계
  4) 4단계: 내려놓음의 단계
  5) 5단계: 선순환의 단계

는 원동력입니다. 성장단계에서의 순종과 내려놓음의 훈련은 속사람을 강건하게 하기 위한 훈련이었습니다. '영적인 성장과 하나님의 음성을 듣는 통로를 확장하기 위한 훈련'이었습니다.

반면 성숙단계에서의 순종과 내려놓음의 훈련은 그보다 한 차원 높은 수준의 훈련입니다. 하나님 앞에 죽도록 충성하는 도구로 빚어지기 위한 훈련입니다. 우리의 혈과 육을 쳐서 하나님께 복종시키는 훈련입니다. 설령 사망의 골짜기로 가라고 명령하신다 할지라도 순종할 수 있는 견고한 믿음의 돌파를 위한 훈련입니다. 그들의 '영혼육이 하나님께 온전히 통치되도록 하기 위한 훈련'인 것입니다.

하나님께서는 성숙단계에 이른 종들에게 순종의 훈련을 통해 거룩한 그릇으로 빚어 가십니다. 순종의 훈련을 거친 거룩한 종들의 입술에서 사도 바울의 고백이 흘러나오기를 기대하십니다.

"내가 그리스도와 함께 십자가에 못 박혔나니 그런즉 이제는 내가 사는 것이 아니요 오직 내 안에 그리스도께서 사시는 것이라 이제 내가 육체 가운데 사는 것은 나를 사랑하사 나를 위하여 자기 자신을 버리신 하나님의 아들을 믿는 믿음 안에서 사는 것이라" (갈 2:20)

성숙단계에서의 영성훈련 3단계
'내려놓음의 훈련'

모세는 광야에서 40년 동안 세상과 구별된 삶을 살아가므로 거룩한 영의 통로를 소유한 사람이 되었습니다. 하나님께서는 그런 모세를 불러 하나님의 종으로 기름 부으셨습니다. 모세는 순종의 훈련도 무사히 마쳤습니다. 경건과 거룩, 순종의 훈련을 마친 모세는 드디어 이집트로 가게 됩니다. 그리고 바로 왕을 만나게 됩니다.

> "그 후에 모세와 아론이 바로에게 가서 이르되 이스라엘의
> 하나님 여호와께서 이렇게 말씀하시기를 내 백성을 보내라
> 그러면 그들이 광야에서 내 앞에 절기를 지킬 것이니라 하
> 셨나이다"(출 5:1)

모세는 바로 왕 앞에 서서 '내 백성들을 내보내서 광야에서 나에게 절기를 지킬 수 있게 하라'는 하나님의 음성을 대언했습니다(출 5:1).

모세는 분명 하나님의 말씀에 순종하여 그대로 바로 왕에게 전했습니다. 그런데 이 말을 들은 바로 왕은 오히려 하나님의 음성을 거부합니다.

"여호와가 누구냐? 여호와가 누구길래 내가 그의 말을 듣고 이스

라엘 백성을 내보내야 하느냐? 나는 여호와를 알지 못한다. 나는 이스라엘 백성을 보낼 수 없다."(출 5:2)

결국 이 일로 이스라엘 백성들은 더 어려운 상황에 직면하게 됩니다. 그들의 삶이 이전보다 더 고단해졌습니다. 벽돌에 넣을 짚을 스스로 구해야 했으므로 작업량이 이전보다 더 많아졌습니다(출 5:6-11). 그때부터 이스라엘 백성들은 모세를 원망하기 시작합니다.

"도대체 당신이 누구인데 왜 이렇게 우리를 힘들게 하는 것입니까? 왜 우리를 더 비참하게 하는 것입니까?"

모세는 분명 하나님의 음성에 순종했습니다. 하지만 전혀 예상치 못한 상황에 직면하면서 이스라엘 백성들의 질책과 원망까지 사게 됩니다.

모세가 하나님의 말씀에 순종한 결과가 어떻게 나타났습니까? 그로 인해 모세가 경험했던 것은 무엇이었습니까? 좌절이었습니다. 실족이었습니다. 무너짐이었습니다. 하나님의 음성을 듣고 순종했지만 때로는 좌절을 경험할 수 있습니다. 때로는 판단과 정죄를 받을 수도 있습니다. 심지어 손가락질까지 당하는 수모를 겪을 수도 있습니다.

그런데 왜 하나님께서 이러한 상황을 허락하시는 것일까요?

예전에 나는 가끔 어린 딸아이에게 이렇게 묻곤 했습니다.

"엄마가 더 좋으니? 아빠가 더 좋으니?"

엄마가 물으면 엄마가 더 좋다고 합니다. 아빠가 물으면 아빠가 더 좋다고 대답합니다.

사실, 세상의 처세술은 '이것을 선택하느냐, 저것을 선택하느냐'는 흑백 논리보다는 '이것도 좋고, 저것도 좋다'고 대답하는 노련함을 더 선호합니다. 그래야지만 적자생존의 원칙이 철저히 지켜지는 세상 한복판에서 살아남을 수 있기 때문입니다.

하나님께서는 이스라엘 백성에게 질책과 손가락질을 받고있는 모세에게 이렇게 묻고 계신 것입니다.

"너는 사람을 선택할 것이냐? 하나님을 선택할 것이냐?"

"너는 사람을 기쁘게 할 것이냐? 여호와를 기쁘게 할 것이냐?"

하나님께서는 우리에게 자유의지를 선물로 주셨습니다(창 2:16-17, 수 24:15, 렘 21:8). 다른 사람들의 판단과 질책과 손가락질 가운데에서도 하나님을 선택하는지, 자신의 유익을 선택하는지 가늠하십니다. 성숙단계에 도달한 하나님의 종들에게 이 훈련을 통해 연마하십니다. 더욱 섬세하게 세공하십니다.

하나님께서는 좌절과 낙심의 상황 속에서 모세가 무엇을 선택하는지 시험하셨습니다. 다른 사람의 판단과 질책 속에서 괴로워하고 있는 모세를 향해 오히려 바로 왕에게 다시 가라고 명령하십니다.

"모세가 여호와 앞에 아뢰어 이르되 이스라엘 자손도 내 말을 듣지 아니하였거든 바로가 어찌 들으리이까 나는 입이 둔한 자니이다 여호와께서 모세와 아론에게 말씀하사 그들로 이스라엘 자손과 애굽 왕 바로에게 명령을 전하고 이스라엘 자손을 애굽 땅에서 인도하여 내게 하시니라"(출 6:12-13)

아마 모세는 이때 엄청난 갈등이 일어났을 것입니다. 하나님의 말씀에 순종한다면 또다시 사람들의 비난과 비판, 손가락질을 당할 수도 있기 때문입니다. 모세는 '사람을 선택할 것이냐, 하나님을 선택할 것이냐'의 갈림길에 선 것입니다. 결국 모세는 하나님의 명령에 순종하므로 하나님을 선택합니다.

하나님께서는 처음부터 이집트의 요술사들이 결코 흉내 내지 못할 권능을 모세에게 쏟아부어 주실 수도 있었습니다. 하지만 그렇게 하지 않으셨습니다. 하나님께서는 앞으로 모세에게 어떠한 일들이 일어날지 다 알고 계셨습니다. 어떤 어려움에 직면하게 될지, 그로 인해 실족하고 넘어질지도 이미 다 알고 계셨습니다(출 5:23). 하지만 모세를 더 견고한 그릇으로 빚기 위하여 내려놓는 훈련을 감행하셨던 것입니다.

모세가 이러한 훈련을 통해 거룩한 통로로 성화 되어 갈 때 하나님의 영으로 충만하게 되었습니다. 성령으로 충만해져 그의 얼굴에 하나님의 광채까지 발하게 되었습니다(출 34:29-35). 사람의 칭찬을 내려놓고, 하나님만을 선택하는 내려놓음의 훈련을 통해 모세는 더욱 거룩한 종으로 빚어졌습니다.

사도 바울도 내려놓음의 훈련 속에서 최고의 고백을 남겼습니다. 사도 바울의 신앙고백이 우리 모두의 간구가 되었으면 좋겠습니다.

"이제 내가 사람들에게 좋게 하랴? 하나님께 좋게 하랴? 사람들에게 기쁨을 구하랴? 내가 지금까지 사람들의 기쁨을 구하였다면 그리스도의 종이 아니니라"(갈 1:10)

성숙단계에서의 영성훈련 4단계
'성령님께 묻고 또 묻는 훈련'

사도 바울은 아라비아 광야에서 경건과 거룩의 훈련을 받았습니다. 자신을 쳐서 복종시키는 순종의 훈련도 받았습니다. 세상의 모든 것을 배설물로 여기는 내려놓음의 훈련도 통과했습니다. 비록 수많은 매질과 핍박과 손가락질을 당했지만, 하나님만을 선택하는 거룩한 종으로 빚어졌습니다. 이러한 훈련 속에서 그는 다양한 통로를 통해 성령님의 음성을 듣게 되었습니다. 환상을 통해, 꿈을 통해, 감동을 통해, 계시를 통해, 다른 사람을 통해, 말씀을 통해, 환경의 변화를 통해 하나님의 세미한 음성을 듣게 되었습니다. 다양한 통로로부터 하나님의 음성을 투영 받으며 거룩한 종으로 권능의 사역을 감당하게 됩니다.

그런데 사도 바울은 한 발짝 한 발짝 내디딜 때마다 기도하며 묻고 또 물었습니다(행 22:10). 모세도 성막 안에서 하나님께 묻고 또 물었습니다. 그들이 물을 때마다 더욱 다양한 방법으로 음성을 투영해 주셨습니다. 그들의 사역 가운데 하나님의 영광을 드러낼 수 있도록 가장 적합한 사역의 방향을 보여 주시며 이끌어 주셨습니다.

하나님께서는 우리가 깨달을 때까지 말씀하시고 또 말씀하십니다(욥 33:14). 만약 성숙단계로의 돌파를 원한다면 모세가 그랬던 것처럼, 바울이 그랬던 것처럼 우리도 하나님께 묻고 또 묻는 훈련을 해야 합니다.

나의 경우 '하나님께 묻는 훈련'을 상당히 오랜 기간 동안 했습니다. 선교지에 갈 때마다, 사역이 확장될 때마다, 심방을 할 때마다 하나님께 묻고 또 물었습니다.

어느 날, 하나님께 이렇게 물었습니다.

"하나님, 이번 선교지에 무엇을 가지고 가면 좋을까요? 그 선교지에 어떤 것이 가장 필요할까요?"

아무런 음성도 주시지 않았습니다. 그런데 며칠 후, 양말 가게를 하시는 어떤 집사님이 선교지에 양말을 보내고 싶다며 양말을 후원해 주셨습니다. 후원으로 받은 양말을 차에 한가득히 채워 선교지에 갔습니다. 선교지에 도착했을 때 어린아이처럼 통곡하며 울어 버렸습니다. 12월의 그 혹독한 추위에 양말도, 신발도 신고 있지 않은 아이들이 너무나도 많이 있었기 때문입니다. 어린 자녀들에게 양말을 선물로 주고 싶으셨던 아버지의 사랑이 절절하게 느껴져 가슴이 먹먹했습니다.

"하나님, 이번 선교지에 무엇을 가져갈까요?"

이 물음에 하나님께서는 꿈과 환상, 계시와 같은 영적인 방법으로 말씀해 주시지 않았습니다. 다른 사람의 도움이라는 친숙한 통로를 통해 신실하게 응답해 주셨습니다. 그 순간 이후로 사소한 것도 하나님께 묻고 또 묻고 또다시 물었습니다.

"주님, 오늘 그 사람하고 몇 시에 만날까요?"

"주님, 이 옷을 입을까요? 저 옷을 입을까요?"

아마도 사람에게 이러한 질문을 쏟아붓는다면 기겁을 하고 달아났을 것입니다. 그러나 신실하신 하나님 아버지는 결코 그러하지 않으셨습니다. 하찮은 질문에도 애정을 담아 하나하나 응답해 주셨습니다.

하나님께 모든 것을 묻는다는 것은 자신의 주권을 내려놓겠다는 자기 부인의 모습입니다. 종의 신분으로 살겠다는 결단입니다. 하나님과의 친밀도가 그만큼 깊어졌다는 증거입니다. 우리는 하나님의 종입니다. 종이 주인의 생각을 묻지 않고 어떻게 자기 맘대로 행할 수 있겠습니까? 주인의 생각과 뜻을 따르기 위해 반드시 주인에게 먼저 물어보십시오.

"하나님, 어떠한 방법으로 이 사역을 진행하는 것이 좋겠습니까?"

"이 사명을 이루기 위해 무엇을 순종해야 할까요? 무엇을 내려놓아야 할까요?"

하나님의 뜻을 물으십시오. 사역할 때마다 묻고 또 물으십시오. 일상의 삶 가운데 하나님의 뜻을 여쭈어보십시오. 그리할 때 음성을 듣는 통로가 확장되면서 하나님의 인도함을 받게 될 것입니다. 하나님과 동행하는 삶이 시작될 것입니다.

"이는 내게 사는 것이 그리스도니 죽는 것도 유익함이라"
(빌 1:21)

"내게 능력 주시는 자 안에서 내가 모든 것을 할 수 있느니라"(빌 4:13)

성숙단계, 권능 사역의 단계

예수님께서 제자들을 부르실 때 능력을 보고 선택하지 않으셨습니다. 제자로 삼으신 후에 능력을 부어 주셨습니다. '나를 따르라'며 부르셨을 때 주저하지 않고 순종하는 그 믿음에 기름을 부어 주셨습니다.

하나님의 음성도 마찬가지입니다. 하나님께서는 우리의 능력을 가늠하신 후 하나님의 음성을 투영하지 않으십니다. 설령 하나님을 대적하는 자리에 있을지라도 '내게 돌아오라' 하시며 음성을 투영하십니다. 그가 비록 성도들을 핍박하는 도구로 사용되고 있을지라도 결코 외면하지 않으십니다. 오히려 그에게 하나님의 음성을 투영하시기 시작하십니다. 바로 사울(회심 전 사도 바울)에게 그러하셨습니다.

사울은 당대 최고의 가말리엘 문하에서 엄격한 율법 교육을 받은 엘리트였습니다. 하나님께 매우 열심을 내던 사람이었습니다. 그의 머릿속에서는 온통 율법만이 가득 차 있었습니다. 그런데 예수님의 제자들이 '예수는 그리스도시요, 하나님의 아들입니다'라고 전파하니 도저히 견딜 수가 없었습니다. 하나님을 망령되이 여기는 그리스도인들을 도저히 용납할 수 없었습니다. 그래서 사울은 교회를 없애 버리려고 집집마다 찾아다니며 성도들을 감옥에 가두었습니다(행 8:3). 그것만으로는 성이 안 찼는지 대제사장에게 찾아가 다메섹의 여러 회당에 보내는 편지를 써 달라고 했습니다(행 9:1-2). 다메섹에 성도들이 많다는 이야기를 들은 것입니다. 닥치는 대로 성도들을 잡아 예루살렘으로 끌고 오려는 것이 그의 생각이었습니다.

사울이 길을 떠나 다메섹에 가까이 이르렀을 때였습니다. 갑자기 하늘로부터 밝은 빛이 사울을 둘러 비췄습니다. 사울은 땅에 엎드렸습니다. 그때 어떤 뚜렷한 소리가 선명하게 들렸습니다.

"사울아, 사울아, 네가 어찌하여 나를 박해하느냐?"(행 9:4)

"주여, 주님은 누구십니까?"

사울이 물었습니다.

"나는 네가 박해하는 예수다. 너는 일어나 시내로 들어가라. 네가 행할 것을 네게 이를 자가 있느니라."(행 9:5-6)

사울은 그리스도인들을 핍박하는 강력한 도구였습니다. 불신자 중의 불신자였던 것입니다. 그런데 그런 강퍅한 사울에게 하나님께서 음성을 투영하기 시작하셨습니다. 그 당시 사울은 성령을 받지 못한 상태였으므로, 하나님께서 외부적인 음성을 통해 말씀하신 것입니다. 이때 사울은 회심하게 됩니다. 예수님의 실체를 목격함으로 복음을 받아들인 것입니다. 복음을 받아들인 결과 성령께서 내주하시게 되었습니다.

성령께서 내주하신 이후부터 사도 바울은 본격적으로 하나님의 음성을 듣기 시작합니다. 하지만 성령님의 세미한 음성을 들을 만큼 영적으로 성장되지는 않았습니다. 그래서 하나님께서는 아나니아를 통해 하나님의 음성을 바울에게 전하십니다(행 9:10-15). 이때가 바로 바울에게 있어 씨앗단계에서의 하나님의 음성듣기에 해당됩니다. 설령 성령께서 내주하셨다 할지라도 본인이 잘 듣지 못하므로 다른 사람을 통해 하나님의 음성을 전달하시는 것입니다.

여기서, 사람에 따라 씨앗단계에서 성장단계로 넘어가는 시간이 길어질 수도, 짧아질 수도 있다는 것을 기억해야 합니다. 단계의 도약을 위해서는 반드시 먼저 영적으로 성장해야 합니다. 설령 성령께서 내주하셨다고 할지라도 영적인 성장이 더디 일어난다면 씨앗단계의 수준에 계속 머무르게 됩니다.

영적인 성장은 마치 펌프에 마중물을 붓는 것에 비유할 수 있습니다. 내 안의 성령님의 생수의 물줄기를 끌어올리기 위해 결단과 순종이라는 마중물을 부어야 합니다. 펌프에 마중물을 붓지 않는다면 삐걱삐걱 소리만 날 뿐 생수의 물줄기가 솟아오르지 않습니다.

사도 바울은 성령님의 음성을 끌어올리기 위해 씨앗단계에서 '복음 전파'라는 마중물을 부었습니다. 이때부터 그는 급속도로 영적으로 성장하게 됩니다. 꿈과 환상을 통해, 계시를 통해, 예언을 통해, 다른 사람의 통로를 통해, 환경을 통해 성령님의 음성을 투영

받았습니다. 복음전파라는 사명을 감당하므로 영적인 성장에 속도가 붙은 것입니다.

성장단계에서 급속한 영적인 성장을 이룬 바울은 성숙단계로 돌입하면서 사역 가운데 권능이 나타나기 시작합니다.

엄밀히 말하면 성숙단계는 '권능을 행할 수 있는 단계'입니다. 성령님의 음성을 듣고 사역하는 것 자체가 능력입니다. 권능의 범주에 속합니다. 성령님의 음성을 듣고 병든 자를 만질 때 그들이 회복되고 치유될 수 있습니다. 성령님의 음성에 따라 귀신 들린 자를 축사할 때 성령님의 능력으로 귀신이 떠나갑니다. 만약 사역자가 성령님의 음성을 들을 수 없다면 사역을 감당하기 어려울 것입니다. 성숙한 사역자로 발돋움하기 위해서는 반드시 성령님의 음성을 듣는 훈련을 해야 합니다.

불신자였던 바울도 하나님의 거룩한 행보에 따라 씨앗단계와 성장단계를 거쳐 성숙한 권능의 단계까지 이르게 되었습니다. 처음부터 바울은 능력을 행했던 사람이 아니었습니다. 처음부터 권능을 행했던 사람이 아니었습니다. 우리와 같은 성정을 가졌던 평범한 사람이었습니다.

그가 겸손한 권능의 종이 될 수 있었던 것은 복음을 향한 열정 때문이었습니다. 그가 성경을 기록하는 성령님의 통로로 사용될 수 있었던 것도 예수님을 향한 뜨거운 사랑 때문이었습니다. 어제나 오늘이나 영원토록 동일하신 하나님께서는 지금도 여전히 뜨거운 복음의 열정을 소유한 거룩한 종들을 찾고 계십니다.

하나님께서는 지금 '복음을 전하는 사명을 다 마칠 수만 있다면 자신의 목숨도 전혀 아깝지 않다'고 고백하는 종들을 찾고 계십니다.

하나님의 나라는 말에 있지 아니하고 오직 능력에 있습니다(고전 4:20). 세상은 점점 더 완악해져 갑니다. 완고해져 갑니다. 강퍅해지는 이 세상 속에서 복음을 전하기 위해서는 하나님의 능력이 필요합니다. 하나님의 권능이 필요합니다.

하나님의 권능은 어느 특정한 사람에게 부어 주시지 않습니다. 어느 특정한 교회에 부어 주시지도 않습니다. 하나님의 권능은 오직 하나님을 사랑하는 사람에게 값없이 부어주시는 아버지의 선물입니다.

지금 하나님을 사랑하며 하나님의 음성을 사모하고 있다면 이미 권능의 종이 될 수 있는 조건을 가지고 있는 것입니다. 지금, 이 순간 '하나님, 나를 써 주시옵소서'라고 고백하시기 바랍니다. '거룩한 그릇으로 빚어 주시옵소서'라고 기도하시기 바랍니다. 전심으로 올려지는 그 기도를 통해 거룩한 통로로 빚기 위한 하나님의 거룩한 행보가 시작될 것입니다.

"내가 달려갈 길과 주 예수께 받은 사명 곧 하나님의 은혜의

복음을 증언하는 일을 마치려 함에는 나의 생명조차 조금도
귀한 것으로 여기지 아니하노라" (행 20:24)

더 깊은 영의 영역에서의 꿈과 환상

요즘 부쩍 꿈과 환상을 통해 하나님의 음성을 투영 받는 성도들
을 심심치 않게 볼 수 있습니다. 우리 교회도 예외가 아니어서 영안
이 열리기 시작하는 성도들이 많아졌습니다. 어린아이로부터 노인
에 이르기까지 세대를 넘나들며 꿈과 환상을 통해 하나님의 음성을
투영 받고 있습니다.

분명한 것은 꿈과 환상은 하나님의 음성을 듣는 통로 가운데 하
나라는 것입니다. 물론 모든 꿈과 환상이 하나님의 음성을 담고 있
지는 않습니다. 그러나 우리의 영이 성장하면 할수록 꿈과 환상도
선명해지며 그 통로를 통해 하나님께서 말씀하실 수 있다는 것입니
다.[36]

---

36 성장단계에 이르게 되면서 하나님의 음성을 받는 통로 가운데 어느 특정한 통로가 더

먼저 꿈에 대해 살펴보도록 하겠습니다. 이미 앞에서 꿈은 '자신의 영의 상태를 투영하는 거울'이며 '영의 활동의 무대'라고 말씀드렸습니다. 꿈을 통해 하나님의 음성을 투영 받을 수 있을 뿐만 아니라, 영적인 상태가 어떠한지 짐작할 수도 있다는 것입니다.

무엇보다도 우리의 영이 성장하고 성숙할수록 꿈의 선명도나 내용에 상당한 차이가 있을 수 있습니다. 앞에서 언급한 하나님의 음성듣기의 씨앗단계에서도 우리는 꿈을 꿉니다. 성장단계에서도 꿈을 꿉니다. 성숙단계로 도약했을 때에도 여전히 꿈을 꾸고 있습니다.

그런데 씨앗단계에서는 주로 자신의 영의 상태를 나타내는 꿈을 꿉니다. 자신의 영이 신음하고 있는지, 하나님 안에서 안식하고 있는지 때때로 꿈을 통해 조명해 주십니다. 주로 자기 자신과 연관된 꿈을 꾸게 됩니다.

그런데 만약 우리의 영이 성장하고 성숙의 단계로 접어들게 된다면 이제는 꿈이 사역으로도 확장될 수 있습니다. 요셉을 통해 어

확장되면서 활성화되기 시작합니다. 어떤 사람은 꿈을 통해 하나님의 음성을 더 선명히 투영받기도 합니다. 어떤 사람은 꿈보다 환상으로 하나님의 음성을 투영받기도 합니다. 극히 드물게는 예언의 은사가 임해 예언을 통해 하나님의 음성을 투영받기도 합니다. 요셉하면 꿈이 떠오르며, 에스겔하면 환상이 떠오르듯이 성장단계부터는 어느 특정한 영역이 더욱 활성화됩니다. 그러나 성숙단계에 도달하게 되면 꿈과 환상, 계시, 예언, 감동 등 하나님의 음성을 듣는 다양한 통로들이 서로 유기적으로 움직이면서 하나님의 음성을 듣게 됩니다. 더욱 다양한 통로들에 의해 하나님의 음성을 확증받게 됩니다.

떻게 꿈이 사역의 단계로 확장되는지 살펴볼 수 있습니다.

요셉은 꿈이라는 통로를 통해 하나님의 음성을 투영 받았습니다. 꿈을 통해 미래에 일어날 일들을 계시 받은 것입니다. 어린 요셉에게 있어 이 시기가 바로 하나님의 음성듣기의 성장단계에 속합니다.

요셉은 4대째 독실한 믿음의 가정에서 자라난 모태 신앙인입니다. 증조할아버지인 아브라함, 할아버지 이삭, 아버지 야곱에 이르기까지 쟁쟁한 믿음을 소유한 가정에서 자랐습니다. '믿음은 들으면서 난다'(롬 10:17)고 귀에 딱지가 앉도록 하나님에 대해 듣고 또 들었을 것입니다. 요셉은 이미 영적으로 성장할 수 있는 좋은 토양을 가지고 있었던 것입니다.

또한 요셉이 2번에 걸쳐 같은 내용을 담은 꿈을 꾼다는 것은 이미 영적으로 성장되었다는 증거입니다. 요셉은 형들에게 '꿈꾸는 자'라고 불릴 만큼 많은 꿈을 꾸었습니다(창 37:19). 그런데 문제는 요셉이 꿈을 꾸고 난 후 그 꿈을 다른 사람들과 함께 나누는 우를 범했다는 것입니다.

"형들의 곡식단이 내 곡식단 곁으로 몰려들더니 내 곡식단 앞에 절을 했어요."(창 37:7)

분명 요셉은 자신이 꾼 꿈의 내용을 정확히 이해하고 있었습니다. 하지만 그 꿈을 말했을 때 받게 될 형들의 상처에 대해서는 예상하지 못했습니다. 요셉은 영적으로는 성장했지만, 지혜가 부족했던 것입니다. 그래서 하나님께서 요셉을 거룩한 종으로 빚기 위해 연단을 허락하십니다.

17살의 어린 요셉은 꿈꾸는 자에 불과했습니다. 그러나 하나님이 허락하신 감옥에서 연단과 훈련의 과정을 거치면서 꿈을 해석하는 자로 성장하게 됩니다. 감옥에서 술 맡은 관원장과 떡 맡은 관원장의 꿈을 해석했습니다(창 40:18-22). 요셉이 해석한 대로 성취가 일어났습니다. 그 이후 요셉은 바로 왕이 꾼 꿈을 해석할 기회를 잡게 됩니다. 하나님의 지혜로 바로 왕의 꿈을 정확히 해석하므로 총리의 자리까지 오르게 되었습니다.[37]

우리가 영적으로 성장하고 돌파가 일어난다면 꿈을 해석하는 단계까지 도약할 수 있습니다. 꿈을 통해 하나님의 음성을 투영시켜 주셨다면 반드시 그 꿈을 해석하는 능력도 주신다는 것입니다. 꿈이라는 통로가 사역으로 확장될 때 이렇듯 놀라운 일이 일어나게

---

[37] 꿈은 하나님의 음성을 듣는 통로이기 때문에 제대로 해석할 때 놀라운 비밀들이 풀어질 수 있습니다. 그러나 성경이 완성된 지금은 꿈 해석에 있어 조심스럽게 접근해야 합니다. 특별히 성경을 벗어난 꿈 해석은 위험합니다. 성경에 무엇을 빼거나 더하거나 변형시키는 꿈 해석은 성령으로부터 온 것이 아닙니다. 성경의 관점에서 벗어난 꿈 해석도 대단히 위험합니다. 만약 하나님께서 주신 꿈이라면 하나님의 감동과 지혜로 깨닫게 해주실 것입니다. 그러하기에 자의적으로 꿈을 해석해서 삶에 바로 적용하려 하지 마십시오. 우리가 꾸고 있는 모든 꿈이 다 하나님으로부터 온 것이 아니기에 분별하며 적용해야 합니다.

됩니다.

그런데 꿈을 해석하는 단계를 뛰어넘어 더 확장된 꿈의 통로를 갖게 된다면 어떻게 될까요?

영적인 수준이 성숙단계에 이르게 된다면 이제 꿈을 통해 하나님의 직접적인 계시를 받게 됩니다. 그 대표적인 예가 바로 '다니엘의 묵시'입니다.

"벨사살이 바빌로니아 왕이 된 첫해에 다니엘이 꿈을 꾸었습니다. 다니엘은 잠자리에 누워 있다가 환상을 보고 그 꿈의 내용을 적어 두었습니다. 다니엘이 말했습니다. "내가 밤에 환상을 보았는데 사방에서 바람이 불어와 바다 물결이 매우 높아졌다. 그 때, 커다란 짐승 네 마리가 바다에서 올라왔다. 짐승들의 모양은 각기 달랐다." (단 7:1-3, 쉬운)

다니엘 역시 꿈꾸는 사람이었습니다. 요셉과 마찬가지로 다니엘도 꿈을 해석했습니다(단 4:19-27). 그런데 다니엘은 꿈을 해석하는 사역의 단계를 뛰어넘어 꿈을 통해 하나님의 직접적인 계시를 받게 되었습니다. 마지막 때에 일어날 일들을 다니엘의 꿈을 통해 말씀하셨습니다.

꿈은 하나님의 음성이 투영되는 통로 가운데 하나입니다. 그러나 꿈 자체만으로는 하나님의 음성을 투영하는 통로가 될 수는 없습니다. 우리가 꾸는 모든 꿈이 다 하나님의 음성을 담고 있지는 않다는 것입니다. 우리의 영이 성장하는 만큼 꿈의 통로를 통해 하나님의 음성이 투영될 수 있습니다. 거룩해지는 만큼 꿈의 통로를 통해 하나님의 계시의 음성을 받을 수 있다는 것입니다.

그렇다면 환상은 어떠할까요?

꿈이 하나님의 계시를 담은 성경을 기록하는 도구가 되었듯이 환상 역시도 마찬가지입니다. 다른 하나님의 음성을 듣는 통로들과 마찬가지로 환상도 성장하고 성숙하는 단계를 거치게 됩니다.

무엇보다도 환상을 보여 주시는 주체는 하나님이십니다. 환상은 우리가 의지적으로 노력해서 볼 수 있는 영역이 결코 아닙니다. 왜냐하면 성령께서 우리의 영의 눈(영안)을 열어 보여주시는 영역이기 때문입니다.

만약 우리의 영이 성장되고 돌파가 일어난다면 환상을 통해 사역을 지시받을 수도 있습니다. 하나님께서 환상을 사역의 도구로 사용하시는 것입니다. 환상을 통해 사역의 지평을 열어주시는 것입니다.

사도행전 9장을 보면 아나니아가 회심 전 바울을 만나 그의 눈에 안수해 주는 장면을 환상을 통해 보게 됩니다(행 9:10-15). 안수했을 때 그의 눈이 떠지는 환상을 경험하게 됩니다. 환상을 통해 무엇을 어떻게 해야 하는지 지시를 받았던 것입니다. 하나님의 뜻과 생각을 전달받았던 것입니다.

하나님께서는 베드로에게 3번의 보자기 환상을 보여 주심으로 이방인인 고넬료에게 복음을 전하라는 음성을 투영하셨습니다(행 10:10-23). 만약 성숙단계로 도약하게 된다면 사역의 지시를 받는 것뿐만 아니라 직접적인 계시를 환상을 통해 받을 수도 있습니다.

어떤 사람들은 꿈과 환상을 무시합니다. 인정하지 않는 사람도 참 많습니다. 분명한 것은 꿈과 환상이 성경을 기록할 수 있을 만큼 중요한 영적인 통로였다는 것입니다. 하나님의 비밀들을 계시하셨습니다. 사도 요한은 환상을 통해 계시를 받고 요한계시록을 기록했습니다. 다니엘도 꿈과 환상을 보며 다니엘서를 기록했습니다.

꿈과 환상은 하나님의 음성을 투영하시는 통로 가운데 하나입니다. 구약시대에도, 신약시대에도, 성령의 시대인 지금도 여전히 꿈과 환상을 통해 말씀하십니다. 성숙단계로의 돌파를 위해서는 경건과 거룩의 훈련은 필수입니다. 거룩한 통로로 빚어져 우리의 영이 활성화된다면 더욱 선명한 예언적인 하나님의 음성을 경험하게 될 것입니다.

"그가 시장하여 먹고자 하매 사람들이 준비할 때에 황홀한 중에 하늘이 열리며 한 그릇이 내려오는 것을 보니 큰 보자기 같고 네 귀를 매어 땅에 드리웠더라"(행 9:10-11)

성숙단계의 예언의 4단계, 5단계

이미 앞의 성장단계에서 예언의 1단계에서 3단계까지 살펴보았습니다. 요약해 보면 예언의 1단계는 성령께서 내주하심으로 예언을 경험하는 단계였습니다. 대부분의 성도들이 일상 속에서 경험하는 광의의 예언의 단계입니다.

예언의 2단계는 성령이 충만해짐으로 예언의 영이 임해 예언하는 단계입니다. 이때부터 다른 사람을 향한 하나님의 음성의 도구로 사용되기 시작합니다.

예언의 3단계는 예언의 은사가 임해 예언하는 단계입니다. 사역적인 영역으로 확장되어 본격적으로 타인에게 하나님의 음성을 전하는 통로로 사용됩니다. 만약 이 단계에서 경건과 거룩의 훈련을 통해 영의 통로가 거룩해진다면 이제 성숙단계(예언의 4단계와 5단계)로 도약할 수 있습니다.

예언의 4단계 (대언의 단계)

예언의 4단계는 선지자의 영을 받아 예언하는 단계입니다. 이 단계는 예언이라기보다 대언이라고 칭하는 것이 더 정확합니다. '대언'이라는 용어 자체가 생소하지만 성경에 대언사역을 감당했던 하나님의 종들이 많았습니다. 대언사역자의 대표적인 인물이 바로 에스겔입니다.

하나님께서 에스겔 선지자를 한 골짜기로 데려가셨습니다. 그 골짜기에는 몰살된 시신들이 마른 뼈가 되어 여기저기 흩어져 있었습니다. 에스겔에게 이렇게 물어보셨습니다,

"인자야, 이 뼈들이 능히 살겠느냐?"(겔 37:3)

인간의 생각으로는 도저히 한 가닥 실낱같은 희망도 찾아볼 수 없는 암담한 상황이었습니다. 그러나 믿음의 사람인 에스겔 선지자는 '주 여호와여, 주께서 아십니다'라고 고백했습니다(겔 37:4). 그러자 에스겔에게 '대언하라'고 명령하셨습니다. 에스겔이 하나님의 말씀으로 대언했을 때 마른 뼈들에게 생기가 들어갔습니다. 또다시 '대언하라' 했을 때 에스겔이 대언하므로 이 뼈 저 뼈가 맞춰지면서 서로 연결되었습니다. 하나님의 음성을 듣고 또 대언할 때에 결국 마른 뼈들이 모두 살아나 큰 군대가 되었다는 내용입니다.

에스겔 선지자는 하나님의 말씀을 대신 말하며 선포했던 대언자

였습니다. 하나님께서는 사람을 통해서 하나님의 일을 행하십니다. 그의 입을 통해서 하나님의 말씀을 대언하게 함으로 마른 뼈들이 살아났습니다. 에스겔 선지자가 특별하고 신령하여 '대언하라' 하신 것이 아닙니다. 에스겔의 믿음과 순종을 보시고 그를 선택하셨습니다.

구약성경에 하나님의 음성을 대언했던 선지자들이 많이 있었습니다. 눈물의 선지자 예레미야는 이스라엘을 심판하겠다는 하나님의 말씀을 '살구나무 가지와 끓는 가마 환상'을 통해 전달받았습니다(렘 1:11-9). 그 후 예레미야 선지자는 이스라엘 백성들에게 하나님의 말씀을 그대로 대언하며 심판을 경고했습니다. 하나님께서는 다윗 왕이 밧세바와 동침한 것을 책망하기 위해 나단 선지자를 다윗왕에게 보내셨습니다. 나단 선지자도 다윗에게 하나님의 말씀을 그대로 전했습니다. 하나님의 대언의 도구로 사용하신 것입니다.

비단 구약시대의 선지자만이 대언사역을 행할 수 있는 것은 아닙니다. 지금은 성령의 시대입니다. 성령님이 얼마나 통치하고 계시느냐에 따라 '성령의 대언의 도구'로 사용될 수 있습니다. 성령께서 강하게 통치하실 때 우리의 입술을 사용하셔서 친히 말씀하실 수 있다는 것입니다. 현 시대의 대언사역은 성령님의 완전한 통치를 받는 성령 충만한 사람이 행할 수 있습니다. 성령의 능력으로, 성령이 말하게 하심에 따라 선포하는 그 사람이 바로 대언의 종으로 쓰임 받을 수 있습니다.

"여호와의 영이 나를 통하여 말씀하심이여 그의 말씀이 내 혀에 있도다"(삼하 23:2)
"내가 그들의 형제 중에서 너와 같은 선지자 하나를 그들을 위하여 일으키고 내 말을 그 입에 두리니 내가 그에게 명령하는 것을 그가 무리에게 다 말하리라"(신 18:18)

대언사역은 하나님께서 그 입에 넣어 주시는 음성만을 그대로 전달하는 사역입니다.

"여호와께서 내게 이르시되 보라 내게 내가 내 말을 네 입에 두었노라!"(렘 1:9)

하나님의 이 사인이 떨어졌을 때야 비로소 대언사역을 시작할 수 있습니다. 그렇기 때문에 본인 스스로가 대언하는 사람이라고 자처해서는 절대로 안 됩니다. 예언이 아무리 정확할지라도 대언자가 아닐 수도 있습니다. 오직 하나님께서 넣어주시는 말씀 그대로만 전하는 것이 대언사역입니다. 만약 하나님께 받은 말씀과 음성을 조금이라도 변형시킨다면 대언하는 사람이 아닙니다.

그런데 여기서, 예언과 대언의 차이에 대해 잘 분별해야 합니다.

예언은 기도를 받는 사람의 순종에 따라 성취의 여부가 결정됩니다. 예를 들어 이러한 예언을 했다고 가정해 봅시다.

"하나님께서 예언의 은사를 주신다고 하십니다. 그 은사를 받기 위하여 기도의 분량을 늘리며 기도훈련에 돌입하라 말씀하십니다."

이 예언을 받은 사람이 '기도의 분량을 늘리며 기도훈련에 돌입하라'는 말씀에 순종했을 때 예언의 은사가 임하는 성취가 일어날수 있습니다. 만약 순종하지 않는다면 아무 일도 일어나지 않습니다. 예언의 3단계에서는 기도를 받는 사람의 순종의 여부에 따라성취가 일어나기 때문에 예언사역자의 문제가 아닙니다. 3단계의예언은 예언 받은 사람이 순종할 때 성취가 일어나는 예언이 주를이룹니다.

반면 예언의 4단계인 대언사역은 이와는 현격한 차이가 있습니다. 하나님의 '대언하라'는 음성을 듣고 에스겔 선지자가 마른 뼈들에게 대언했을 때 뼈들이 모두 다 살아났습니다. 대언은 말 그대로하나님의 말씀과 음성을 대신 말하는 것입니다. 이 대언사역의 단계에서는 기도 받는 사람의 순종의 여부와 상관없이 하나님의 뜻대로 성취가 일어나는 것입니다. 하나님의 말씀이 선포될 때 하나님의 역사가 일어나는 것입니다.

무엇보다도 예언의 3단계(예언의 은사)에서 선지자의 영이 부어질때 비로소 예언의 4단계인 대언사역의 단계로 도약할 수 있습니다.

예언의 5단계 (성경을 쓰는 단계)

"모든 성경은 하나님의 감동으로 된 것으로 교훈과 책망과
바르게 함과 의로 교육하기에 유익하니" (딤후 3:16)

성경은 일점일획도 어긋남이 없는 하나님의 말씀입니다. 정확
무오한 하나님의 말씀입니다. 하나님의 감동(혹은 영감)으로 기록한
하나님의 말씀입니다. 여기서 '하나님의 감동'은 헬라어로 '데오프
뉴스토스'로, '하나님께서 숨을 불어 넣으셨다'라는 의미를 내포하
고 있습니다.

하나님께서 최초의 인간인 아담을 흙으로 빚으신 이후에 그 코
에 생기를 불어 넣으셨습니다. 마치 아담에게 생기를 불어넣으신
것처럼 하나님께서 선지자들에게 하나님의 영을 불어넣어 주셨습
니다. 그렇게 하나님의 감동과 영감을 받은 선지자들이 성경을 기
록했습니다.[38]

선지자들에게 '하나님의 감동'을 불어넣어 주심으로 하나님의 말
씀을 전하지 않고서는 견딜 수 없는 상태가 되었습니다. 하나님의
영으로 충만했습니다. 그들을 하나님의 말씀과 음성을 대언하는 도

---

[38] 성경에 선지자라고 언급되어 있지 않은 사람들도 성경을 기록했습니다. 신약시대에
는 예수님의 제자들이 성경을 기록했습니다. 여기서 '선지자'라고 표현한 사람들은 구
약과 신약의 성경을 기록한 모든 하나님의 사람들을 포함한 것입니다.

구로 사용하셨습니다. 하나님의 영(하나님의 감동)으로 충만했던 선지자들을 하나님의 말씀을 전하는 통로로 사용하셨습니다. 그 중의 어떤 사람들은 하나님의 말씀을 글로 기록했습니다. 모세가 그랬습니다.

> "여호와께서 모세에게 이르시되 이것을 책에 기록하여 기념
> 하게 하고 여호수아의 귀에 외워 들리라 내가 아말렉을 없
> 이하여 천하에서 기억도 못 하게 하리라"(출 17:14)

하나님의 영으로 충만하여 그 얼굴에 광채까지 났던 모세는 하나님께 들었던 말씀을 책으로 기록했습니다. 그 책이 모세 5경이 되었습니다.

아모스 3장 7절에 '주 여호와께서는 자기의 비밀을 그 종 선지자들에게 보이지 아니하고는 결코 행하심이 없으시리라'라고 기록되어 있습니다. 선지자들에게 하나님의 비밀을 계시해 주셨습니다. 하나님께서 보여 주시고 계시해 주신 그 비밀들이 책으로 기록되었고 그것이 바로 성경이 되었습니다.

> "이스라엘의 하나님 여호와께서 이와 같이 말씀하여 이르시
> 기를 내가 네게 일러 준 모든 말을 책에 기록하라"(렘 30:2)
> "여호와께서 내게 대답하여 이르시되 너는 이 묵시를 기록

하여 판에 명백히 새기되 달려가면서도 읽을 수 있게 하라"

(합 2:2)

분명한 것은 예언은 오직 '성령님의 감동하심을 받은 사람들이 하나님께 받아 말한 것'입니다(벧후 1:21). 선지자들이 하나님의 영으로 충만해져 하나님의 말씀을 받아 말한 것이 바로 예언이었습니다. '하나님의 영감'을 받은 선지자들에 의해 하나님의 예언의 말씀이 책으로 기록되었고 그것이 바로 성경이 된 것입니다.

예언의 마지막 단계는 '성경을 쓰는 단계'입니다. 그런데 오늘날 이러한 권위를 가진 예언을 하는 사람은 아무도 없습니다. 이미 성경이 완성되었기에 하나님께서 더 이상 이러한 권위를 그 어떤 누구에게도 부어 주시지 않습니다. 예언의 마지막 단계는 성경이 완성되었으므로 더 이상 존재하지 않으며 소멸되었습니다.

기억해야 할 것은 예언을 멸시하지 말아야 한다는 것입니다(살전 5:20). 그러나 그 예언이 하나님으로부터 온 것인지, 다른 통로로부터 온 것인지를 반드시 분별해야 합니다. 사탄도 광명의 천사로 가장하여 하나님의 음성인 양 거짓예언자들에게 음성을 투영하여 예언을 하는 도구로 사용하고 있기 때문입니다.

거짓예언이 있다는 것은 참예언이 존재한다는 확실한 증거입니다. 거짓예언을 듣고 선입견을 가지게 되어 하나님으로부터 온 참

예언을 멸시하는 우를 범해서는 안 됩니다. 거짓예언자와 참예언자를 성령 안에서 분별해야 합니다. 예언을 통해 말씀하시는 하나님의 음성을 겸허히 들을 때 그 통로를 통해 강하게 역사하시기 때문입니다.

하나님께서는 지금도 여전히 하나님의 사랑을 전할 훈련된 예언의 도구를 부르고 계십니다. 죽어가는 영혼을 살릴 하나님의 음성의 통로를 찾고 계십니다. 흠도 없이 거룩하고 순결한 통로를 통해 하나님의 마음이 전해지기를 소원하십니다.

> "먼저 알 것은 성경의 모든 예언은 사사로이 풀 것이 아니니 예언은 언제든지 사람의 뜻으로 낸 것이 아니요 오직 성령의 감동하심을 받은 사람들이 하나님께 받아 말한 것임이라" (벧후 1:20-21)

육체적 사인으로 하나님의 음성듣기

"하나님이 이르시되 우리의 형상을 따라 우리의 모양대로

우리가 사람을 만들고 그들로 바다의 물고기와 하늘의 새와

가축과 온 땅과 땅에 기는 모든 것을 다스리게 하자 하시고"

(창 1:26)

창세기 1장에 하나님께서 최초의 인간인 아담을 창조하시는 과정이 기록되어 있습니다. 26절에 '우리의 형상을 따라 우리의 모양대로 우리가 사람을 만들자'라고 기록되어 있습니다. '우리는' 삼위일체 하나님을 의미합니다. 성부하나님, 성자예수님, 성령하나님께서 '우리의 형상대로 인간을 만들어 만물을 다스리게 하자'고 말씀하신 것입니다.

하나님은 영으로 존재하십니다. 육체를 가지고 계시지 않습니다. 여기서 언급하고 있는 하나님의 형상은 바로 사람의 영을 의미합니다. 본질상 사람은 영적인 존재입니다. 사람의 영이 하나님의 형상에 따라 창조된 것입니다. 그렇기 때문에 하나님의 형상은 사람의 영 안에 내재되어 있습니다.

"여호와 하나님이 땅의 흙으로 사람을 지으시고 생기를 그

코에 불어넣으시니 사람이 생령이 되니라" (창 2:7)

하나님께서 흙으로 인간을 지으셨습니다. 사람의 영을 담을 몸을 흙으로 만드신 것입니다. 그리고 그 몸(코)에 생기를 불어 생령

이 되었습니다. 영을 담을 몸을 흙으로 빚으시고, 그 몸에 생명의 숨을 불어넣으셔서 살아 있는 사람의 모습으로 창조하신 것입니다. 하나님의 섬세하신 작품으로 사람이 빚어지고 창조된 것입니다.

그렇기 때문에 사람의 영혼육의 완전한 주인은 하나님이십니다. 하나님께서 사람의 영혼육을 통치할 권한이 있으십니다. 그런데 문제는 사람이 태어나면서부터 원죄를 가지고 태어난다는 것입니다. 그 원죄는 우리의 혼과 육에 심겨지게 됩니다. 우리의 영은 오로지 하나님의 통치기관으로 감히 원죄가 근접할 수 없습니다.

그러나 아담과 하와가 자신의 혼적인 생각(자유의지)과 육체로 죄를 지었기 때문에(선악과를 따먹은 죄) 아담의 후손인 우리는 혼과 육에 원죄가 심어진 채 태어났습니다. 죄를 짓고 싶지 않아도 우리 안에 내재된 죄 된 본성이 자극해 들어옵니다. 유혹합니다. 원죄를 담고 있는 우리의 혼과 육은 성령님의 일을 방해합니다. 육체의 소욕은 성령을 거스르고 성령은 육체를 거스르며 서로 대적합니다(갈 5:17). 우리의 영은 하나님을 갈망하지만, 우리의 혼과 육은 성령님을 거부합니다. 우리의 영은 하나님의 음성듣기를 갈망하지만, 혼과 육은 거부합니다.

기억해야 할 것은 예수님을 진정으로 영접한다면 성령께서 우리의 영 안에 내주하신다는 것입니다. 그때부터 우리의 영은 거듭남을 경험하면서 서서히 성령님께 복종되어져 갑니다. 문제는 성령께서 내주하신 상태라 할지라도 원죄를 담고 있는 혼과 육은 성령님께 절대 복종되지 않는다는 것입니다. 우리의 혼과 육은 이 세상의 신에 이끌려 살아가기 때문입니다. 이때부터 치열한 영적전쟁이 시작됩니다. '우리의 영혼육 가운데 누가 리더로 부상하느냐'의 전쟁입니다. 바로 겉사람과 속사람의 전쟁입니다.

만약 우리의 혼과 육이 리더가 된다면 성령을 거스르며, 성령님의 음성을 투영 받지 못할 것입니다. 반대로 우리의 영이 리더가 된다면 혼과 육을 쳐서 복종시킬 수 있습니다.

만약 영혼육의 전쟁에서 영이 진정한 리더로 부상하게 된다면 놀라운 일들이 일어납니다. 그 순간부터 우리의 혼과 육의 영역에서도 하나님의 음성을 인식하며 경험할 수 있게 됩니다. 육체의 감각과 육체의 오감을 통해서도 하나님의 음성을 투영 받을 수 있게 됩니다.

'육체의 오감'은 시각, 청각, 후각, 미각, 촉각 등 다섯 가지 감각을 의미합니다. 우리의 영이 활성화될 때 육체의 오감이 자연스럽게 영의 오감으로 변화됩니다. 세상을 바라보는 눈이 영적인 것을 바라보는 눈으로 변화됩니다. 세상의 소리를 듣던 귀가 영적인 소리를 듣는 귀로 변화됩니다. 세상의 냄새를 맡았던 코가 영적인 냄새를 맡는 코로 변화됩니다. 세상의 맛만을 탐닉했던 혀가 영적인 맛을 느끼는 혀로 변화됩니다. 세상의 쓴말을 뱉어내던 입이 이제 복음을 전하는 거룩한 입으로 변화됩니다. 영적인 감각이 민감해지고 활성화되면서 이제 육체의 오감을 통해서도 하나님의 음성을 투영 받게 되는 것입니다.

육체의 오감과 감각이 활성화되기 시작하면서부터 육체의 사인으로 하나님의 음성을 들을 수 있게 됩니다. 하나님의 음성인지 아닌지를 분별하고 확증을 받을 수 있게 됩니다.

그렇다면 육체적인 사인으로 하나님의 음성은 어떻게 듣고 분별할 수 있는 것일까요?

성령님은 영이시며 우리는 육으로 덧입혀진 존재입니다. 만약 성령께서 강하게 역사하신다면 육체적인 사인이 동반될 수 있습니다. 사람에 따라 나타나는 육체의 반응이 각기 다를 수 있습니다. 어떤 이들은 강한 충격으로 넘어지기도 합니다. 불기둥 같은 것이 자신의 몸에 꽂히는 듯한 느낌을 경험할 수도 있습니다. 어떤 경우에는 전기 충격을 받는 것처럼 육체가 진동할 수 있습니다. 성령님의 강한 임재로 통곡하기도 할 것입니다.

이러한 현상은 영이신 성령께서 우리의 육체 안에 강력하게 임하실 때 나타나는 반응들입니다. 이러한 반응을 하나님의 음성의 한 통로로 규정하는 것은, 육체의 사인을 통해 하나님의 음성이 투영될 수 있기 때문입니다. 보통 성령께서 우리의 육체 가운데 강하게 임하실 때 성령께서 음성을 함께 투영하실 때가 많습니다.

"사랑하는 내 아들아, 내 딸아, 죽기까지 사랑한단다. 너희가 아직 죄인 되었을 때 십자가에서 죽으심으로 너희를 향한 내 사랑을 확증하였단다. 두려워 말라, 놀라지 말라. 너희와 영원히 함께 하리라."

성령께서 내주하시면서 육체적 사인과 함께 이러한 음성들을 투영하시지만 우리의 영이 아직 미숙하므로 음성을 듣지 못하는 것입니다. 단지, 영과 육의 충돌함으로 나타나는 육체적 사인만을 느낄 뿐입니다. 물론 성령께서 내주하실 때 육체적 사인이 동반되지 않을 수도 있습니다. 성령께서 부드러운 느낌으로 평온함을 주시면서 내주하셨을 때는 육체적인 사인을 경험하지 않을 수도 있습니다. 사람마다 각양각색으로 다르게 역사하시기 때문입니다.

하나님의 음성듣기의 성숙단계에서는 주로 은사와 결부되어 육체적 사인을 받게 됩니다.

영분별의 은사가 있는 사람은 악한 영들에게 사로잡힌 사람을 대면할 때 머리가 깨질 듯이 아플 수도 있습니다. 구토가 나기도 하며, 어지러워지기도 합니다. 육체적 사인을 통해 그 사람의 영적인 상태와 환경을 분별하는 것입니다.

신유사역을 할 때도 마찬가지입니다. 신유사역자는 환자에게 손을 대며 치유하는 경우가 많습니다. 그런데 신유사역자의 손에 능력이 있는 것일까요? 그렇지 않습니다. 그들의 손에는 아무런 능력이 없습니다. 단지 그 손을 통해 하나님의 능력이 전이되므로 병든

자가 회복되며 치유되는 것입니다. 하나님께서 신유사역자의 손을 하나님의 능력이 나타나는 도구로 사용하시는 것입니다.

나의 경우 아픈 영혼을 섬기려 할 때 오른팔에 진동이 오기 시작합니다. 그 진동을 치유사역을 하라는 하나님의 음성으로 받아들입니다. 어떤 경우에는 오른팔 전체가 무거운 돌덩이를 얹어 놓은 것처럼 중압감을 느끼기도 합니다. 때로는 환부에 손을 대었을 때, 마치 다리미를 올려놓은 것처럼 뜨거워지기도 합니다. 전기 충격을 받은 것처럼 갑자기 팔이 저려오기도 합니다. 환자를 치유하시겠다는 하나님의 음성을 육체적 사인을 통해 투영시키시는 것입니다.

사역을 하다 보면 즉각적인 치유가 필요할 때가 많습니다. 하나님의 음성을 듣기 위해 기도할 시간과 공간이 없을 때가 많습니다. 그렇기 때문에 육체적 사인을 통해 하나님의 즉각적인 음성을 투영하기도 하십니다.

'그 사람에게 치유사역을 하라'의 응답을 오른팔이 진동하는 것으로 받을 수 있습니다. '이 사람이 나을 것이라'는 음성을 손이 뜨거워지는 육체적 사인으로 확증 받을 수 있습니다. 오랜 기간 사역을 하다 보면 성령님과 자신만 아는 독특한 육체적인 사인들이 생기게 됩니다.

성숙단계에 이르게 되면 성령님께 통치되며 복종되어진 상태입니다. 문제는 우리의 혼과 육이 얼마만큼 성령님께 복종 되어 있느냐의 여부에 달려 있습니다. 성령의 충만함이 채워지면 질수록 성령님께서 우리의 영혼육 전반을 통치할 수 있는 영향력을 가지시게 됩니다. 우리의 영혼육의 통치권이 성령님께 이양되게 된다면 성령께서는 언제든지 육체를 통해서도 말씀하실 수 있게 됩니다. 진동을 통해, 뜨거운 불이 손에 임하는 현상을 통해, 손의 저림을 통해 하나님의 뜻과 음성을 투영하실 수 있다는 것입니다. 많은 다양한 육체적 사인이 동반되면서 하나님의 사인과 음성으로 인식될 수 있다는 것입니다.

그런데 이러한 육체적 사인만을 의존하게 된다면 미혹될 수도 있다는 것을 명심해야 합니다. 행여라도 진동이나 육체적인 현상이 나타나는 근원을 잘 분별하지 못하는 영적인 상태라면 의존하지 않는 것이 더 좋습니다. 오히려 혼동이 일어날 수도 있기 때문입니다. 사탄의 미혹에 넘어갈 수도 있기 때문입니다.

무엇보다도 하나님의 말씀인 성경을 우선순위에 두고 하나님의 음성듣기를 훈련을 해야 합니다. 육체적 사인을 비롯한 꿈과 환상, 감동, 다른 다양한 통로를 통해 들려오는 음성들은 반드시 성경적 관점에서 확증 받아야 합니다. 보고, 듣고, 느끼는 현상에 집중할 것이 아니라 하나님께 초점을 맞추는 것이 더 중요하다는 결론을 결코 잊지 말아야 합니다.

"하나님의 말씀은 살아 있고 활력이 있어 좌우에 날선 어떤 검보다도 예리하여 혼과 영과 및 관절과 골수를 찔러 쪼개기까지 하며 또 마음의 생각과 뜻을 판단하나니"(히 4:12)

성령의 세미한 음성듣기와 분별

하나님의 음성듣기의 씨앗단계에서는 주로 혼과 육의 감각에서 하나님의 음성을 인지하게 됩니다. 아직 영적으로 활성화가 되지 못한 상태이므로 성령님의 세미한 음성을 듣지 못합니다. 설령 성령께서 세미한 음성으로 말씀하셨다 할지라도 그 음성을 들을 만큼 성장하지 못한 것입니다. 그런 연유로 씨앗단계에서는 주로 외적인 방법이나 통로를 통해 하나님의 음성이 투영됩니다. 대체로 씨앗단계에서는 꿈이나 환상, 계시, 감동과 같은 영으로부터 흘러나오는 음성을 잘 받지 못합니다. 주로 외부적인 환경, 만물, 설교, 다른 사람들을 통해 하나님의 음성이 전해집니다. 만약 혼과 육을 제어하는 금식을 하게 된다면 혼과 육이 복종 되므로 성령님의 세미한 음성을 들을 수도 있습니다.

성장단계에 이르게 된다면 때때로 성령님의 세미한 음성을 경험할 수 있습니다. 꿈이나 환상, 혹은 계시 등으로 하나님의 음성을 접하게 됩니다. 외적인 방법과 더불어 영안으로 보는 영역이 더욱 더 확장된 것입니다. 성장단계에서도 성령께서 얼마나 통치하고 계시느냐에 따라 음성을 듣는 선명도가 달라집니다. 이 단계부터 영안(영의 눈)을 통해 보고, 영의 감각을 통해 느끼는 영역들이 활성화되기 시작합니다.

만약 성숙단계로의 돌파가 일어나게 된다면 하나님의 음성을 듣는 통로도 다양해지고 더 선명해집니다. 성숙단계부터 성령님의 직접적인 세미한 음성을 들을 수 있습니다.

성숙단계에 속한 사람들은 삶 가운데 어떠한 특징을 나타낼까요?

이들은 자신을 하나님께 복종시키고자 몸부림칩니다. 자신의 혼적인 생각과 육체의 정욕을 내려놓기 위해 부단히도 결단하고 또 결단합니다. 죄와 피 흘리기까지 싸워 나갑니다. 자신을 쳐서 복종시키는 것을 가장 큰 기쁨으로 여깁니다. 하나님의 음성을 더욱 갈망합니다. 그동안 수많은 훈련과 사역을 통해 음성을 듣고 분별하는 방법을 체득했습니다. 성령님께 이미 복종되어진 상태입니다. 영적인 활성화가 이미 이루어진 상태라는 것입니다.

그렇다면 어떻게 할 때 영적인 활성화가 일어날 수 있는 것일까요?

영적인 활성화가 이루어지기 위해서는 가장 먼저 영의 갈망이 채워져야 합니다. 영의 갈망은 세상의 자리에서는 잘 채워지지 않습니다. 노래방에서 세상 가요를 부르고 있는데 어떻게 영의 갈망이 채워져 활성화가 일어날 수 있겠습니까? 시기 질투, 분쟁, 다툼 속에서 어떻게 우리의 영이 활동적으로 움직일 수 있겠습니까? 하나님께서 기뻐하는 자리(예배, 기도, 섬김, 구제 등)로 나아갈 때 영의 갈망이 채워지면서 우리의 영이 활성화되기 시작합니다. 특별히 성숙단계에 이른 사람은 자신의 혼과 육을 쳐서 성령께 복종시킨 상태이므로 영의 활성화가 급속하게 이루어진 상태입니다.

무엇보다도 성숙단계에 이르게 된다면 성령님께서 탄식하시는지, 기뻐하시는지, 진노하시는지, 책망하시는지 분별이 되기 시작합니다. 또한 성령님께서 우리에게 성령님의 상태를 세미한 음성으로 투영하기도 하십니다.

성령님이 내 안에서 기뻐하시면 우리의 영도 기뻐합니다. 기뻐할 이유가 없는데도 그냥 기쁘고 행복해집니다. 희락의 영이신 성령께서 희락을 부어 주시므로 기쁘게 됩니다. 성령께서 충만하게 임하셨을 때는 주체할 수 없는 거룩한 웃음[39]이 터져 나오기도 합

---

39 거룩한 웃음은 첫 번째 나의 영이 기뻐 웃는 '내 영의 웃음'이 있습니다. 내 영이 기뻐
하므로 혼과 육을 통해 웃음으로 승화되어 나오는 것입니다. 두 번째, '성령님의 웃음'
이 있습니다. 내 영 안에 거하시는 성령님께서 기뻐하시므로 웃고 계신 것입니다. 성

니다. 성령님의 기쁨이 우리의 영에게 전달되므로 혼과 육도 함께 기뻐하는 것입니다.

> "이와 같이 성령도 우리의 연약함을 도우시나니 우리는 마
> 땅히 기도할 바를 알지 못하나 오직 성령이 말할 수 없는 탄
> 식으로 우리를 위하여 친히 간구하시느니라" (롬 8:26)

또한 기도할 때 성령님의 탄식을 들을 수도 있습니다. 기도하다가 알 수 없는 탄식과 눈물이 솟구치는 경험을 할 때가 있습니다. 그 탄식은 누구의 탄식일까요? 바로 성령님의 탄식입니다.

"딸아, 저 영혼을 바라보고 있자니 슬프구나. 지금 그는 지옥을 향해 가고 있단다. 네가 나의 마음으로 그를 위해 탄식할 수 있겠느냐? 기도할 수 있겠느냐?"

성령님의 세미한 음성이 투영되면서 탄식이 솟구치기도 합니다. 성령님께서 우리의 영의 통로를 통해 울고 계신 것입니다. 성숙단계는 우리의 영이 활성화되어 있는 상태이므로 성령님의 탄식의 음성을 경험할 수 있게 됩니다. 이미 우리의 영혼육의 전반적인 영역에서 성령님의 통치를 받고 있는 단계이므로 성령님의 상태를 인식

령께서 기뻐하실 때 그 기쁨이 영으로부터 흘러나와 우리의 혼과 육에게도 전달되는 것입니다. 성령님은 희락의 영이기에, 성령님의 희락이 나에게 임하는 것입니다. 그 것이 웃음으로 승화되어 나오는 것입니다.

하게 되는 것입니다. 영의 활성화가 일어나므로 성령님의 감정과 상태가 우리의 영뿐만 아니라 혼과 육에서도 인지할 수가 있게 됩니다. 성령님의 세미한 음성을 경험하게 됩니다.

언제부터인지는 모르겠지만 성령님의 세미한 음성이 내 안에서 울려 퍼지기 시작했습니다. 성령님의 세미한 음성은 나의 혼과 육에게 말씀하시는 것이 아닙니다. 하나님을 사랑하며 더욱 갈망하도록 내 영을 깨우시는 하나님의 음성인 것입니다. 그래서 그런지 나의 혼과 육의 작동이 잠잠해질 무렵인 잠을 자기 직전과 새벽녘에 가장 많이 들었습니다.

성령님의 세미한 음성은 마치 떠오르는 생각처럼 떠올랐습니다. 그런데 성장단계에서 언급한 감동과는 다른 음성이었습니다. 정확히 어느 부분이라고 설명할 수는 없습니다. 분명 육신의 귀나 머리나 가슴 부분에서 들리지는 않았습니다. 배 부분에서부터 이 음성이 부풀어 올라왔습니다.[40] 이 음성은 온몸을 전율시키기에 충분했습니다. 마치 나의 세포 하나하나가 살아나는 그런 느낌이었습니다. 세미하게 들리는 성령님의 음성으로 인해 나를 억압했던 모든 감정이 순식간에 사라지는 것을 경험했습니다. 성령님의 세미한 음

---

40 "나를 믿는 자는 성경에 이름과 같이 그 배에서 생수의 강이 흘러나오리라 하시니"(요 7:38)

성은 내 영과 혼과 육과 관절과 골수를 다 쪼개어 감동시키기에 충분했습니다(히 4:12). 성령님의 음성은 마치 사람이 서로 대면하여 이야기하는 것처럼 친밀하게 느껴졌습니다.

성령님의 세미한 음성은 내 영에게 말씀하시는 음성입니다. 세미한 음성은 소곤소곤 말하는 음성이 아닙니다. 때에 따라 성령님의 음성은 우레와 같은 큰 음성으로 울려 퍼지기도 합니다. 분명한 것은 거룩함의 정도에 따라 세미한 음성이 때로는 우레와 같은 음성으로, 혹은 들릴 듯 말 듯 한 음성으로도 투영된다는 것입니다.

또한 성령님의 세미한 음성은 내 생각과 사탄이 주입한 생각과는 본질적으로 다릅니다. 나에게서 나오는 생각은 주로 머리 부분에서 가슴 부분의 영역에서 떠오릅니다. 사탄이 생각을 주입할 때에도 대략 두 가지 형태로 생각을 받게 되는데, 만약 악한 영이 자신의 몸속에 처소를 두고 있다면 주로 목이나 가슴부분 근처에서 음성이 주입됩니다. 주로 날카롭고 거친 음성입니다. 명령조의 음성입니다. 정죄와 참소의 음성으로 마치 자신의 생각처럼 음성을 투영합니다. 또한 악한 영이 외부에서 음성을 투영할 수도 있습니다. 그럴 경우 누군가가 귀에 대고 말하는 것처럼 들리기도 합니다. 때때로 섬광처럼 스쳐 가는 생각으로, 불현 듯 떠오르는 영상으로 자신의 음성을 주입하기도 합니다.

기억해야 할 것은 성령님의 세미한 음성은 육신의 귀로 듣는 것이 아니라는 것입니다. 우리의 영에 내주하신 성령께서 직접 말씀하시는 음성입니다. 그렇기 때문에 성령님의 세미한 음성은 영적인 통로가 막혀 있다면 그 음성을 들을 수가 없습니다. 설령 성령님께서 말씀하신다 해도 영의 통로가 거룩하지 않다면 성령님의 음성이 제대로 투영되지 못하게 됩니다. 성령님의 세미한 음성은 거룩하지 못하다면 듣기가 어렵습니다.

그래서 성령님의 세미한 음성은 성숙단계에 이르렀을 때야 비로소 경험하게 됩니다. 물론 씨앗단계에서도 성령께서 여전히 세미한 음성으로 말씀하셨지만, 영적인 통로가 거룩하지 못하기에 우리가 잘 듣지 못하는 것입니다.

앞서 언급한 음성듣기의 씨앗단계에서는 어떠한 음성을 들었을 때 바로 음성의 근원을 분별하기가 어렵습니다. 아직 영적으로 미숙하기 때문입니다. 그래서 이 단계에서 사탄의 음성에 속아 어려움을 겪게 됩니다.

성장단계에서는 주로 영의 영역에서 성령님의 음성을 투영 받기 때문에 성령께서 분별해 주십니다. 물론 이 단계에서도 분별을 잘 못하여 낭패를 볼 때도 많습니다.

반면 성숙단계에 이른 사람들은 이전의 단계보다 더 선명하고 민감하게 하나님의 음성을 듣게 됩니다. 또한 어떠한 음성을 들었을 때 즉각적으로 분별하게 됩니다. 성령님은 분별의 영이십니다. 이미 거룩과 경건의 훈련을 통해 거룩한 통로로 빚어졌기 때문에 성령님의 분별이 바로 투영되게 됩니다. 성령이 충만하기 때문에 성령님의 분별이 곧 자신의 분별이 되는 것입니다. 그렇기 때문에 어떠한 음성을 들었을 때 즉각적으로, 순간적으로 음성의 근원을 분별하게 됩니다.

> "진리의 성령이 오시면 그가 너희를 모든 진리 가운데로 인
> 도하시리니 그가 스스로 말하지 않고 오직 들은 것을 말하
> 며 장래 일을 너희에게 알리시리라" (요 16:13)

* * *

'하나님은 사랑이심이라…'

참으로 가슴 설레게 하는 말씀입니다. 하지만 하나님의 사랑을 느끼며 사는 것은 쉽지 않습니다. 우리의 혼과 육으로는 결코 하나님의 사랑을 느낄 수 없기 때문입니다. 육의 눈이 아니라 영의 눈이 열릴 때 하나님의 사랑이 보이기 때문입니다. 영의 입이 열릴 때야 비로소 하나님과의 거룩한 대화가 시작될 수 있기 때문입니다. 영의 귀가 열릴 때 하나님의 사랑의 음성이 들리기 때문입니다.

지금도 여전히 사랑하는 자녀와 소통하기 위해 말을 붙이고 계십니다.

하나님께 마음을 여십시오.

마음의 빗장을 활짝 연다면 하나님의 음성이 우리의 삶 가운데 울려 퍼지게 될 것입니다.

'들을 귀'가 열린다면, 말씀하시는 하나님을 경험하는 놀라운 일들이 펼쳐지게 될 것입니다.

원컨대…

영의 귀가 열려 하나님의 위로의 음성이 심령 안에서 울려 퍼지기를 기도드립니다.

"사랑하는 내 아들(딸)아, 두려워하지 말라. 내가 너와 함께 함이라. 놀라지 말라. 나는 네 하나님이 됨이라. 내가 너를 굳세게 하리라. 참으로 너를 도와주리라. 참으로 나의 의로운 오른손으로 너를 붙들리라" (사 41:10)

"내 양은 내 음성을 들으며 나는 그들을 알며
그들은 나를 따르느니라" (요 10:27)

"스데반은 성령이 충만하여 하늘을 쳐다보았습니다. 그는 하나님의 영광과 예수님께서 하나님의 오른편에 서 계신 것을 보았습니다. 스데반이 외쳤습니다.

"보십시오. 하늘이 열리고 하나님의 오른편에 '인자'가 서 계신 것이 보입니다."

그러나 사람들은 귀를 막고 큰소리를 지르며, 모두가 스데반에게 달려들었습니다. 그들은 스데반을 성 밖으로 끌고 나가서 그를 향하여 돌을 던졌습니다. 증인들은 자기들의 옷을 벗어 사울이라는 젊은이의 발 앞에 놓았습니다.

사람들이 스데반을 돌로 칠 때, 스데반은 "주 예수님, 내 영혼을 받아 주십시오"라고 기도했습니다. 스데반은 무릎을 꿇고 큰소리로 "주님, 이 죄를 이 사람들에게 돌리지 마십시오"라고 외쳤습니다. 이 말을 하고 스데반은 잠들었습니다." (행 7:55-60, 쉬운)

하늘이 열리네

주의 보좌 내 눈에 펼쳐지네

주의 천사 나를 환영하네

천상의 소리 내 영혼 적시네

두려움 없어라

내 안의 성령께서

새 힘을 주시네

두려움 없어라

예수 그리스도 나의 주

하늘에서 날 오라 손짓하시네

내 고통 사라지네

주께서 내 고통 사라지게 하시네

용서하소서

저들의 눈을 여소서

그리스도 보게 하소서

저의 영혼 받아 주소서

하늘을 열지라

내 사랑하는 종 맞을지어다

육신의 고통 감하리니

고통이 없어지리라

나의 사랑

나의 신부

내가 보호하리니

성령이 고통 감하리라

찬양하라

천상의 천사여

고귀한 거룩한 영혼

그를 위해 잔치를 벌이리라

찬양하라

나를 위해 죽고자 하는 자

내가 보호하리니

고통 감해 주리라

꽤 오래전, 기도 가운데 스데반이 순교할 때의 모습을 보여 주셨습니다. 예수님께서 스데반을 바라보고 계신 모습을 보여 주셨습니다. 주님의 눈에 하염없이 눈물이 흘러내렸습니다.

"찬양하라! 천상의 천사여! 나를 위해 순교하는 거룩한 영혼을 위해 천국에서 잔치를 벌일 것이라. 천상의 천사여! 찬양하라!"

이 환상을 본 후 스데반처럼 순교하고 싶은 열망이 솟아올랐습니다. 주님의 보좌를 바라보며 순교하기를 날마다 기도했습니다.

"주여! 저도 스데반과 같은 모습으로 천국을 들어가게 하소서. 영광의 면류관을 받게 하소서. 저에게도 순교의 특권을 주시옵소서. 가장 위험한 곳에 보내어 저의 피를 산 제물로 받아주소서. 저의 기도를 외면치 마시옵소서."

골방에서 기도하고 또 기도했습니다. 이 기도를 올린 후 은사가 쏟아지기 시작했습니다. 저는 그동안 '은사를 주시옵소서! 능력을 주시옵소서!'라고 기도한 적이 거의 없었습니다. 그런데 주님께서 거저 주셨습니다.

주님께서 주신 은사로 사역을 하면서 두려웠습니다. 행여라도 교만해져 하나님의 품을 떠날까 봐, 그리하여 지옥으로 떨어질까 봐 두려웠습니다.

"하나님! 교만해질까 너무 두렵습니다. 하나님의 손을 놓아 버릴까 봐 두렵습니다. 하나님! 저를 사랑하신다면, 교만해지려 할 때 바로 저를 즉사시켜 주세요. 하나님! 제가 자살을 시도하려던 순간 이미 죽은 목숨이었습니다. 이제 더 이상 죽음이 두렵지 않습니다. 하나님을 놓아버려 지옥으로 떨어질까 그것이 더 두렵습니다."

하나님께 전심으로 기도했습니다.

"저의 즉사 기도의 서원을 받아주소서! 저의 서원에 응답하소서!"

목에 피가 날 정도로 하나님을 찾고 또 찾았습니다. 하나님께 매달리고 또 매달렸습니다. 하나님께서 저의 서원기도를 기쁘게 받아주셨습니다. 이 서원기도의 증인은 바로 하나님이십니다.

저는 지금 자유합니다. 지금 살아있음이, 오늘 하루 할당된 숨을 쉬고 있음이 오로지 하나님의 은혜입니다. 설령 지금 당장 죽는다 할지라도 감사합니다. 저의 교만으로 인해 천국의 상급이 잃어버릴까, 긍휼히 여기시는 하나님께서 천국으로 인도하시는 것이기에 그보다 더 큰 아버지의 사랑은 없습니다.

이제 사나 죽으나, 주님의 것입니다.

죽음이 이제 제게는 두려움이 아닙니다. 새로운 소망입니다.

이제 더 이상 순교한 스데반이 부럽지 않습니다. 더 이상 순교하게 해달라고 부르짖지 않습니다. 생명의 주권을 하나님께 이양했으니 이제 주를 위해 살고, 주를 위해 죽으면 되는 것입니다. 그저 하나님의 작은 도구로, 이 세상을 살아갈 뿐입니다. 하나님의 작은 종으로 부르실 그날까지 생명의 복음을 전하며 살아갈 뿐입니다.

오늘도 사명의 땅 멕시코에서 하나님 아버지의 이 음성을 기다리고 또 기다려 봅니다.

"착하고 충성된 내 종아, 사명을 다했으니 이제 천국으로 올라오라!"

하나님 아버지시여!

오직 하나님만을 사랑하나이다.

오직 하나님만을 찬양하나이다.

오직 하나님의 얼굴만을 구하나이다.

오직 하나님의 음성만을 기다리나이다.

하나님의 작은 종

에스더 권 선교사 올림

하나님의 음성듣기와 분별

초판 1쇄 발행 2023. 6. 20.
초판 1쇄 인쇄 2023. 6. 20.

지은이   에스더 권
펴낸이   예수사랑선교회
북디자인   공간디자인 이용석

펴낸곳   도서출판 십자가사랑
등록번호   제 214-93-24689호
홈페이지   www.crosslove.co.kr(십자가사랑)
             www.jesuslovemission.com(예수사랑선교회)
             www.jesuslovechruch.or.kr(멕시코예수사랑교회)

ISBN   979-11-979846-5-5(03230)
책 값   뒤표지에 있습니다.

잘못 만들어진 책은 교환해 드립니다.

하나님의 사람들 시리즈

시리즈 1
하나님의 선물
방언의 숨겨진 비밀

우리는 방언으로 기도하지만, 방언에 얼마나 놀라운 하나님의 선물이 숨겨져 있는지 모른다. 이 책은 방언으로 기도할 때 방언이 어떤 단계로 성숙하는지를 보여주고, 또한 방언에 궁금했던 것들, 영적 원리들을 다룸으로 방언 기도를 통해 하나님께 더 가까이 가도록 돕는 책이다.

시리즈 2
주어진 권세로
영적 세계를 정복하라 • 1

1권은 영적 세계의 전반적인 영적인 원리를 다룬 책이다. 인간 영혼육의 창조 원리를 다루고 사탄이 어떻게 인간에게 침투하는지, 또한 성령님이 우리를 어떻게 성장시키고 양육하는지를 다룬 책이다.

시리즈 3
주어진 권세로
영적 세계를 정복하라 • 2

2권은 영적 세계의 원리를 기반으로 믿는 자들에게 연관된 영적인 적용을 다룬다. 사탄이 어떻게 인간을 공격하며, 성령님은 어떤 방법으로 우리에게 역사하며 소통하는지, 또한 믿는 자들이 어떻게 영적으로 성장해야 하는지 방법을 제시하는 책이다.

시리즈 4
부탁합니다.
제발 자살하지 마세요

오늘도 많은 사람들이 자살을 선택한다. 희망이 없다고 생각하기 때문이다. 에스더 권 선교사는 가족의 세 명을 자살로 잃었다. 절망이 가득찬 삶이었다. 그러나 지금 그녀는 행복하다고 말한다. 무엇이 그녀를 이렇게 만든 것일까?

시리즈 5
하나님의 음성을 듣는 세대여!
일어나라!

"내 양은 내 음성을 듣는다"고 주님은 분명하게 말씀하셨다. 하지만 주변에 하나님의 음성을 듣지 못하는 사람들이 너무나 많다. 왜 그럴까? 그 이유는 하나님께서 어떠한 방법으로 말씀하시는지 잘 알지 못하기 때문이다. 이 책은 하나님의 음성을 듣는 다양한 방법을 성경을 기반으로 명쾌하게 풀어낸 책이다.

시리즈 6
하나님의 치유, 신유의 숨겨진 비밀

"믿는 자에게는 이런 표적이 따르리니, 병든 사람에게 손을 얹은즉 나으리라"(막 16:17-18) 하지만 병자에게 손을 얹어도 잘 낫지 않는다. 왜 그럴까? 성경말씀이 잘못된 것일까? 저자는 하나님의 치유는 지금도 계속되고 있다고 말한다. 어떻게 신유의 은사가 활성화되는지에 대해 이해한다면 신유의 역사는 일어난다고 밝히고 있다. 이 책은 신유의 은사가 실상에서 능력으로 나타나기 위해 반드시 알아야 할 영적인 비밀에 대해 상세하게 풀어내고 있다.

시리즈 7

하늘의 청지기

때로는 우리가 사는 세상에서 어려움에 직면하기도 합니다. 예기치 못한 환란과 풍파를 겪기도 합니다. 그러나 설령 가시밭길을 걸어야 하는 상황일지라도, 모래 바람이 휘몰아쳐 오는 환경일지라도 독수리와 같은 힘으로 비상할 수만 있다면 문제될 것이 없습니다. 오히려 그 고난의 시간이 믿음의 도약이 일어날 절호의 기회입니다.

시리즈 8

성령과 함께 가라

"내가 진작 이것을 알았더라면 내 신앙은 무너져 내리지 않았을 것입니다. 나의 신앙은 무너졌고 10년 동안 종교생활을 하며 첫사랑 타령만 하는 신자가 되었습니다. 다람쥐 쳇바퀴 신자가 되었습니다."
이 책은 어떠한 것들이 우리의 신앙 성장을 방해하는지, 어떠한 과정을 거쳐 신앙이 성장하는지를 명쾌하게 풀어주며 우리의 믿음과 신앙에 불을 지피는 책이다.

시리즈 9

하나님의 마음, 중보기도의 숨겨진 비밀

하나님의 마음을 알고 싶으십니까?
하나님의 탄식을 받고 싶으십니까?
하나님의 마음과 탄식은 중보기도자들에게 주시는 선물입니다. 이 책을 통해 더 깊은 하나님과의 친밀함과 지성소안에서의 중보기도가 회복될 것입니다.

시리즈 10

당신에게 예수님은 누구십니까?

하나님이 누구신지 묻는다면 선뜻 대답하지 못하는 이유는 보이지 않기 때문이다. 보이지 않는 영이신 하나님을 어떻게 인간의 지식으로 풀어낼 수 있겠는가? 인간의 생각으로 어떻게 이해할 수 있겠는가? 이 책은 삼위일체 하나님을 보이는 영역에서 풀어 설명한 책이다. 성부하나님, 성자예수님, 성령하나님이 누구신지 성경을 기반으로 하나님의 인격과 성품, 속성을 잘 표현해 놓은 책이다.

시리즈 11

하나님의 소원, 하나님의 나라가 이 땅에

'하나님의 나라와 의를 구하라'(마 6:33)는 말씀을 심도 있게 풀어낸 책이다. 하나님의 나라가 무엇인지, 의를 구하는 것이 무엇인지, 또한 하나님의 자녀라면 어떻게 살아가야 하는지에 대한 구체적인 제시가 담겨져 있는 지침서와 같은 책이다.

시리즈 12

지금은 성령시대, 성령과 함께하는 영성

성령님에 대한 모든 것이 이 책 한권 안에 고스란히 담겨져 있다. 성령님의 성품과 속성, 베일 속에 감춰져 있던 속사람과 겉사람의 영적전쟁을 비롯하여 성령의 9가지 열매와 은사에 대해 구체적으로 다룬 책이다. 마지막 때 성령의 사람들을 통한 하나님의 일하심이 마치 파노라마처럼 이 책에 녹아져 있다.